EL CUENTO HISPÁNICO

A Graded Literary Anthology

SEXTA EDICIÓN

EL CUENTO HISPÁNICO

A Graded Literary Anthology

SEXTA EDICIÓN

EDITED BY

EDWARD J. MULLEN, UNIVERSITY OF MISSOURI, COLUMBIA

JOHN F. GARGANIGO, WASHINGTON UNIVERSITY

Boston Burr Ridge, IL Dubuque, IA Madison, WI New York
San Francisco St. Louis Bangkok Bogotá Caracas Kuala Lumpur
Lisbon London Madrid Mexico City Milan Montreal New Delhi
Santiago Seoul Singapore Sydney Taipei Toronto

Higher Education

This is an ⊏Ɓl book.

El cuento hispánico: A Graded Literary Anthology

Published by McGraw-Hill Higher Education, an operating unit of The McGraw-Hill Companies, Inc. 1221 Avenue of the Americas, New York, NY, 10020. Copyright © 2004, 1999, 1994, 1989, 1984, 1980 by The McGraw-Hill Companies. All rights reserved. No part of this publication may be reproduced or distributed in any form or by any means, or stored in a database or retrieval system, without the prior written consent of The McGraw-Hill Companies, Inc., including, but not limited to, network or other electronic storage or transmission, or broadcast for distance learning.

This book is printed on acid-free paper.

1 2 3 4 5 6 7 8 9 DOC/DOC 9 8 7 6 5 4 3

ISBN: 0-07-281888-3

Publisher, Chris Freitag; Development Editor, Jon-David Hague; Project Manager, Roger Geissler; Production Supervisor, Richard DeVitto; Designer, Sharon Spurlock. This book was set in Garamond by G&S Typesetters and printed on 45# New Era Matte by R. R. Donnelly, Crawfordsville.

Literary Permissions: "Apocalipsis" by Marco Denevi, *Salón de lectura*, Buenos Aires, 1998, Ediciones Corregidor. "El eclipse" by Augusto Monterroso reprinted with permission of International Editors. "La casa en Mango Street" reprinted with permission of "El árbol de oro," "Rafael," and "El ausente" by Ana María Matute reprinted with permission of Ediciones Destino, Barcelona. "Continuidad de los parques," "La casa tomada," and "La noche boca arriba" by Julio Cortázar. Copyright © Julio Cortázar, 1956, and Heirs of Julio Cortázar. "Emma Zunz," "Las ruinas circulares," and "El Sur" by Jorge Luis Borges. Copyright © 1995 by Maria Kodama, first printed in FICCIONES and ANTOLOGIA PERSONAL, respectively. Reprinted with permission of The Wylie Agency, Inc. "La droga" reprinted with permission of the author, Luisa Valenzuela. "La indiferencia de Eva" by Soledad Puértolas. Copyright © 1988 Soledad Puértolas. "El recado" reprinted with permission of the author, Elena Poniatowska. "El ahogado más hermoso del mundo" by Gabriel García Márquez. Reprinted with permission of Agencia Literaria Carmen Balcells, S. A.

Photo Credits: Page 3: © Beryl Goldberg; **10:** © Peter Menzel/Stock, Boston; **17:** © Spencer Grant/Stock, Boston; **22:** United Nations Photo Library; **28:** © Russell Lee/Corbis; **36:** R. M. Anderson Collection/Hispanic Society of America; **44:** R. M. Anderson Collection/Hispanic Society of America; **50:** © Owen Franken/Stock, Boston; **59:** John Lund/Corbis; **66:** Photri; **74:** © Jose Fuste Raga/Corbis; **84:** © Spencer Grant/Stock, Boston; **90:** © Wolfgang Kaehler/Corbis; **99:** Angel Hurtado/OAS; **110:** Angel Hurtado/OAS; **118:** Paul Almasy/Corbis; **126:** © Michael Dwyer/Stock, Boston; **137:** United Nations Photo Library; **142:** © Mike Mazzaschi/Stock, Boston; **152:** © Peter Menzel/Stock, Boston; **157:** © Pablo Corrall V/Corbis

Library of Congress Cataloging-in-Publication Data

El cuento hispánico: a graded literary anthology / Edward J. Mullen,
    John F. Garganigo. — 6th ed.
        p.   cm.
    ISBN 0-07-281888-3
    1. Spanish literature—History and criticism.   2. Spanish American
literature—History and criticism.   3. Spanish literature.   4. Spanish
American literature   I. Mullen, Edward J., 1942 –   II. Garganigo,
John F., 1937 –
PC 4129.C568
468.6'042—dc21   03-37732
                                                   CIP

http://www.mhhe.com

Contents

EL CUENTO HISPÁNICO • SEXTA EDICIÓN

Primer paso   1

Segundo paso   33

Preface

El cuento hispánico: A Graded Literary Anthology, Sixth Edition, is designed for intermediate college Spanish reading courses. This book gives students a collection of first-rate Spanish-language short stories with which to expand their reading skills and their knowledge of Hispanic culture as portrayed in these works. Although literary excellence was the primary criterion in selecting stories, an effort was also made to choose tales that can be read in one sitting.

ORGANIZATION OF THE TEXT

To ease the transition from the edited materials normally taught at the first-year level, *El cuento hispánico* is divided into three parts: **Primer paso, Segundo paso,** and **Tercer paso.** The first part contains five brief stories that provide a bridge between the elementary level of first-year readers and the more complex, sophisticated tone of unedited creative works. For this first step in reading, stories that are accessible to low-intermediate students were chosen. They are easy to understand and offer students the opportunity to gain confidence in reading and to review some of the grammar points they may have forgotten. The exercise materials that accompany the stories in the **Primer paso** are designed to review the basic tools necessary for reading: verb forms, vocabulary recognition, and high-frequency idiomatic expressions.

The **Segundo** and **Tercer pasos** are primarily literary in nature; here the intrinsic artistic merit of each piece was the most important factor in its selection. In order to provide students with a degree of continuity, the **Segundo paso** presents three stories by each of four major twentieth-century Hispanic writers: Ana María Matute, Horacio Quiroga, Julio Cortázar, and Jorge Luis Borges. The **Tercer paso** offers a selection of twentieth-century Hispanic fiction at its best. Included are four exciting stories by Luisa Valenzuela, Soledad Puértolas, Elena Poniatowska, and Gabriel García Márquez. Whereas the exercises in the **Primer paso** are language-based, those in the **Segundo** and **Tercer pasos** are more directed toward literary analysis.

Each story is prefaced by an introduction that will help students understand the story as they read it and guide them toward an analysis of the story as a work of literature. Extensive pre- and postreading activities—grouped under the headings **Antes de leer** and **Después de leer,** respectively—also accompany each story.

Antes de leer. Students should complete the activities in this section before reading the stories; the activities help students better understand the stories and equip them with the skills that will enable them to read later selections in the book.

- **Palabras importantes y modismos:** Lists of idiomatic expressions and key verbs found in each story. Studying these words before reading will help students understand the story that follows. Some of the words and expressions appear again in later stories.
- **Repaso de verbos:** Grammar-based activities (in the **Primer paso** only) that allow students to review many of the verb forms they studied in previous Spanish classes.
- **Estrategias para leer:** Prereading activities that present topics such as cognate recognition, contextual guessing, and anticipating content (in the **Primer paso**) and ways to recognize literary devices (in the **Segundo paso**).
- **Contexto cultural:** This prereading feature provides details that will help students understand the unique cultural and/or historical context in which the story was written.

Después de leer. The exercises in this section complement each specific reading and therefore differ from story to story.

- **Cuestionario:** Comprehension questions, following every story in the text, gauge whether students understand the content of the story.
- **Estudio de palabras:** Vocabulary exercises specific to the content of the reading give students another opportunity to practice the words and expressions studied in **Palabras importantes y modismos.**
- **Consideraciones:** These questions (in the **Segundo** and **Tercer pasos**) are aimed specifically at developing critical thinking skills while offering further practice in building reading skills and opportunities to check reading comprehension.
- **Análisis del texto:** Higher-level questions require students to go beyond the surface of the story and search for theme, meaning, symbols, and so forth.
- **En grupos:** Group activity questions that actively engage students in problem-solving situations.
- **Bibliografía:** Lists of sources and suggestions for additional reading (in the **Segundo** and **Tercer pasos**).

NEW TO THE SIXTH EDITION

- The **Primer paso** now includes a story by the Mexican-American writer Sandra Cisneros.
- The **Contexto cultural** feature, which precedes each story and provides sociopolitical, historical, and cultural information, is now entirely in Spanish, a change made at the recommendation of reviewers.

- New partner/group activities, **En grupos,** facilitate and encourage group interaction and help to develop problem-solving skills.
- New stories by Horacio Quiroga, Julio Cortázar, Jorge Luis Borges, and Gabriel García Márquez have been added to the **Segundo** and **Tercer pasos.**
- Source and reference materials listed in the **Bibliografía** were revised and updated. Where appropriate, references to audiovisual materials have been added.
- A new Website provides additional resources and activities for students (www.mhhe.com/elcuento6).

ACKNOWLEDGMENTS

For the preparation of the Sixth Edition, instructors using the text throughout the country were asked to comment on the exercise materials, the overall organization of the text, and the success of the stories in the classroom. We are very much indebted to those concerned instructors for, in effect, the content of this text is a direct result of their assistance. The appearance of their names here does not necessarily constitute an endorsement of the text or its approach.

Leon Bensadon, University of Washington

Elizabeth A. Chamberlain, Dartmouth College

Guadalupe Fisch, University of Washington

María Gillman, University of Washington

Jorge González, University of Washington

Amanda L. Irwin, Rhodes College

Devin Jenkins, University of Colorado, Denver

Catherine M. Nock, Syracuse University

Margaret M. Olsen, University of Missouri, Columbia

David Diego Rodríguez, University of Illinois, Chicago

Benita Sampedro, Hofstra University

Acknowledgment is also due María de la Colina and Raúl A. Galoppe for their assistance in preparing exercise materials for this edition. Finally, we wish to express our gratitude to the editorial staff at McGraw-Hill, in particular to William Glass and Thalia Dorwick, who were responsible for suggesting a number of fundamental changes that make this a still better text. We would also like to thank Pennie Nichols-Alem, our development editor, for her thoughtful and careful attention to the manuscript. Likewise, we thank Laura Chastain for providing cultural and linguistic suggestions.

Edward J. Mullen
John F. Garganigo

To the Student

The stories in *El cuento hispánico,* Sixth Edition, were selected for two pur-
poses: (1) to introduce you to some of the best short stories in the Spanish-
speaking world and (2) to help you improve your reading skills in Spanish. We
recommend the following techniques for reading in a foreign language, which
can be quite a challenge.

HINTS ON READING IN A FOREIGN LANGUAGE

1. Do not be discouraged when you first begin reading the selections in
   this anthology. You are *not* reading English; do not expect to read this
   material as rapidly as you would if it were written in your native language. In time, you will be reading faster and with greater ease.
2. Give the story a *quick* first reading to get a general idea of what happens in it. Do not keep turning to the vocabulary at the end of the book
   during this initial reading, but do remember to use the notes at the bottom of the page to help you understand what you are reading.
3. Take a quick look at the **Cuestionario** section that follows the story.
   This section contains questions about what happens in the story; looking at these questions *now* will give you an idea of what to look for
   when you read the story a second time.
4. Take a break from the assignment and do something else for a while.
5. Reread the story, this time more slowly. If you can understand the plot,
   resist the temptation to look up all the words you do not know. You
   might occasionally write the definition of a few words in the margin,
   but in general you should try to avoid this practice.
6. If there is a sentence or phrase you absolutely cannot understand, underline it and ask your instructor to explain it to you. Keeping track of
   these problem areas is an excellent way to review.
7. Use the **Palabras importantes y modismos** lists, the **Repaso de
   verbos** activities, and the **Estrategias para leer** sections as guides in
   studying and reviewing. Do not expect to be able to learn *all* the vocabulary and structures that are new to you in any given story.

About the Authors

Edward Mullen is professor of Spanish at the University of Missouri–Columbia, where he has taught since 1971. He is coeditor of the *Afro-Hispanic Review*. He received a Ph.D. in Romance Languages from Northwestern University and has also taught at Purdue University. Professor Mullen has received Woodrow Wilson and American Council of Learned Societies fellowships. He has served on the Executive Committee of the Association of Departments of Foreign Languages (ADFL) and was the president from 1991 to 1992. He is author of *Carlos Pellicer; Langston Hughes in the Hispanic World and Haiti; Contemporáneos: Revista mexicana de cultura; The Life and Poems of a Cuban Slave; La poesía de Carlos Pellicer: Interpretaciones críticas; Critical Essays on Langston Hughes; Sendas literarias: Hispanoamérica,* written with David Darst; and, most recently, *Afro-Cuban Literature: Critical Junctures.*

John F. Garganigo is professor of Romance Languages and Literatures at Washington University in St. Louis, where he has taught since receiving a Ph.D. from the University of Illinois in 1964. He is the author of *Javier de Viana, Life and Works; Carlos Germán Belli: Antología crítica; El perfil del gaucho;* and *Osvaldo Dragún: Su teatro.* He has contributed numerous articles on narrative, poetry, and drama to professional journals. He is also the main editor of *Huellas de las Literaturas Hispanoamericanas,* now in its second edition.

Primer paso

El barrio de Santa Cruz, Sevilla, España

El loco de Sevilla

Miguel de Cervantes Saavedra (1547–1616) is traditionally considered to be Spain's greatest writer and one of the most important figures in world literature. Although he was a playwright as well as a writer of short fiction, he is universally recognized for his masterpiece, *Don Quijote de la Mancha,* which was published in two parts, the first appearing in 1605 and the second in 1615. *Don Quijote* has been considered the first modern novel. It is a work of great artistic complexity and one in which the treatment of illusion versus reality, and madness versus sanity, were treated with considerable depth. "El loco de Sevilla" first appeared in Part II, Chapter One, of *Don Quijote.* This delightful tale, which deals with the theme of madness versus sanity, exemplifies the kind of humor that has made this novel one of the most readable books of all time.

ANTES DE LEER

PALABRAS IMPORTANTES Y MODISMOS

The **Palabras importantes y modismos** list presents key words and expressions from the reading that follows. Read these new words and their meanings. Then, with a classmate, create sentences using each one. After reading, you will have the opportunity to use the words again within the context of the reading. Work with these key words and expressions in the same way with each reading in the book.

darle la gana a alguien de + infinitivo	to feel like (*doing something*)	**hacerle caso a alguien**	to pay attention to someone
enterarse de	to find out about	**irse**	to leave, go away
estar cuerdo/a	to be sane	**tener confianza en**	to have confidence in
estar loco/a	to be insane	**tomar la decisión**	to make the decision
gozar de	to enjoy		

REPASO DE VERBOS

Complete las oraciones con la forma apropiada de **ser** o **estar** de la siguiente lista. Algunas se usan más de una vez.

es	estás	son
está	estoy	soy
estar		

1. El hombre _____ en el hospital.
2. Me voy porque no tengo que _____ aquí más.
3. Yo _____ Neptuno, el dios de la lluvia.
4. Creo que _____ mejor que Ud. se quede aquí por ahora.
5. El oficial _____ conversando con la hermana del paciente.
6. Las intenciones de la familia _____ buenas.
7. Yo _____ enfermo.
8. Tú ya _____ cuerdo.
9. Las intenciones del rector y de los parientes _____ malas.
10. El hombre _____ amigo de los otros pacientes.

ESTRATEGIAS PARA LEER

Using Contextual Clues to Guess Word Meaning

Word-guessing is a helpful reading strategy that frequently involves recognizing cognates (see p. 29) but can also involve the use of the *context,* the parts of a written text that surround a word or passage. This is a strategy that you already use, even if not consciously, when reading a text in English. If you are aware of the overall meaning of a sentence, it is often possible to guess the meaning of an unfamiliar word without resorting to a dictionary. Look at the following example.

> Professor Foster was a sensitive man, overly sensitive, to put it mildly. He resented the slightest intrusion into his territory and, in particular, *took umbrage* at the remarks students made in class.

Umbrage is not a common word but the context gives it away. It means a feeling of resentment often not justified. Using contextual clues is somewhat like filling in blanks to arrive at a good approximation of what a word means.

Try to guess the meaning of the italicized words in the following sentences, using the context in which they appear.

1. Un capellán habló con el loco para determinar si estaba completamente *sensato* antes de ponerlo en libertad.
2. En el *manicomio* de Sevilla había un hombre a quien sus parientes habían puesto allí por estar loco.
3. El médico decidió que el loco estaba cuerdo porque en su conversación no le había dicho nada *disparatado*.
4. El rector *retenía* al loco en el manicomio porque deseaba su dinero.
5. A los parientes del loco les gustaba mucho el dinero; lo habían puesto en el hospital para *disfrutar* de su fortuna.

Para apreciar mejor «El loco de Sevilla», es útil tener en mente los siguientes detalles sobre la historia y cultura españolas. Cervantes sitúa esta historia en Sevilla, que era una de las ciudades más grandes de Europa, y el centro comercial y mercantil de España durante el siglo XVI y principios del XVII. Debido a su posición (*location*) estratégica en el río Guadalquivir, apenas a cincuenta millas del océano Atlántico, Sevilla surge como el puerto clave del interior del país durante el período de la exploración española de las colonias del Nuevo Mundo. De hecho, se dice que Cervantes concibió la idea de escribir el *Quijote* durante su encierro en la cárcel de la Corona, en Sevilla (1597-1598). Él conocía muy bien la ciudad.

Sevilla era una ciudad bulliciosa (*raucous*) y escandalosa con una indeseable reputación por la delincuencia. Fue la segunda ciudad en España en donde se fundó un hospital para enfermos mentales (Valencia fue la primera). Según se informa, Cervantes visitó la institución y mostró gran interés por las condiciones de los internos (*inmates*). El proceso de confinar a todo tipo de gente marginalizada, incluyendo a los pobres y personas físicamente deformes, empezó con la urbanización rápida y la falta de planeamiento de ciudades como Sevilla durante esta crítica coyuntura en la historia española.

🔳 *El loco de Sevilla* 🔳

EN EL MANICOMIO[1] de Sevilla, había un licenciado[2] a quien sus parientes habían puesto por **estar loco.** Después de estar allí varios años, el hombre decidió que **estaba cuerdo,** y le escribió al arzobispo rogándole que le dejara salir[3] del manicomio porque sus parientes lo tenían
5 allí sólo para **gozar de** una parte de su abundante fortuna.

---

[1] asylum [2] university graduate [3] rogándole... *asking him (the archbishop) to release him*

El arzobispo, después de recibir varias cartas discretas del licenciado, envió a un capellán[4] a conversar con el loco para determinar si estaba completamente cuerdo antes de ponerlo en libertad. Después de hablar un buen rato con el loco, el capellán decidió que el licenciado estaba bien de la cabeza porque en su
10 conversación no le había dicho nada disparatado.[5] En su opinión, el rector[6] del manicomio retenía al licenciado para no dejar de recibir los regalos que le hacían los parientes que deseaban su dinero. Convencido de las malas intenciones del rector y de los parientes, el capellán **tomó la decisión** de llevarse al licenciado a que el arzobispo lo viera.[7]

15 Al **enterarse de** los planes del capellán, el rector le aconsejó pensar bien lo que iba a hacer porque el licenciado no estaba curado, pero el capellán no **le hizo caso.** Después de vestirse con su ropa de cuerdo, el licenciado le rogó al capellán que le dejara despedirse de los otros locos. Éste consintió, y se acercaron a una jaula[8] que encerraba a un loco furioso:

20 —Hermano, **me voy** a mi casa. Dios, por su infinita bondad y misericordia,[9] me ha curado de mi locura. Ya que el poder de Dios no tiene límite, **tenga confianza en** Él para que también le devuelva su juicio. Le mandaré regalos de comida porque creo que nuestra locura resulta de los estómagos vacíos y de los cerebros llenos de aire.

25 Otro loco escuchó estas palabras del licenciado y preguntó quién se iba del manicomio sano y cuerdo. El licenciado curado contestó:

—Yo, hermano, me voy porque no tengo que estar aquí más, y por esto le doy muchísimas gracias a Dios.

—¡Cuidado! Que no le engañe Satanás —respondió el loco. —Quédese aquí[10]
30 para no tener que volver en el futuro.

—Yo estoy cuerdo —replicó el licenciado— y no tendré que regresar jamás.

—¿Ud. cuerdo? —dijo el loco. —Está bien. Siga con Dios, pero yo le juro a Júpiter,[11] a quien represento en este mundo, que voy a castigar a Sevilla, la cual peca por sacarte de esta casa, de una manera que nunca se olvi-
35 dará. ¿No te das cuenta,[12] licenciadillo, que soy Júpiter y que tengo en mis manos rayos con que puedo destruir el mundo? Sin embargo, voy a castigar a este pueblo de otra manera; yo no lloveré en esta región durante tres años enteros. ¿Tú libre, tú sano, tú cuerdo, y yo loco, yo enfermo, y yo atado?

40 Al oír esto, nuestro licenciado se volvió[13] al capellán y le contestó:

—Padre, no le haga caso a este loco que dice que es Júpiter y que se niega a llover. Yo soy Neptuno, el dios de la lluvia, y lloveré todo lo que **me dé la gana.**

---

[4]*priest* [5]*foolish* [6]*director* [7]llevarse... *take the young man to the archbishop so that he could see him* [8]se... *they approached a cage* [9]bondad... *kindness and mercy* [10]Quédese... *Stay here* [11]*Jupiter, the chief god in Roman mythology* [12]¿No... *Don't you realize* [13]se... *turned*

—No sería bueno enojar al señor Júpiter —respondió el capellán. —Es mejor
45 que Ud. se quede aquí por ahora, y luego, en un momento más oportuno,
volveremos por Ud.

El capellán, medio avergonzado,[14] en seguida les mandó desnudar[15] al licenciado y meterlo de nuevo en su celda.

[14]*ashamed*   [15]en... *immediately ordered them to undress*

Después de leer

Cuestionario

1. ¿Quién estaba en el manicomio de Sevilla?
2. ¿Qué decidió el hombre después de estar allí varios años?
3. ¿Quiénes lo habían puesto en el manicomio?
4. ¿A quién envió el arzobispo a conversar con el loco?
5. Al principio, ¿creyó el capellán que el loco estaba curado?
6. Según el licenciado, cuando habla con el primer loco furioso, ¿de qué resulta la locura?
7. ¿A quién representa en este mundo el segundo loco?
8. ¿Cómo va a castigar el segundo loco al pueblo de Sevilla?
9. ¿Qué decide hacer el capellán al final del cuento? ¿Por qué?

Estudio de palabras

A. Complete las oraciones con palabras o expresiones de **Palabras importantes y modismos.** Cuidado con los tiempos verbales.

1. En el manicomio de Sevilla, había un licenciado a quien sus parientes
habían puesto por _____.
2. Sus parientes lo tenían en el manicomio sólo para _____ una parte de
su abundante fortuna.
3. Después de estar en el manicomio varios años, el hombre decidió
que _____.
4. El capellán _____ de llevarse al licenciado a que el arzobispo lo viera.
5. Al _____ los planes del capellán, el rector le aconsejó pensar bien lo
que iba a hacer.
6. Hermano, _____ de mi casa.
7. Yo soy Neptuno, el dios de la lluvia, y lloveré todo lo que me _____.
8. Padre, no le _____ este loco que dice que es Júpiter.
9. Ya que el poder de Dios no tiene límite, Ud. debe _____ Él para que
también le devuelva su juicio.

B. Empareje las palabras con sus sinónimos.

1. _____ dejar   **a.** decidir
2. _____ enviar   **b.** regresar
3. _____ conversar   **c.** vestirse
4. _____ volver   **d.** permitir
5. _____ nunca   **e.** otra vez
6. _____ contestar   **f.** saber
7. _____ de nuevo   **g.** mandar
8. _____ ponerse la ropa   **h.** responder
9. _____ determinar   **i.** jamás
10. _____ enterarse de   **j.** charlar

C. Indique el verbo relacionado con cada uno de estos sustantivos.

1. vuelta
2. consejo
3. despedida
4. castigo
5. lluvia

D. Words in Spanish, like their English equivalents, often end in *suffixes,* syllables affixed to the ends of words. Since these endings shape the meaning of words, it is important to be able to recognize them. Just as words ending in **-mente** are easy to recognize as adverbs, so is the meaning of words ending in **-ísimo** (*very*), which is attached to adjectives and adverbs.

grandísimo	*very big*
lentísimo	*very/extremely slowly*
muchísimo	*very much*

Another common suffix is **-ismo,** which, when attached to nouns, signifies a doctrine: **comunismo.** Also important are the suffixes **-ado** and **-ido,** which are used to form the past participle in compound tenses. When used as adjectives, they correspond to words in English that commonly end in *-ed* or *-en:* **estudiado** (*studied*).

Guess the meaning of the following words.

1. socialismo
2. republicanismo
3. modernismo
4. hablado
5. sorprendido
6. curado
7. esperado
8. destruido
9. mencionado

COMPRENSIÓN

First, see Appendix A to review the formation of the simple present and future. Using these tenses, retell the story "El loco de Sevilla." This will help you focus on the story line and understand how the author has arranged the time sequence of events. Be sure to identify the following.

1. el capellán
2. el licenciado
3. los parientes
4. otro loco
5. Júpiter
6. Neptuno

ANÁLISIS DEL TEXTO

1. ¿Qué actitud adopta la voz narrativa con respecto a la locura del protagonista? ¿Cómo lo sabemos?
2. ¿Cómo interpreta Ud. la frase «el hombre decidió que estaba cuerdo» (l. 3)?
3. ¿Cuáles son los distintos puntos de vista de los personajes? Dé ejemplos. ¿De qué manera es importante esto para el desarrollo de la trama (*plot*)?

 ## EN GRUPOS

Completen las siguientes actividades en grupos.

A. **Diagnóstico de la locura.** Comenten por qué el arzobispo decide investigar el estado mental del licenciado. ¿Qué le hace dudar de su cordura? Comparen esto con la decisión del capellán de llevarse al licenciado. ¿Qué le hace pensar que está cuerdo?
B. **Identificación de la locura.** Encuentren en el texto quiénes son los que creen que el licenciado no está cuerdo, y luego contesten las siguientes preguntas. ¿Cómo saben que no está cuerdo? ¿Qué tipo de persona es? ¿Es fácil de reconocer la locura?
C. **Debate. Locura y cordura, características irreconciliables.** Un grupo va a sostener que la locura es una desviación de lo que se considera normal y por lo tanto, los individuos que padecen de ella deben ser internados en un manicomio, apartados de la sociedad. Otro grupo va a proponer que la locura es una característica común en todos los seres humanos y que no es fácil de identificar, que aun los genios tienen algo de locos también.

Vista de la cuidad de Toledo, antigua capital de España

Lo que sucedió a un deán[1] de Santiago con don Illán, el mago[2] de Toledo

Don Juan Manuel (1282–1349) was a Spanish nobleman (the grandson of Ferdinand III and the nephew of Alfonso X) and might be considered the father of the Spanish short story. He was born in Toledo, the setting for this story. His greatest literary work is *El Libro del conde Lucanor* (1323–1335), a collection of fifty *exempla* or moral tales. All the stories follow the same pattern: Count Lucanor presents a problem to his counselor, Patronio, who replies by telling the count a story that solves the dilemma. The following tale, the eleventh in the collection, was brilliantly rewritten by the Argentine author Jorge Luis Borges (1899–1986) under the title "El brujo postergado."[3]

[1]*cleric* [2]*magician; wise man* [3]brujo... *sorcerer [who was] put off (told to wait)*

Antes de leer

Palabras importantes y modismos

al pie de   at the foot or bottom of

hacer saber   to make (*something*) known

no tener más remedio	to have no other choice	**optar por + _infinitivo_**	to decide in favor of _(doing something)_
oír decir	to hear _(something)_ said	**rogar (ue)**	to beg, plead

*R*EPASO DE VERBOS

Complete el siguiente párrafo subrayando (*underlining*) la forma correcta —el pretérito o el imperfecto— de los verbos.

En el pasado, había un rey que (era/fue)[1] muy generoso. Siempre les (daba/dio)[2] dinero y comida a los pobres. Tristemente, el rey (moría/murió)[3] muy joven y su hermano (subía/subió)[4] al trono. Éste y su esposa, la nueva reina, (eran/fueron)[5] muy crueles. Ellos (iniciaban/iniciaron)[6] una campaña de terror contra los habitantes de la región. Pero éstos (reaccionaban/reaccionaron)[7] de inmediato y (destronaban/destronaron)[8] a los reyes. Entonces los reyes (acababan/acabaron)[9] en la cárcel y las personas de la región (vivían/vivieron)[10] felices.

*E*STRATEGIAS PARA LEER

Using Time Markers to Recognize the Chronology of a Story

Although reading strategies such as guessing the meaning of words through cognate recognition, anticipating content, and using contextual clues are helpful, you also need to recognize the chronological organization of the story as indicated by words that mark the progression of time. The most obvious, of course, are the *tense markers of verb endings* (**hablé, seremos,** and so on). *Specific dates* (**nací en 1942, él murió en 1967**) also help put events in order. Other important time markers are *adverbs* and *adverbial phrases.* In Spanish, there are three principal groups of adverbs of time: those that indicate past time (**ayer, anteayer, antes, entonces, ya**), present time (**hoy, ahora**), and the future (**después, luego, mañana**). Also of importance are function words such as **hasta que** (*until*), which indicate the continuance of an action to a specified point in time.

The following sentences tell a story. Renumber them in a logical sequence. The first and last sentences of the story are already in their correct positions.

1. _____ Un oficial de la iglesia quería saber lo más posible sobre el arte de la magia.
2. _____ Todos se quedaron en la casa del médico hasta que llegó un abogado, amigo del médico. El abogado le dio al oficial muchos documentos sobre la magia.
3. _____ Después, el oficial y el profesor fueron a la casa de un médico.
4. _____ Cuando el oficial vio al profesor, empezaron a hablar de la magia.

5. ____ Primero el oficial fue a hablar con un profesor.
6. ____ Ahora el oficial de la iglesia está contento porque ha aprendido mucho de sus nuevos amigos: el profesor, el médico y el abogado.

Another time marker, particularly prevalent in the story you are about to read, is the use of the preposition **a** followed by days, months, and years to mean *later* or *after.*

Number the following expressions in chronological order.

____ a los cuatro años   ____ a los tres días   ____ a los diez días
____ a los dos años   ____ a los seis meses

CONTEXTO CULTURAL   Esta historia no sólo es un cuento de ingratitud y de magia, sino que refleja la gran importancia de la iglesia en la España medieval. El personaje principal, don Illán, y el clérigo que desea aprender el arte de la magia vienen de dos centros prominentes del poder eclesiástico y político: Santiago de Compostela y Toledo. Santiago, una ciudad en Galicia (al noroeste de España), fue nombrada en honor de Santiago (*St. James*), un mártir cristiano cuyos huesos fueron llevados a España. Para venerar sus restos, Santiago de Compostela llegó a ser uno de los destinos más importantes de los peregrinos (*pilgrims*) cristianos durante la edad media y, además el sitio de iglesias impresionantes, tales como la Iglesia de Santa María Salomé, que data del siglo XII. Toledo, en la parte central del sur de España, ha sido una ciudad importante desde los tiempos romanos. Durante el siglo XI, fue lugar de considerable interacción entre los pueblos cristianos, judíos y árabes. Como Toledo era un crisol (*melting pot*) cultural y religioso, no es sorprendente que el clérigo viajara a este lugar para aprender de don Illán el arte de la magia.

▦ *Lo que sucedió a un deán de Santiago con don Illán, el mago de Toledo* ▦

U N DÍA EL conde Lucanor hablaba con su consejero Patronio de esta manera:

—Patronio, un hombre vino a **rogarme** que lo ayudase[1] con un negocio. Me prometió que en el futuro me ayudaría cuando lo
5 necesitara. Desgraciadamente resulta que cada vez que le pido un favor, nunca cumple con su palabra.[2]

[1]que... *to help him*   [2]cumple... *keeps his word*

—Señor Conde —dijo Patronio— había un deán en Santiago que tenía muchas ganas de saber el arte de la magia. **Oyó decir** que don Illán de Toledo la sabía mejor que nadie y a Toledo fue para que él se la enseñara.[3] Tan pronto
10 como llegó a la ciudad fue a la casa del mago, a quien encontró leyendo en un salón muy apartado. Cuando el mago lo vio entrar lo recibió muy cortésmente y le pidió que no hablara sobre el motivo de su visita hasta después de comer, y, demostrándole estima, lo alojó en su casa con alegría de tenerlo como huésped. Después de comer y una vez que se quedaron solos, el deán
15 relató al mago el motivo de su viaje y le rogó muy encarecidamente[4] que le enseñara la ciencia mágica, porque tenía tantos deseos de estudiarla a fondo. Don Illán le dijo que él era deán y hombre de posición dentro de la Iglesia y que podía subir mucho aún, y que los hombres que suben mucho, cuando han alcanzado lo que pretenden, olvidan muy pronto lo que los demás han
20 hecho por ellos; por lo que él temía que, cuando hubiera aprendido[5] lo que deseaba, no se lo agradecería[6] ni querría hacer por él lo que ahora prometía. El deán entonces le aseguró que, llegara donde llegara[7] en fama y dignidad, no haría más que lo que el mago le mandase. Hablando de esto estuvieron desde que acabaron de comer hasta la hora de la cena. El mago dijo que
25 aquella ciencia sólo se podía aprender en un lugar muy apartado y, tomándolo de la mano, lo llevó a una sala. Allí llamó a una criada y le dijo que tuviera listas unas perdices[8] para la cena, pero que no las pusiera a asar[9] hasta que él lo ordenase.

Dicho esto, entró con el deán por una escalera de piedra, muy bien labrada,[10]
30 y bajaron tanto que le pareció que el Tajo[11] tenía que pasar por encima de ellos. **Al pie de** la escalera, vieron unas habitaciones muy espaciosas y en una de ellas se sentaron para comenzar las lecciones. Era un salón con mucho lujo y esplendor, lleno de libros e instrumentos. En eso estaban cuando entraron dos hombres a pie con una carta para el deán en la que el obispo, su tío, le **hizo saber**
35 que estaba muy enfermo y le rogaba que, si quería verlo con vida, se fuera enseguida[12] para Santiago. El deán se disgustó mucho por la enfermedad de su tío porque tenía que dejar el estudio que había comenzado. Pero resolvió no dejarlo tan pronto y **optó por** escribir a su tío una carta, contestando la suya. A los tres o cuatro días llegaron otros hombres con cartas para el señor deán en que le in-
40 formaban que el obispo había muerto y que en la catedral estaban todos por elegirlo sucesor y muy confiados en que por la misericordia de Dios[13] lo tendrían por obispo; por lo que le sugerían que no se apresurara[14] a ir a Santiago, ya que era mejor que lo eligieran estando él ausente.

Al cabo de[15] siete u ocho días vinieron a Toledo dos escuderos[16] muy bien
45 vestidos y con muy buenas armas y caballos, los cuales, llegando al deán le besaron la mano y le dieron las cartas en que le decían que lo habían elegido. Cuando don Illán se enteró, fue hasta el nuevo obispo y le dijo que agradecía mu-

---

[3]para... *so that Don Illán would teach him [magic]* [4]*insistently* [5]hubiera... *he had learned* [6]no... *he would not thank him for it* [7]llegara... *no matter how high he might rise* [8]*partridges* [9]cocinar [10]*detailed* [11]*river in Spain* [12]inmediatamente [13]por... *by the grace of God* [14]le... *they suggested that he not be in a hurry* [15]Al... *Después de* [16]*pages*

cho a Dios porque había recibido tan buena noticia estando en su casa y que, ya que Dios lo había hecho obispo, le pedía por favor que le diera a su hijo el de-
50 canazgo,[17] que quedaba vacante. El obispo le contestó que había reservado ese decanato para un hermano suyo, pero le prometía que le daría a su hijo, en compensación, otro cargo con que quedaría muy satisfecho, y le pidió que lo acompañara a Santiago y que llevara a su hijo. Don Illán le dijo que lo haría.

Luego, fueron para Santiago, donde los recibieron muy solemnemente. Así
55 transcurrió[18] algún tiempo hasta que un día, llegaron dos mensajeros del Papa[19] con cartas para el obispo, donde le decía que lo había hecho arzobispo de Tolosa[20] y que le concedía la gracia de dejar ese obispado a quien él quisiera. Cuando don Illán lo supo, le recordó su promesa y le pidió muy encarecidamente que se lo diese a su hijo. El arzobispo le dijo que había prometido el obis-
60 pado a un tío suyo, hermano de su padre, pero que en el futuro lo compensaría y le rogó que se fuera con él y llevara a su hijo.

Al llegar a Tolosa fueron recibidos muy bien por los condes y por toda la gente principal de aquella región. Después de dos años, emisarios del Papa llegaron con la noticia de que éste lo había hecho cardenal y que lo autorizaba a
65 dejar su arzobispado a quien él quisiera. Entonces don Illán fue hasta él y le dijo que, luego de tantas promesas sin cumplir, ya no era el momento de más postergaciones,[21] sino de darle el arzobispado vacante a su hijo. El cardenal le rogó que comprendiera que ese arzobispado debía ser para un tío suyo, hermano de su madre, hombre de edad y de muy buena posición, y le pidió por favor que lo
70 acompañara a la corte romana,[22] ya que como cardenal tendría muchas ocasiones de favorecerlo. Don Illán **no tuvo más remedio** que asentir, y, lamentándose mucho, se fue para Roma con el cardenal.

Cuando allí llegaron, fueron muy bien recibidos por los demás cardenales y por toda Roma. Vivieron mucho tiempo en Roma, rogándole don Illán cada día
75 al cardenal que le hiciera a su hijo alguna merced,[23] y él siempre excusándose, hasta que murió el Papa. Entonces todos los cardenales lo eligieron sucesor. Don Illán fue hasta él y le dijo que ahora no podía poner pretexto alguno para no hacer lo prometido. El Papa postergó su promesa una vez más diciéndole que ya encontraría el modo de favorecerlo en lo que fuera justo. Don Illán se lamentó
80 mucho y le reprochó su proceder.[24] El Papa, entonces, se enojó y le dijo que si continuaba con sus presiones[25] lo haría meter en la cárcel, pues bien sabía él que era hereje[26] y brujo y que en Toledo se ganaba la vida enseñando el arte de la magia negra.

Cuando don Illán vio el pago que le daba el Papa, se despidió de él y anun-
85 ció su regreso. El Papa no hizo nada por retenerlo, más aún, le negó provisiones para que pudiera aliviar el hambre en el camino. Entonces don Illán le dijo al Papa que, ya que no tenía otra cosa que comer, tendría que comerse las perdices que había mandado preparar esa noche y llamó a la criada y le ordenó que comenzara a preparar la cena. Al decir esto don Illán, el Papa se halló[27] en

---

[17]deanship (a high position in the church)   [18]pasó   [19]Pope   [20]Toulouse (an important city and religious center in southwestern France)   [21]postponements   [22]corte... papal court   [23]favor   [24]behavior   [25]si... if he kept pressuring him   [26]heretic   [27]se... se encontró

90 Toledo, en la habitación subterránea, deán de Santiago, tal como era cuando allí llegó. Estaba tan avergonzado[28] que no supo qué decir para disculparse. Don Illán le dijo que se fuera en paz, que ya había sabido lo que podía esperar de él, y que le parecía un gasto inútil invitarlo a comer aquellas perdices.

[28]*ashamed*

Después de leer

Cuestionario

1. ¿De qué tenía ganas un deán que vivía en Santiago?
2. ¿Adónde fue el deán?
3. ¿Qué promesa le hizo el deán a don Illán?
4. Cuando don Illán y el deán estaban en la biblioteca, ¿quiénes llegaron y qué dijeron?
5. ¿Qué le pidió don Illán al deán cuando éste fue nombrado obispo? ¿Cómo le respondió el deán?
6. Cuando don Illán supo que el deán había sido nombrado arzobispo de Tolosa, ¿qué le pidió? ¿Cómo le respondió el nuevo arzobispo?
7. Cuando el deán fue nombrado cardenal, ¿qué le pidió don Illán? ¿Cómo le respondió el nuevo cardenal?
8. Cuando el deán fue elegido Papa, ¿por qué amenazó con la cárcel a don Illán?
9. ¿Qué pasó cuando don Illán dijo que iba a comer las perdices?
10. ¿Qué ocurrió al final del cuento?

Estudio de palabras

A. Complete las oraciones con palabras o expresiones de **Palabras importantes y modismos.**

1. Había un cuarto _____ la escalera.
2. En una carta oficial el presidente le _____ al público que él estaba enfermo.
3. El niño que tenía hambre _____ a su madre que le diera algo de comer.
4. El obispo _____ que un hombre misterioso sabía el arte de la magia.
5. En vez de quedarse en la iglesia, el hombre _____ salir.
6. Estaba lloviendo y él _____ que buscar su paraguas.

B. Indique el verbo relacionado con cada uno de estos sustantivos.

1. una oferta
2. un fallecimiento
3. una recepción
4. un agradecimiento
5. unos mandaderos
6. un favor

C. Complete las oraciones con la palabra apropiada.

1. El deán encontró a don Illán leyendo _____ (a/en) una habitación apartada.
2. Don Illán le dijo que postergara el motivo de su visita hasta después _____ (de/que) comer.
3. Temía ser olvidado luego _____ (por/para) él.
4. Los recibieron _____ (con/de) honores en la ciudad.
5. El arzobispo le hizo saber que había reservado el obispado _____ (por/para) su propio tío.

D. Empareje las palabras con sus sinónimos.

1. _____ deán   a. llegada
2. _____ apartada   b. caso
3. _____ venida   c. noticias
4. _____ asunto   d. muerto
5. _____ nuevas   e. separada
6. _____ fallecido   f. decano
7. _____ elegir   g. escoger

ANÁLISIS DEL TEXTO

1. ¿De qué manera constituye un indicio (*foreshadowing*) la mención de las perdices para la cena (l. 27)? ¿En qué líneas se resuelve?
2. El cuento presenta dos dimensiones temporales diferentes. Establezca ambas cronologías.
3. Analice el modo en que se suceden los acontecimientos en la habitación. Explique cómo el encantamiento a que don Illán somete al deán es de alguna manera transmitido al lector a través de la voz narrativa.
4. ¿Considera Ud. que el desenlace de la historia (ll. 89–93) es irónico? Justifique su respuesta.
5. ¿De qué manera resuelve el cuento de don Illán el dilema del conde Lucanor? ¿Qué efecto produce esta intercalación (*interspersing*) de un cuento dentro de otro?

 ## EN GRUPOS

Completen las siguientes actividades en grupos.

A. El deán es ambicioso y egoísta. Encuentren situaciones en el texto que justifique esta afirmación.
B. Pretextos. ¿Qué pretextos daba el deán para no darle una posición al hijo de don Illán? ¿Es la misma excusa en todos los casos? ¿En qué caso es diferente?
C. ¿Magia o realidad? Identifiquen qué partes del texto son realidad y cuáles son magia. Expliquen las razones para sus selecciones.

Este robot manejado por computadora es
símbolo de la tecnología moderna

Apocalipsis

Marco Denevi (1922–1998) was a popular contemporary fiction writer and playwright from Argentina. After first winning acclaim in 1955 with his novel *Rosaura a las diez,* he became one of Argentina's most prolific writers. In particular, Denevi was very skilled in writing extremely short stories. In *Falsificaciones* (1966), a book of short prose fantasies, he borrowed facts, situations, and characters from classical mythology and world literature and rewrote them to comment on contemporary society. Denevi was particularly concerned about the effects of technology on modern humanity, a theme that appears with regularity in his work.

*A*NTES DE LEER

PALABRAS IMPORTANTES Y MODISMOS

a fines de	at the end of	**empezar (ie)**	to begin (*doing*
alcanzar	to reach, achieve	**a** + *infinitivo*	*something*)
bastar	to be sufficient,	**terminar por**	to end up by
	enough	+ *infinitivo*	(*doing*
dar un paso	to take a step		*something*)

17

Complete las oraciones con el pretérito de los verbos entre paréntesis.

1. Yo ⸻ (tocar) un botón y las máquinas empezaron a funcionar.
2. El accidente ⸻ (ocurrir) en la carretera a Burgos.
3. Los hombres ⸻ (desaparecer) en la oscuridad.
4. Pablo ⸻ (desconectar) las máquinas.
5. En el camino yo me ⸻ (tropezar) con una piedra grande.
6. Ayer, por un momento, yo ⸻ (pensar) en mi ex esposa.
7. De pronto yo me ⸻ (dar) cuenta de que estaba solo en el mundo.
8. Nosotros ⸻ (llegar) a las 5:00 de la tarde.
9. Ellos ⸻ (comenzar) a pensar en la extinción de la raza humana.
10. Ayer nosotros ⸻ (ver) la llegada de los nuevos estudiantes.

ESTRATEGIAS PARA LEER

Anticipating Content

Owing to the high correlation between subject familiarity and reading comprehension, you should take full advantage of all the clues that may serve as a guide to understanding the content of what you are reading. Among such clues, you might consider *information about the author* of the piece. Reading a novel by Agatha Christie, for example, we expect to be involved in the process of solving a mystery, since we know that Agatha Christie wrote this kind of fiction. In addition to biographical information, *titles* are also important. Elements such as titles, *prefaces,* and *epigraphs,* although not a part of the story proper, do convey a voice and a perspective—a point of view that enables you to construct an image of a work before you actually read it.

Before you read this story, do the following.

1. Review the meaning of the word *apocalypse.*
2. Try to recall other works of fiction that deal with the theme of the apocalypse.
3. Quickly reread the brief biographical introduction to Denevi. Is there information supplied here that seems to relate to the title of the story?
4. Suppose for a moment that you were an author writing on the theme of the apocalypse. Can you imagine some of the scenarios you might employ to describe the events implied by this term?

CONTEXTO CULTURAL

Aunque a primera vista parezca que el cuento de Denevi sobre el colapso de la sociedad moderna tiene poco que ver con la cultura argentina, es importante notar que él nació en un suburbio de Buenos Aires, la segunda ciudad más grande en Latinoamérica y una de las ciudades porteñas del interior más grandes del mundo. Lejos de ser una ciudad tropical soñolienta, la ciudad de Buenos Aires, con una población de más de 10 milliones, está rodeada por la provincia de Buenos Aires, formada ésta por veintidós municipios más pequeños. Desde el siglo XIX, el puerto de Buenos Aires ha acogido no sólo oleadas sucesivas de inmigrantes sino que también ha sido la base tecnológica y comercial de la nación.

Argentina es un país avanzado. En la década de los años 20, cuando Denevi era un niño, el Producto Nacional Bruto (*gross national product*) y el estándar de vida se igualaban con los de otros países desarrollados como Canadá y Australia. No es raro entonces, que un escritor tal como Marco Denevi usara como tema los efectos de la tecnología en la moderna humanidad. Después de todo, él se crió en una nación, y, particularmente, en una ciudad que experimentó considerable urbanización y que fue afectada profundamente por el crecimiento tecnológico y el desarrollo.

Una característica interesante de «Apocalipsis», que puede entenderse mejor si se piensa que en Argentina Europa es considerada como el centro de la cultura mundial, es la larga lista de logros culturales de la humanidad, basada en su mayoría en modelos europeos. Hasta cierto punto, el cuento de Denevi declara que muchos países latinoamericanos no son culturalmente «subdesarrollados» y que no sólo conocen la cultura europea, sino que, de muchas maneras, la emulan (*they emulate*).

🏮 *Apocalipsis* 🏮

L A EXTINCIÓN DE la raza de los hombres se sitúa aproximadamente **a fines del** siglo XXXII. La cosa ocurrió así: las máquinas habían **alcanzado** tal perfección que los hombres ya no necesitaban comer, ni dormir, ni hablar, ni leer, ni escribir, ni pensar, ni hacer nada. Les
5 **bastaba** apretar[1] un botón y las máquinas lo hacían todo por ellos. Gradualmente fueron desapareciendo las mesas, las sillas, las rosas, los discos con las nueve sinfonías de Beethoven, las tiendas de antigüedades,[2] los vinos de Burdeos,[3] las golondrinas,[4] los tapices flamencos,[5] todo Verdi, el ajedrez, los telescopios, las catedrales góticas, los estadios de fútbol, la Piedad de Miguel Ángel,[6]
10 los mapas, las ruinas del Foro Trajano,[7] los automóviles, el arroz, las sequoias gigantes, el Partenón. Sólo había máquinas. Después los hombres **empezaron a** notar que ellos mismos iban desapareciendo paulatinamente[8] y que en cambio

---

[1]*to push* [2]*antiques* [3]*Bordeaux* [4]*swallows* [5]*tapices... Flemish tapestries* [6]*Piedad... Michelangelo's* Pietà (*a representation of the Virgin Mary holding the body of Jesus Christ in her lap*) [7]*Foro... Trajan's (Roman) Forum* [8]*gradually*

las máquinas se multiplicaban. Bastó poco tiempo para que el número de los hombres quedase reducido a la mitad y el de las máquinas se duplicase. Las
15 máquinas **terminaron por** ocupar todos los sitios disponibles.[9] No se podía **dar un paso** ni hacer un ademán[10] sin tropezarse con[11] una de ellas. Finalmente los hombres fueron eliminados. Como el último se olvidó de desconectar las máquinas, desde entonces seguimos funcionando.

[9]*available*   [10]*gesture*   [11]tropezarse... *tripping over*

Después de leer

CUESTIONARIO

1. ¿En qué siglo, según el autor, se sitúa la extinción de la raza humana?
2. ¿Qué ya no necesitaba hacer la gente?
3. ¿Qué cosas gradualmente fueron desapareciendo?
4. ¿Qué es lo que había quedado?
5. ¿Quiénes empezaron a desaparecer?
6. ¿De qué se olvidó el último hombre?
7. ¿Quién habla en la última oración del cuento? ¿Cuál es la importancia de esta voz?

ESTUDIO DE PALABRAS

A. Complete las oraciones con palabras o expresiones de **Palabras importantes y modismos.**

1. No se podía _____ sin tropezarse con una de las máquinas.
2. _____ del siglo XXXII la raza humana va a ser extinta.
3. A los hombres les _____ apretar un botón y las máquinas lo hacían todo por ellos.
4. Después de algún tiempo, los hombres _____ notar que las máquinas se multiplicaban.
5. Las máquinas _____ ocupar todos los sitios.
6. Las máquinas habían _____ tal perfección que los hombres ya no necesitaban comer.

B. Although recognizing cognates is a first step in word-guessing, it is also possible to use your knowledge of how individual words are constructed to determine what they mean. Recognizing suffixes and prefixes can enable you to deduce meaning quickly. Listed on the following page are three common Spanish suffixes and examples of each.

-mente	normalmente	*normally*
-dad, -tad	individualidad	*individuality*
	libertad	*liberty*
-ología	sicología	*psychology*

Based on the preceding models, guess the meaning of the following words.

1. biología
2. clandestinamente
3. inmortalidad
4. perfectamente

5. personalidad
6. sociología
7. facultad
8. criminología

ANÁLISIS DEL TEXTO

1. Lea atentamente la descripción de la desaparición gradual de los objetos (ll. 6-11). La enumeración es caótica pero no antojadiza (*whimsical*). Clasifique los elementos según las diferentes categorías a las que pertenecen.
2. Se observa un contraste constante, casi un contrapunto, entre frases nominales largas y cortas: «los discos con las nueve sinfonías de Beethoven (ll. 6-7),... , todo Verdi (l. 8).» Describa el efecto que produce este contraste.
3. La larga enumeración de los objetos que «fueron desapareciendo» es seguida por una afirmación de tres palabras: «Sólo había máquinas» (l. 11). A su juicio, ¿cuál es la intención del autor al utilizar este recurso estilístico?

 ## EN GRUPOS

Completen las siguientes actividades en grupos.

A. **Apocalipsis.** Comparen el título del cuento con la definición bíblica de la misma palabra. Digan qué tienen en común y en qué son diferentes. ¿Es este cuento similar al Apocalipsis de la Biblia? ¿En qué sentido?
B. **La raza de los hombres y la raza de las máquinas.** Comenten por qué las máquinas sustituyeron a los hombres. ¿Qué tareas podían hacer las máquinas? ¿Qué tareas tenían que hacer los hombres después de tener tantas máquinas?
C. **La nueva tecnología.** El cuento «Apocalipsis» fue escrito en 1966, hace más de treinta y cinco años, y Denevi habla de máquinas. Si Denevi escribiera el cuento ahora, digan que términos usaría en lugar de «máquinas». La tecnología ha avanzado tanto que ahora existen otros «inventos» que Denevi no conocía entonces. Escriban una breve lista de los inventos que podrían usarse en este cuento y que sustituirían características humanas, por ejemplo, la clonación.

Templo maya en Tikal, Guatemala

El eclipse

Augusto Monterroso (1921–) is a Guatemalan humorist and writer of short fiction who has resided in Mexico since 1944. He writes in the satirical vein of Marco Denevi. The story included here is from his first collection of short fiction, *Obras completas y otros cuentos* (1959). Reading the story today, following the 500th anniversary of the arrival of the Spanish in the Americas, tends to heighten the irony implicit in Monterroso's unique vision of the meeting of the indigenous American and Western European cultures.

*A*NTES DE LEER

*P*ALABRAS IMPORTANTES Y MODISMOS

al + *infinitivo*	upon, on (*doing something*)	**fijo/a en**	fixed on
		mientras	while
confiar en	to trust	**sentirse (ie)**	to feel lost
disponerse a		**perdido/a**	
+ *infinitivo*	to get ready to (*do something*)	**una vez**	once
		valerse de	to make use of
engañar	to deceive, fool		

REPASO DE VERBOS

A. Complete las oraciones con el presente de subjuntivo de los verbos entre paréntesis.

1. Aquí no hay nadie que _____ (saber) hablar español.
2. Dudo que él _____ (terminar) antes de las 8:00.
3. Es posible que esas personas _____ (saber) dónde está el templo.
4. Espero que tú no _____ (perder) la vida.
5. Es mejor que Ud. me _____ (mostrar) los resultados.

B. Complete las oraciones con el imperfecto de subjuntivo de los verbos entre paréntesis.

1. Si yo _____ (saber) dónde estaba el libro, estaría contento.
2. No había nadie que _____ (decir) la verdad.
3. Ellos querían que yo les _____ (preparar) la comida.
4. El soldado llegó antes de que los indígenas _____ (salir) del pueblo.
5. Él habla como si no _____ (entender) el español.

ESTRATEGIAS PARA LEER

Scanning for Specific Information

Up to this point, you have practiced techniques that help you read for the general idea of a text; that is, you have *skimmed* the text looking over everything quickly to get the gist and general direction of the reading. Sometimes you will also want to read for specific information. When you read the index of a book, for example, or an ad in a newspaper, you are interested in locating specific information. For this reason, you let your eye pass over or *scan* the text very quickly until you find exactly what you are looking for.

Scan the story for the following information.

1. ¿Quién está perdido?
2. ¿Dónde está ahora?
3. ¿De qué país ha venido?
4. ¿Quiénes lo rodean?
5. ¿Quién muere?
6. ¿Qué recitaba uno de los indígenas mientras el hombre sacrificado moría?

Augusto Monterroso sitúa «El eclipse» en lo que ahora es el país llamado Guatemala durante el reinado del nieto de los Reyes Católicos Fernando e Isabel, Carlos I (1516–1556), Emperador del Sacro Imperio Romano (también conocido como Carlos V de Alemania), quien reinó durante el auge (*height*) del descubrimiento y conquista del Nuevo Mundo. Guatemala, el tercer país más grande de Centroamérica, no se independizó de España hasta 1821. Durante el siglo XVI la región era estratégicamente muy importante para los intereses de España. Durante dos siglos la ciudad de Antigua Guatemala fue el asentamiento (*center*) más importante de la influencia colonial española entre los virreinatos (*viceroyalties*) de México y Perú.

Cuando al principio los españoles exploraron la región, encontraron restos de la civilización maya, que había sido una de las culturas más avanzadas de la civilización occidental. Los mayas desarrollaron el único sistema verdadero de escritura en América y tenían conocimientos más avanzados en matemáticas y astronomía que sus homólogos (*counterparts*) europeos. Para incorporar los pueblos indígenas de Mesoamérica a la cultura española, España utilizó al clero (*clergy*) para convertirlos al cristianismo. Aunque los primeros exploradores y clérigos eran bien versados en latín y humanismo renacentista, ignoraban y eran hostiles a los asombrosos logros de aquellos a quienes venían a convertir.

🔲 *El eclipse* 🔲

CUANDO FRAY BARTOLOMÉ Arrazola **se sintió perdido,** aceptó que ya nada podría salvarlo. La selva poderosa de Guatemala lo había apresado, implacable y definitiva.[1] Ante su ignorancia topográfica se sentó con tranquilidad a esperar la muerte. Quiso morir allí sin ninguna es-
5 peranza, aislado, con el pensamiento **fijo en** la España distante, particularmente en el convento de Los Abrojos, donde Carlos Quinto condescendiera **una vez** a bajar de su eminencia para decirle que **confiaba en** el celo[2] religioso de su labor redentora.[3]

Al despertar se encontró rodeado por un grupo de indígenas de rostro im-
10 pasible[4] que **se disponían** a sacrificarlo ante un altar, un altar que a Bartolomé le pareció como el lecho[5] en que descansaría, al fin, de sus temores, de su destino, de sí mismo.

Tres años en el país le habían conferido un mediano dominio[6] de las lenguas nativas. Intentó algo. Dijo algunas palabras que fueron comprendidas.
15 Entonces floreció en él una idea que tuvo por digna de su talento y de su cultura universal y de su arduo conocimiento de Aristóteles.[7] Recordó que para ese

---

[1]lo... *had inexorably and definitively trapped him* [2]*zeal* [3]*redemptive* [4]*expressionless* [5]*bed* [6]le... *had given him an average grasp* [7]*Aristotle, Greek philosopher (384–322 B.C.)*

día se esperaba un eclipse total de sol. Y dispuso, en lo más íntimo, **valerse de** aquel conocimiento para **engañar** a sus opresores y salvar la vida.

—Si me matáis —les dijo—, puedo hacer que el sol se oscurezca en su altura.

20   Los indígenas lo miraron fijamente y Bartolomé sorprendió la incredulidad en sus ojos. Vio que se produjo un pequeño consejo,[8] y esperó confiado, no sin cierto desdén.[9]

Dos horas después el corazón de fray Bartolomé Arrazola chorreaba[10] su sangre vehemente sobre la piedra de los sacrificios (brillante bajo la opaca luz de un
25   sol eclipsado), **mientras** uno de los indígenas recitaba sin ninguna inflexión de voz, sin prisa, una por una, las infinitas fechas en que se producirían eclipses solares y lunares, que los astrónomos de la comunidad maya habían previsto y anotado en sus códices[11] sin la valiosa ayuda de Aristóteles.

[8]*discussion*   [9]*disdain*   [10]*gushed*   [11]*codices (manuscript books)*

Después de leer

Cuestionario

1. ¿Dónde se perdió fray Bartolomé Arrazola?
2. ¿Cuál era su actitud hacia la muerte?
3. ¿De qué país era fray Bartolomé y cómo sabemos esto?
4. ¿Qué querían hacer los indígenas con fray Bartolomé?
5. ¿Cuántos años había vivido fray Bartolomé en Guatemala?
6. ¿Entendía fray Bartolomé las lenguas nativas? ¿Cuál es el significado de esto para el cuento?
7. ¿Qué idea se le ocurrió a fray Bartolomé y qué tiene que ver Aristóteles con esta idea?
8. ¿A quiénes trató de engañar fray Bartolomé? ¿Lo consiguió?
9. ¿Qué le pasó a fray Bartolomé?
10. ¿Por qué es irónica la última frase del cuento?

Estudio de palabras

A. Complete las oraciones con palabras o expresiones de **Palabras importantes y modismos.**

1. Fray Bartolomé _____ en la densa selva tropical.
2. _____ despertar, fray Bartolomé se encontró rodeado por un grupo de indígenas.
3. _____ un indígena recitaba las infinitas fechas en que se producirían eclipses solares, el corazón de fray Bartolomé chorreaba sangre.
4. Bartolomé no podía _____ a sus opresores; ellos sabían demasiado de astronomía.

5. Quiero _____ mis conocimientos de la lengua española para trabajar en España.

6. _____, hace años, Carlos V condescendió a bajar de su trono para saludar a sus súbditos.

7. Carlos V le dijo a fray Bartolomé que _____ el celo religioso de su labor.

8. Los indígenas _____ sacrificarlo ante un altar, cuando hubo un eclipse total de sol.

9. Fray Bartolomé mantenía la vista _____ la España distante, tratando de recordar su juventud.

B. Prefixes are easy to recognize in Spanish because they are similar to the Latin prefixes used in English. Being able to recognize them will help in word-guessing. The following is a list of common prefixes and examples of each.

a-	*not*	amoral
des-	*take away*	desprestigio
en-, em-	*to put into; to attach*	encarcelar; emplumar
in-, im-	*the opposite*	intolerable, imposible
re-	*to do again*	rehacer

Give an English equivalent for each of the following words.

1. anormal

2. embotellar

3. renacer

4. empaquetar

5. desconfiar

6. reincorporar

7. inútil

8. descargar

9. incómodo

10. repintar

ANÁLISIS DEL TEXTO

1. ¿Cuál es la actitud del protagonista con respecto a la selva y los indígenas?

2. ¿Existen en el cuento elementos que intentan exponer las tensiones entre «cultura dominante» y «otredad»? ¿Cuáles son estos elementos?

3. En el relato, ¿cuál es la función simbólica de Carlos V, Aristóteles, fray Bartolomé, la selva y los indígenas?

4. ¿Qué relevancia especial adquiere «el sacrificio del redentor» luego de su embeleco (*attempt to deceive*) sobre el eclipse?

5. Explique los conceptos de «naturaleza», «civilización» y «barbarie». ¿De qué manera usa la voz narrativa la ironía para tomar una posición respecto a dichos conceptos? ¿Cuál es esta posición?

Completen las siguientes actividades en grupos.

A. **El paisaje.** Encuentren en el primer párrafo los adjectivos que se usan para describir Guatemala y las palabras o imágenes con las que se representa a España. Después comparen y contrasten ambas listas. ¿Qué aspectos se enfatizan?

B. **Dos culturas.** Mientras conocemos los pensamientos y sentimientos de fray Bartolomé, no sabemos lo que piensan los mayas. Comenten en grupos las siguientes preguntas: ¿Desde qué perspectiva se narra el cuento? ¿A través de los ojos de quién conoce el lector a los mayas? ¿Por qué no sabemos lo que piensan o sienten los mayas?

C. **Apreciaciones personales.** Compartan sus impresiones sobre el final y digan si esta conclusión alteró de alguna manera la imagen que Uds. tenían de los indígenas de pueblos precolombinos.

Casa en un barrio urbano

La casa en Mango Street

Sandra Cisneros (1954–), novelist, short story writer, and poet, is the daughter of a Mexican father and a Mexican-American mother. She is in the vanguard of a new generation of Latino writers who interpret the Hispanic experience from the point of view of those of Mexican heritage who grew up in the United States and are bilingual. She first gained notoriety with the publication of her collection of poetry *My Wicked Ways* (1987). Her *Woman Hollering Creek and Other Stories* (1991) was chosen as a noteworthy book of 1991 by the *New York Times.* Her best-known work, *La casa en Mango Street* (1984), a semi-autobiographical novel about Esperanza, a poor Mexican-American girl growing up in Chicago, was beautifully translated into Spanish by the Mexican writer Elena Poniatowska in 1994. The translation is symbolic of the deep cultural roots between Mexico and persons of Mexican-American heritage in the United States. When you read this story, pay particular attention to the use of the first-person point of view. How does this mode of narration help build a bridge between the narrator and her audience?

ANTES DE LEER

PALABRAS IMPORTANTES Y MODISMOS

acordarse (ue) de	to remember	**cuidarse de**	to take care of
		para cuando	when

28

| salir corriendo | to run away | tener que + *infinitivo* | to have to (*do something*) |

REPASO DE VERBOS

A. Complete las oraciones con el presente de indicativo de los verbos entre paréntesis.

1. Es verdad que _____ (tener: nosotros) que pagar la renta.
2. Las monjas son nuestras maestras y _____ (fijarse en) la condición de nuestra casa.
3. Yo sé que _____ (vivir: yo) en un barrio pobre, pero estoy orgulloso de mis padres.
4. Ahora todo lo que yo _____ (tener) que hacer es asistir a la escuela.
5. Mis padres siempre _____ (discutir) asuntos importantes.

B. Complete las oraciones con el futuro de los verbos entre paréntesis.

1. Mañana _____ (casarse: yo) con mi novia.
2. Yo sé que en el futuro la vida _____ (empezar) a cambiar.
3. Mis padres _____ (ver) cuánto he cambiado físicamente.
4. Nosotros _____ (mudarse) de Chicago a San Antonio dentro de dos años.
5. Por fin _____ (tener: yo) mi propia casa, la casa de mis sueños.

ESTRATEGIAS PARA LEER

Recognizing Cognates

The reading that follows contains some words that may be unfamiliar to you. An important step in learning how to read in a second language is to keep in mind that you do not have to stop reading every time you encounter a new word. You may be tempted to use the dictionary, but continual reliance on it will not help you become a better reader. It is much more important to learn how to "find your way around" in a text, much as a traveler learns how to get around in unfamiliar territory through the use of a map.

A landmark you will need to identify is the *cognate*—a word whose form and meaning are similar in both languages. An example of a cognate is the word **cultura** (*culture*).

Read each of the following sentences. Try to guess first the meaning of the italicized cognates, then of the complete sentence. All these cognates appear in the story.

1. La casa de Mango Street es nuestra y no tenemos que *pagarle renta* a nadie.
2. También no hay *propietario* que nos moleste.
3. Quiero *mudarme* a San Antonio porque no me gusta *el clima* de Chicago.

4. Afuera hay *un garaje* para el coche.
5. A causa de *un robo,* el dueño había *pintado* en la madera: «Sí, está abierto» para no perder *clientela.*

CONTEXTO CULTURAL La reflexión autobiográfica de Sandra Cisneros, narrada en primera persona acerca de cuando era niña, forma parte de una larga tradición de la literatura étnica (*ethnic*) estadounidense, en este caso, de la literatura minoritaria hispana. Con frecuencia clasificada como literatura chicana, latina o méxico-americana, este tipo de escritura trata de la vida de las personas de ascendencia hispana en los Estados Unidos. Debe recordarse que los hispanohablantes han vivido en los Estados Unidos desde el siglo XVI y que su producción literaria está fechada antes de la llegada de los colonos a Plymouth Rock. En los Estados Unidos hay más de 20 millones de personas de ascendencia mexicana que viven principalmente en Texas, Nuevo México, Arizona, California e Illinois. En Illinois, más de 1.2 millones de personas hablan español en casa. La mitad vive en Chicago. El cuento de Cisneros no sólo hace un comentario sutil de lo que es crecer como latino en los Estados Unidos sino que también enfoca en (*it focuses on*) la posición que ocupan las mujeres tanto en la cultura hispana como en la cultura mayoritaria en los Estados Unidos.

La casa en Mango Street

N O SIEMPRE HEMOS VIVIDO en Mango Street. Antes vivimos en el tercer piso de Loomis, y antes de allí vivimos en Keeler. Antes de Keeler fue en Paulina y de más antes ni **me acuerdo,** pero de lo que sí me acuerdo es de un montón de mudanzas.[1] Y de que en cada una
5 éramos uno más. Ya **para cuando** llegamos a Mango Street éramos seis: Mamá, Papá, Kiki, mi hermana Nenny y yo.

La casa de Mango Street es nuestra y no tenemos que pagarle renta a nadie, ni compartir el patio con los de abajo, ni **cuidarnos de** hacer mucho ruido, y no hay propietario que golpee el techo con una escoba.[2] Pero aún así no es la
10 casa que hubiéramos querido.

Tuvimos que salir volados[3] del departamento de Loomis. Los tubos del agua[4] se rompían y el casero[5] no los reparaba porque la casa era muy vieja. **Salimos corriendo.** Teníamos que usar el baño del vecino y acarrear agua en botes lecheros de un galón.[6] Por eso Mamá y Papá buscaron una casa, y por eso
15 nos cambiamos a la de Mango Street, muy lejos, del otro lado de la ciudad.

Siempre decían que algún día nos mudaríamos a una casa, una casa de verdad,

---

[1]un... *a lot of moves* [2]*broom* [3]tuvimos... *we had to leave quickly* [4]tubos... *water pipes* [5]*landlord*
[6]acarrear... *carry the water in gallon milk jugs*

que fuera nuestra para siempre, de la que no tuviéramos que salir cada año, y nuestra casa tendría agua corriente[7] y tubos que sirvieran. Y escaleras interiores propias, como las casas de la tele.[8] Y tendríamos un sótano,[9] y por lo menos tres
20 baños para no tener que avisarle a todo mundo cada vez que nos bañáramos. Nuestra casa sería blanca, rodeada de árboles, un jardín enorme y el pasto creciendo sin cerca.[10] Esa es la casa de la que hablaba Papá cuando tenía un billete de lotería y esa es la casa que Mamá soñaba en los cuentos que nos contaba antes de dormir.

Pero la casa de Mango Street no es de ningún modo como ellos la contaron.
25 Es pequeña y roja, con escalones apretados[11] al frente y unas ventanitas tan chicas que parecen guardar su respiración. Los ladrillos se hacen pedazos en algunas partes y la puerta del frente se ha hinchado[12] tanto que uno tiene que empujar fuerte para entrar. No hay jardín al frente sino cuatro olmos[13] chiquititos que la ciudad plantó en la banqueta.[14] Afuera, atrás hay un garaje chiquito para
30 el carro que no tenemos todavía, y un patiecito que luce todavía más chiquito[15] entre los edificios de los lados. Nuestra casa tiene escaleras pero son ordinarias, de pasillo,[16] y tiene solamente un baño. Todos compartimos recámaras,[17] Mamá y Papá, Carlos y Kiki, yo y Nenny.

Una vez, cuando vivíamos en Loomis, pasó una monja,[18] de mi escuela y me
35 vio jugando enfrente. La lavandería del piso bajo había sido cerrada con tablas[19] arriba por un robo dos días antes, y el dueño había pintado en la madera SÍ, ESTÁ ABIERTO, para no perder clientela.

—¿Dónde vives? preguntó.
—Allí, dije señalando arriba, al tercer piso.
40 —¿Vives *allí*?

Allí. Tuve que mirar a donde ella señalaba. El tercer piso, la pintura descarapelada,[20] los barrotes[21] que Papá clavó en las ventanas para que no nos cayéramos. ¿Vives *allí*? El modito en que lo dijo me hizo sentirme una nada. *Allí*. Yo vivo *allí*. Moví la cabeza asintiendo.
45 Desde ese momento supe que debía tener una casa. Una que pudiera señalar. Pero no esta casa. La casa de Mango Street no. Por mientras, dice Mamá. Es temporario, dice Papá. Pero yo sé cómo son esas cosas.

[7]agua... *running water* [8]*television* [9]*basement* [10]*fence* [11]*narrow* [12]se... *has become swollen* [13]*elms*
[14]*curb* [15]luce... *seems even smaller* [16]son... *ordinary hallway stairs* [17]*bedrooms* [18]*nun* [19]había... *had been boarded up* [20]*peeling* [21]*wooden bars*

Después de leer

CUESTIONARIO

1. ¿Dónde vivía la narradora antes de Mango Street?
2. ¿Por qué tuvieron que salir del departamento de Loomis?
3. ¿Cómo es la casa que sus padres le prometieron a la narradora?

4. ¿Cómo es, en realidad, la casa en Mango Street?
5. ¿Qué le preguntó la monja a la narradora?

ESTUDIO DE PALABRAS

Complete las oraciones con palabras o expresiones de **Palabras importantes y modismos.**

1. Cuando estamos en clase, es importante _____ de no hacer mucho ruido para que los otros alumnos puedan entender las palabras del profesor.
2. ¿_____ piensas ir al cine?
3. El muchacho _____ cuando vio al ladrón.
4. La familia _____ pagar la renta al dueño de la casa.
5. Mi profesor sí tiene memoria. _____ de los nombres de todos sus alumnos.

ANÁLISIS DEL TEXTO

1. ¿Qué importancia tiene el uso de la primera persona como punto de vista (*point of view*) narrativo?
2. ¿Cómo es la casa ideal con que sueña la narradora? ¿Cuál es la importancia de este símbolo?
3. Las palabras de la monja tienen un contenido altamente simbólico. ¿Cuál es la interpretación suya al respecto?

 ## EN GRUPOS

Completen las siguientes actividades en grupos.

A. **La casa.** Comenten lo que para cada uno de los miembros de su grupo significa tener una casa o un hogar. Hagan una lista de los significados más relevantes. Ahora, reflexionen sobre el concepto de casa de la protagonista y digan si es diferente del de Uds.
B. **La mudanza.** ¿Cuántas veces se han mudado Uds. de casa? Compartan con los miembros de su grupo las experiencias que han tenido en las mudanzas, qué lugar les gustó más y cuál menos, qué sentimientos tenían cada vez que se mudaban y por qué. Si nunca se han cambiado de casa, digan si les gustaría hacerlo y den sus razones. Comparen sus sentimientos con los de la protagonista y digan si son similares.
C. **Un montón.** La protagonista del cuento está preocupada por las mudanzas. Encuentren cuántas veces se ha cambiado de casa y cómo eran los lugares donde vivía antes de llegar a la casa de Mango Street. Expliquen por qué habla de las mudanzas y los lugares donde su familia ha vivido.

Segundo paso

Visiones de España

ANA MARÍA MATUTE (1926–) is a Spanish novelist and short story writer who in recent years has gained international recognition for her stark yet poetic portraits of life in post–Civil War Spain. Among her most important novels are *Los Abel* (1948), *En esta tierra* (1955), and *Primera memoria* (1960), for which she won the **Premio Nadal,** a prestigious Spanish literary award. Her latest works include *La torre vigía* (1971) and *El río* (1973).

One of the most important features of Matute's work is her ability to explore the world of childhood with unusual sensitivity. Through the eyes of young children and adolescents she evokes many vivid portraits of life in rural Spain. Her characters, often estranged and alienated from the society in which they live, can be seen as symbols of the political and intellectual isolation Spain experienced after the Civil War.

The first two selections that follow are from Matute's *Historias de la Artámila* (1961), a collection of twenty-two short stories (see pp. 51–52). As you read them, try to keep in mind the following thematic and stylistic features.

> Even if the stories are located in one region, in fact the atmosphere is generally Spanish and it is made up of the somber, realistic presentation of many cases of frustration, predicament, and tragedy in the lives of simple people in the countryside: peasants, villagers, miners, wanderers, gypsies, village doctors, teachers, and estate owners. Another element to link the stories is the frequent reference to the presence, participation, and feelings of the narrator as a small girl, mostly accompanying an elder brother and belonging to a well-to-do family.
>
> There is a Chekhovian quality in this beautiful book, an emphasis on the intense lyrical and emotional impact of little things and apparently insignificant happenings. Ana María Matute combines this appreciation of little things with a sensitive and realistic presentation, through the memory of personal experience, of the present tragedy of the Spanish people. This is a book of protest, subtle and lyrical but nonetheless strong and brave.*

*Rafael Bosch, "Review of *Historias de la Artámila*," *Books Abroad* (Summer 1963):303.

Estos jóvenes reciben una clase al aire libre en España.

El árbol de oro

"El árbol de oro" is one of the most popular stories from *Historias de la Artámila*. In this tale, as in others in that collection, Matute reconstructs with great artistry a memory from her childhood. Of particular interest is the way the author combines realism with the world of the supernatural. Here we have the presentation of two distinct perceptions of reality—the narrator's realistic perspective and the imaginative, poetic world of Ivo, a boy who claims that he can see a golden tree through a crack in the wall of his country schoolhouse.

ANTES DE LEER

PALABRAS IMPORTANTES Y MODISMOS

a las afueras de	on the outskirts of	**olvidar**	to forget
acercarse a	to approach	**por fin**	finally
asistir a	to attend	**tener su atractivo**	to have its own appeal
dar con	to come upon	**volverse (ue) + adjetivo**	to become + adj.
de tal forma	in such a way		
dejarse + infinitivo	to let or allow oneself to be + past part.		

Understanding Point of View (*punto de vista*)

When reading works of fiction, both to decode their literal meaning as well as to appreciate their artistic impact, one of the fundamental strategies you need to master is that of determining the point of view or perspective from which the writer presents the actions of the work. The two basic points of view assumed by narrators in works of fiction are either that of the first person (**narración en primera persona**) or omniscient point of view (**narración omnisciente**). Stories told from the first-person point of view often appear to be more intimate because the narrator is able to establish an emotional bond with the reader. They also often seem to be coherent and unified to you as reader since you are listening to one voice. In contrast, the omniscient narrator is able to depict from the outside what is taking place in the story and describes externally the behavior of the characters (**los personajes**).

One of the special characteristics of Matute's fiction is her ability to tell stories from the point of view of narrators who are young children. In the story you are about to read, Matute becomes a narrator, using the first-person point of view to recreate a moment from her own past. A narrator who appears as one of the characters in a story is called a first-person participant (**el narrador protagonista / la narradora protagonista**).

Before you read the story, carefully scan the first paragraph. Underline the verbs, keeping in mind the predominant point of view the author has elected to use. Remember that the opening sentences of a work of fiction play a key role in determining the meaning of the entire text and often, although not definitively, establish the predominant point of view.

CONTEXTO CULTURAL

La Guerra Civil española es el evento decisivo en la historia de España, comparable solamente con la derrota (*defeat*) de la Armada española en 1588 y la decadencia posterior de la nación como potencia mundial durante el siglo XVI. Como la obra de Matute, es, en cierto sentido, una respuesta a las consecuencias de la Guerra Civil, es útil comprender las raíces de este cataclismo social. A principios del siglo XX, España era una monarquía constitucional caracterizada por divisiones políticas poderosas trazadas a lo largo de las líneas de clase: la iglesia y el ejército apoyaban una agenda conservadora; los trabajadores se volcaron al movimiento sindical buscando alivio económico. Desde 1923 hasta 1930 España fue gobernada por un dictador militar, Miguel Primo de Rivera, quien fue forzado a escapar a Francia en 1930. La nación disfrutó entonces de un breve período de gobierno democrático de 1931 a 1936. Las fricciones ideológicas con frecuencia estallaban (*erupted*) violentamente. Como resultado de las elecciones de febrero de 1936, los liberales (el Frente Popular) se enfrentaron con los conservadores (la Falange). Aunque el Frente Popular ganó por un margen muy pequeño, el 17 de julio de 1936, empezó una revuelta militar contra el gobierno republicano. Encabezados por (*Led by*) el general Francisco Franco, y con el apoyo de Alemania e Italia, los nacionalistas finalmente ganaron el control de la nación, forzando al gobierno republicano al exilio en marzo de 1938.

Según la opinión pública mundial, la Guerra Civil española fue, más que un conflicto interno, una lucha entre el bien y el mal, entre la democracia y la tiranía. La causa de la República fue apoyada por escritores e intelectuales de todo el mundo, incluyendo a Langston Hughes, Nicolás Guillén, Stephen Spender y Ernest Hemingway. No fue sino hasta la década de 1950 que los escritores que residían en España, tales como Ana María Matute, empezaron a escribir sobre las consecuencias desastrosas de la Guerra Civil en la psiquis nacional española.

▩ *El árbol de oro* ▩

ASISTÍ DURANTE UN OTOÑO **a** la escuela de la señorita Leocadia, en la aldea, porque mi salud no andaba bien y el abuelo retrasó mi vuelta a la ciudad. Como era el tiempo frío y estaban los suelos embarrados[1] y no se veía rastro de muchachos, me aburría dentro de la casa, y pedí
5 al abuelo **asistir a** la escuela. El abuelo consintió, y acudí a aquella casita alargada[2] y blanca de cal,[3] con el tejado pajizo[4] y requemado por el sol y las nieves, **a las afueras del** pueblo.

La señorita Leocadia era alta y gruesa, tenía el carácter más bien áspero y grandes juanetes[5] en los pies, que la obligaban a andar como quien arrastra ca-
10 denas.[6] Las clases en la escuela, con la lluvia rebotando en el tejado y en los cristales, con las moscas pegajosas de la tormenta y persiguiéndose alrededor de la bombilla,[7] **tenían su atractivo.** Recuerdo especialmente a un muchacho de unos diez años, hijo de un aparcero[8] muy pobre, llamado Ivo. Era un muchacho delgado, de ojos azules, que bizqueaba[9] ligeramente al hablar. Todos los mucha-
15 chos y muchachas de la escuela admiraban y envidiaban un poco a Ivo, por el don[10] que poseía de atraer la atención sobre sí, en todo momento. No es que fuera ni inteligente ni gracioso, y, sin embargo, había algo en él, en su voz quizás, en las cosas que contaba, que conseguía cautivar a quien le escuchase. También la señorita Leocadia se **dejaba** prender de aquella red de plata que Ivo tendía[11]
20 a cuantos atendían sus enrevesadas[12] conversaciones, y —yo creo que muchas veces contra su voluntad— la señorita Leocadia le confiaba[13] a Ivo tareas deseadas por todos, o distinciones que merecían alumnos más estudiosos y aplicados.

Quizá lo que más se envidiaba de Ivo era la posesión de la codiciada[14] llave de la torrecita.[15] Ésta era, en efecto, una pequeña torre situada en un ángulo de

---

[1]estaban... *the streets were muddy* [2]*long* [3]*whitewash* [4]tejado... *thatched roof* [5]*bunions* [6]como... *as if she were in chains* [7]*lightbulb* [8]*sharecropper* [9]*squinted* [10]*gift* [11]prender... *be caught in the silver net Ivo cast* [12]*intricate* [13]daba [14]*coveted* [15]*little tower*

²⁵ la escuela, en cuyo interior se guardaban los libros de lectura. Allí entraba Ivo a buscarlos, y allí volvía a dejarlos, al terminar la clase. La señorita Leocadia se lo encomendó a él,[16] nadie sabía en realidad por qué.

Ivo estaba muy orgulloso de esta distinción, y por nada del mundo la hubiera cedido.[17] Un día, Mateo Heredia, el más aplicado y estudioso de la escuela, pidió
³⁰ encargarse de la tarea —a todos nos fascinaba el misterioso interior de la torrecita, donde no entramos nunca—, y la señorita Leocadia pareció acceder.[18] Pero Ivo se levantó, y **acercándose a** la maestra empezó a hablarle en su voz baja, bizqueando los ojos y moviendo mucho las manos, como tenía por costumbre. La maestra dudó un poco, y al fin dijo:

³⁵ —Quede todo como estaba. Que siga encargándose Ivo de la torrecita.

A la salida de la escuela le pregunté:

—¿Qué le has dicho a la maestra?

Ivo me miró de través y vi relampaguear[19] sus ojos azules.

—Le hablé del árbol de oro.

⁴⁰ Sentí una gran curiosidad.

—¿Qué árbol?

Hacía frío y el camino estaba húmedo, con grandes charcos[20] que brillaban al sol pálido de la tarde. Ivo empezó a chapotear[21] en ellos, sonriendo con misterio.

—Si no se lo cuentas a nadie...
⁴⁵ —Te lo juro, que a nadie se lo diré.

Entonces Ivo me explicó:

—Veo un árbol de oro. Un árbol completamente de oro: ramas, tronco, hojas... ¿sabes? Las hojas no se caen nunca. En verano, en invierno, siempre. Resplandece mucho; tanto, que tengo que cerrar los ojos para que no me duelan.
⁵⁰ —¡Qué embustero[22] eres! —dije, aunque con algo de zozobra.[23] Ivo me miró con desprecio.

—No te lo creas —contestó—. Me es completamente igual que te lo creas o no... ¡Nadie entrará nunca en la torrecita, y a nadie dejaré ver mi árbol de oro! ¡Es mío! La señorita Leocadia lo sabe, y no se atreve a darle la llave a
⁵⁵ Mateo Heredia, ni a nadie... ¡Mientras yo viva, nadie podrá entrar allí y ver mi árbol!

Lo dijo **de tal forma** que no pude evitar preguntarle:

—¿Y cómo lo ves... ?

—Ah, no es fácil —dijo, con aire misterioso—. Cualquiera no podría verlo. Yo
⁶⁰ sé la rendija[24] exacta.

---

[16]se... entrusted it [this task] to him   [17]la... would he have given it up   [18]to consent   [19]gleam   [20]puddles   [21]splash   [22]liar   [23]uneasiness   [24]crack

—¿Rendija...?

—Sí, una rendija de la pared. Una que hay corriendo el cajón de la derecha:[25] me agacho[26] y me paso horas... ¡Cómo brilla el árbol! ¡Cómo brilla! Fíjate que si algún pájaro se le pone encima también se vuelve de oro. Eso me digo
65   yo: si me subiera a una rama, **¿me volvería** acaso[27] de oro también?

No supe qué decirle, pero, desde aquel momento, mi deseo de ver el árbol creció de tal forma que me desasosegaba.[28] Todos los días, al acabar la clase de lectura, Ivo se acercaba al cajón de la maestra, sacaba la llave y se dirigía a la torrecita. Cuando volvía, le preguntaba:

70   —¿Lo has visto?

—Sí —me contestaba. Y, a veces, explicaba alguna novedad:

—Le han salido unas flores raras. Mira: así de grandes, como mi mano lo menos, y con los pétalos alargados. Me parece que esa flor es parecida al arzadú.[29]

75   —¡La flor del frío! —decía yo, con asombro—. ¡Pero el arzadú es encarnado[30]!

—Muy bien —asentía él, con gesto de paciencia—. Pero en mi árbol es oro puro.

—Además, el arzadú crece al borde de los caminos... y no es un árbol.

No se podía discutir con él. Siempre tenía razón, o por lo menos lo parecía.

80   Ocurrió entonces algo que secretamente yo deseaba; me avergonzaba[31] sentirlo, pero así era: Ivo enfermó, y la señorita Leocadia encargó a otro la llave de la torrecita. Primeramente, la disfrutó Mateo Heredia. Yo espié su regreso, el primer día, y le dije:

—¿Has visto un árbol de oro?

85   —¿Qué andas graznando[32]? —me contestó de malos modos, porque no era simpático, y menos conmigo. Quise dárselo a entender, pero no me hizo caso. Unos días después, me dijo:

—Si me das algo a cambio, te dejo un ratito la llave y vas durante el recreo. Nadie te verá...

90   Vacié mi hucha,[33] y, **por fin,** conseguí la codiciada llave. Mis manos temblaban de emoción cuando entré en el cuartito de la torre. Allí estaba el cajón. Lo aparté y vi brillar la rendija en la oscuridad. Me agaché y miré.

Cuando la luz dejó de cegarme, mi ojo derecho sólo descubrió una cosa: la seca tierra de la llanura alargándose[34] hacia el cielo. Nada más. Lo mismo que se
95 veía desde las ventanas altas. La tierra desnuda y yerma,[35] y nada más que la tierra. Tuve una gran decepción[36] y la seguridad de que me habían estafado.[37] No sabía cómo ni de qué manera, pero me habían estafado.

Olvidé la llave y el árbol de oro. Antes de que llegaran las nieves regresé a la ciudad.

---

[25] corriendo... *pulling out the right drawer*   [26] me... *I crouch down*   [27] quizás   [28] me... *it made me restless*   [29] *a flowering plant*   [30] *flesh-colored*   [31] me... *I felt ashamed*   [32] *chattering about*   [33] *piggy bank*   [34] *extending*   [35] *barren*   [36] *disappointment*   [37] me... *they had deceived me*

100   Dos veranos más tarde volví a las montañas. Un día, pasando por el cementerio —era ya tarde y se anunciaba la noche en el cielo: el sol, como una bola roja,
caía a lo lejos, hacia la carrera terrible y sosegada de la llanura—, vi algo extraño.
De la tierra grasienta[38] y pedregosa, entre las cruces caídas, nacía un árbol grande
y hermoso, con las hojas anchas de oro: encendido y brillante todo él, cegador.
105   Algo me vino a la memoria, como un sueño, y pensé: «Es un árbol de oro». Busqué
al pie del árbol, y no tardé en **dar con** una crucecilla de hierro negro, mohosa[39]
por la lluvia. Mientras la enderezaba, leí: IVO MÁRQUEZ, DE DIEZ AÑOS DE EDAD.
      Y no daba tristeza alguna, sino, tal vez, una extraña y muy grande alegría.

[38]*grimy* [39]*rusty*

Después de leer

Cuestionario

1. ¿A qué escuela asistió la narradora de este cuento?
2. ¿Cómo era la señorita Leocadia?
3. ¿Quién era Ivo?
4. ¿Qué don poseía Ivo?
5. ¿Qué es quizá lo que más le envidiaban a Ivo?
6. ¿Qué le pidió un día Mateo Heredia a la señorita Leocadia?
7. ¿Qué veía Ivo en la torrecita?
8. ¿Cómo obtuvo por fin la narradora la llave de la torrecita?
9. ¿Qué vio la narradora cuando entró en la torrecita?
10. Cuando la narradora volvió a las montañas años más tarde, ¿qué cosa rara descubrió en el cementerio?

Estudio de palabras

Complete las oraciones con palabras o expresiones de **Palabras importantes y modismos.**

1. Las clases en la escuela, con la lluvia rebotando en el tejado, _____.
2. Ivo vio a la maestra en la calle e inmediatamente _____ ella para saludarla.
3. Lo dijo _____ que no pude evitar preguntárselo.
4. Finalmente (yo) _____ el árbol de oro y regresé a la ciudad.
5. Durante el otoño (yo) _____ a la escuela de la señorita Leocadia.
6. La escuela se encontraba _____ pueblo.
7. Si algún pájaro se pone encima del árbol, también _____ de oro.
8. De pronto (yo) _____ una crucecilla de hierro negro.
9. El muchacho limpió su cuarto y _____ consiguió la llave que tanto deseaba.
10. También la señorita Leocadia _____ prender de aquella red de plata que Ivo tendía a cuantos atendían sus conversaciones.

CONSIDERACIONES

1. La narradora emplea esta frase descriptiva al describir a Ivo: « ...aquella red de plata que Ivo tendía... » ¿A qué se refiere esta metáfora?
2. ¿Cómo se describe a la señorita Leocadia? ¿Qué expresión se utiliza para describir su forma de andar?
3. ¿Por qué tenía tanta importancia la torrecita para los chicos?
4. El cuento describe el aspecto físico de Ivo y algunos aspectos de su personalidad. ¿Cuáles son?
5. Describa el árbol que Ivo dice que se ve desde el interior de la torrecita.
6. La narradora habla de su deseo de ver el árbol, pero le resulta imposible verlo. ¿Cómo se puede explicar esto?
7. ¿Cuál es la verdad que descubre la narradora cuando está en la torrecita?
8. Dos veranos más tarde la narradora del cuento vuelve a la aldea de las montañas. Explique en unas oraciones lo que ve cuando pasa por el cementerio. ¿Cuáles son sus sentimientos?
9. ¿Por qué deseaba la narradora que se enfermara Ivo? ¿Por qué se alegra tanto la narradora al final de la historia?

ANÁLISIS DEL TEXTO

1. Comente la importancia del paisaje en este cuento.
2. Comente el uso de la prefiguración (*foreshadowing*) con respecto a la figura de Ivo.
3. Comente la manera en que la autora maneja la sicología infantil como recurso literario.
4. ¿Quién es el protagonista de este cuento? ¿Por qué?
5. ¿Cuál es el efecto emocional de la última oración del cuento?

EN GRUPOS

Completen las siguientes actividades en grupos.

A. **¿Quién narra la historia?** Encuentren en el texto detalles de la persona que narra y hagan una descripción lo más completa posible: su sexo, origen, las condiciones en que vive, su edad y/o su imaginación.
B. **La torrecita.** ¿Por qué todos los niños envidiaban la tarea de Ivo? ¿Qué había en la torrecita?
C. **El desenlace.** Interpreten el final del cuento. ¿Por qué la persona que narra puede ver el árbol al final? ¿Qué piensan Uds. que representa este árbol en el cementerio?

BIBLIOGRAFÍA

Printed Materials

Gazariam-Gautier, Marie-Lis. *Ana María Matute: La voz del silencio.* Madrid: Espasa Calpe, 1997. (extended interview)

Jones, Margaret E. W. *The Literary World of Ana María Matute.* Lexington: University of Kentucky Press, 1970.

Pérez, Janet. *The Fictional World of Ana María Matute: Solitude, Injustice, and Dreams.* Newark: University of Delaware Press, 1991.

Audiovisual

Esta es mi tierra: Ana María Matute. An RTRVE Production. (Spanish, 55 minutes, color) Films for the Humanities and Sciences. #10695. (www.films.com)

To Die in Madrid. (Documentary on Spanish Civil War [in English]) Distributor, Pyramide Distribution.

Un pastor con su rebaño, Extremadura, España

Rafael

"**R**afael," published in Matute's collection *El río* (1963), demonstrates the author's interest in human psychology. Set in a small town during the period surrounding the Spanish Civil War, it focuses on a lonely and misunderstood boy who is mentally retarded. The story's power and poignancy are derived in part from its being told from the perspective of a child. When reading, pay attention to the details that foreshadow the ending.

A NTES DE LEER

P ALABRAS IMPORTANTES Y MODISMOS

a causa de	because of	**menor**	younger
a menudo	often	**no acabar de**	to not fully
a través de	through	**entender**	understand
asomarse a	to lean out of	**(ie)**	(*something*)
echar mano	to get hold of	**resultar**	to turn out to be
de		**tener que**	to have to (*do*
incluso	even, including	**+ infinitivo**	*something*)
mayor	older		

ESTRATEGIAS PARA LEER

The Use of Metaphor (*metáfora*)

The first paragraph of "Rafael" quickly establishes a present moment, a past moment, and indications of movement toward a future moment. This is information that you can easily understand on a literal or factual level. In any given narrative, however, there may be moments that can and should be understood in ways that transcend the literal. We are referring here to *figurative language,* and metaphor is one example of the figurative use of language. When a man says that his love is a rose, he most assuredly does not mean that the one he loves *is* a rose, at least not in a literal sense. If understood *metaphorically,* however, the loved one shares the considerable attributes of the rose: beauty, perfection of form, singularity, and so forth. With this in mind while reading Matute's "Rafael," you should consider the metaphorical implications of the gift of a caged blackbird. Although this particular incident could be tied to a subtext (the Spanish Civil War) or understood in a very literal sense, it can also be understood metaphorically.

Before reading "Rafael," scan the last paragraph on page 46 and the first four paragraphs on p. 47, looking for clues that might allow you to interpret this incident metaphorically. When you have completed this exercise, you may be able to find other incidents and scenes in the story that, when read metaphorically, add both narrative and thematic depth to Matute's tale.

CONTEXTO CULTURAL

«Rafael» tiene lugar durante los años anteriores y posteriores a la Guerra Civil española (1936–1939). Es crucial entender este período de la historia española para comprender mejor las tensiones que Matute explora en esta breve narrativa. Como muchos eventos de este tipo, la Guerra Civil española tuvo un impacto prolongado y profundo en todos los aspectos de la vida española. Se calcula que murieron de medio millón a 1 millón de personas como consecuencia de las hostilidades por tierra y de los bombardeos aéreos de pueblos y ciudades. La ciudad de Guernica, al noreste de Bilbao, en el País Vasco, fue inmortalizada en el cuadro de Pablo Picasso que lleva ese nombre. Este cuadro se volvería el símbolo visual más poderoso de la devastación causada por la guerra. Después de la guerra, aproximadamente 1 millón de habitantes emigró de Espana, la mayoría a Francia o Latinoamérica. Entre los exiliados se incluía gran parte de los mejores artistas y escritores españoles, tales como Pablo Casals, Max Aub y Francisco Ayala, dejando en España un vacío (*wasteland*) intelectual. También, como consecuencia de las alianzas de Francisco Franco tanto con Hitler como con Mussolini, la nación se volvió una especie de paria política durante los años que siguieron a la Segunda Guerra Mundial. Mientras que la mayoría de la Europa Occidental fue reconstruida en la década de 1940, España permaneció aislada. Los resultados fueron un alto índice de analfabetismo, una infraestructura pública de calidad inferior, escuelas derrumbadas, pobres carreteras y el sentido de desesperanza tan brillantemente captado por Matute en la historia que está a punto de leer.

❖ *Rafael* ❖

RAFAEL ERA UN muchacho rubio, de ojos azules, hijo de unos acomodados[1] labradores del pueblo. Tenía otros hermanos, **mayores** y **menores** que él, que vivían y trabajaban en el campo, como la mayoría de los habitantes. Pero Rafael era distinto, y por ello **resultaba** un
5 estorbo[2] para la familia. En consecuencia, lo mandaron a las montañas, con el rebaño,[3] y muy raramente bajaba al pueblo.

Yo recuerdo muy bien a Rafael... atravesando el Sestil,[4] tras nuestra casa, con su rebaño. Nosotros queríamos a Rafael porque era dulce, amable, y decía cosas muy especiales. **A causa de** estas cosas especiales que hacía, y decía, le aparta-
10 ban sus hermanos y sus padres. Pero, por ello mismo, se atraía nuestro afecto.[5] **No acabábamos de entender** del todo[6] lo que le pasaba a Rafael, cuya vista siempre nos alegraba. Cuando se recortaba su menuda figurilla sobre las rocas del barranco,[7] nosotros salíamos, y, haciendo bocina[8] con las manos, le llamábamos. Entonces él cantaba. Según decían las personas mayores, lo hacía muy mal,
15 y las criadas lloraban de risa oyéndole. Pero a nosotros nos gustaba, e, **incluso,** a veces, nos conmovía...

Rafael quería mucho a mi padre. Únicamente con él tenía confianza, y le comunicaba secretos. A nosotros nos gustaba verle llegar, con su gesto huidizo,[9] y decirnos:

20 —¿Está vuestro padre? **Tengo que** hablarle.

Mi padre le escuchaba con paciencia. Rafael tenía una obsesión: casarse. Ninguna chica del pueblo le quería, y él se fabricó novias, a su gusto. Recuerdo que, una vez, se hizo un anillo con papel de estaño.[10]

—¿Ve?[11] —dijo con una sonrisa medio pícara,[12] medio inocente.
25 —Es muy bonito —comentó mi padre. El pedazo de papel de plata brillaba al sol, en el dedo rugoso y oscuro. Rafael bajó la voz...

Luego **echó mano de** una cartera[13] viejísima, y enseñó las fotografías de sus novias. Eran actrices de cine, recortadas de periódicos y revistas. Todos alabamos[14] su buen gusto, y, confieso, que nosotros, los niños, creíamos vaga-
30 mente, pero con mucha satisfacción, en aquellos amores tan hermosos.

Pasaron los años y llegó la guerra. Cuando volvimos a Mansilla, todo había cambiado, menos Rafael. Las gentes eran menos ingenuas, menos corteses, menos desinteresadas. Sólo Rafael, ya sin juventud, continuaba como antes. Seguía conduciendo su rebaño, por sobre el Sestil, **a través del** césped de sep-
35 tiembre. Hablaba menos, quizá, y sus ojos tenían una tristeza que nunca le habíamos conocido.

---

[1]*comfortably off* [2]*annoyance* [3]*flock* [4]*name of a hill* [5]*se... be endeared himself to us* [6]*del... completely*
[7]Cuando... *When his small figure was etched against the rocks of the ravine* [8]*a bullhorn* [9]*gesto... evasive expression* [10]papel... *tinfoil* [11]*See?* [12]*roguish* [13]*wallet* [14]*applauded*

Un día la cocinera nos dijo:

—A Rafael se le ha metido en la cabeza[15] que todos los niños rubios del pueblo, son hijos suyos.

40 **A menudo** se le veía espiando a los niños... . Había, en especial, dos niños muy rubios, a los que adoraba. Les llevaba almendras,[16] caramelos; les fabricaba flautas de cañas (silbatos). Un día les trajo un mirlo,[17] en una jaula (toscamente fabricada por él), y al día siguiente nos dijeron:

—¡Pobre Rafael! El padre de Alfredín y Mateo se ha cansado ya de esta
45 historia.[18] Le esperó escondido, le agarró por una oreja, y le molió a palos, con una estaca así de gorda.[19] Luego pateó la jaula, y el mirlo salió volando que era una gloria.

—¿Y qué le ha pasado a Rafael?

—¿Qué le va a pasar? Con las narices sangrando, molido, se sentó junto a la
50 tapia; y lloraba.

El mirlo había huido, y Rafael no encontró nunca su amor. No le volvimos a ver por las montañas. Cayó enfermo, permanecía encerrado en su casa, y sólo los días de la Cruz,[20] cuando pasaba la procesión, **se asomaba a** la ventana. Su rostro, cenizoso[21] y triste, era como el de un desconocido.

[15] A... *Rafael has gotten it into his head*   [16] *almonds*   [17] *blackbird*   [18] se... *has gotten tired of this story (game)*
[19] le molió... *he beat him to a pulp with a big stake*   [20] días... *commemorating the discovery of the cross of Christ by St. Elena*   [21] Su... *His face, ashen*

DESPUÉS DE LEER

CUESTIONARIO

1. ¿Cómo era Rafael?
2. ¿Tenía hermanos Rafael?
3. ¿Por qué mandaron a Rafael a las montañas?
4. ¿Por qué quería la narradora a Rafael?
5. ¿A quién quería mucho Rafael?
6. ¿Qué obsesión tenía Rafael?
7. ¿A quiénes les llevaba almendras y caramelos Rafael?
8. ¿Qué le hizo el padre de Alfredín y Mateo a Rafael?
9. ¿Encontró Rafael el amor que deseaba?
10. ¿Cuándo se asomaba a la ventana Rafael?

ESTUDIO DE PALABRAS

Complete las oraciones con palabras o expresiones de **Palabras importantes y modismos.**

1. Rafael tenía otros hermanos, _____ y _____ que él, que vivían y trabajaban en el campo.
2. Rafael era distinto y por ello _____ un estorbo para la familia.
3. Luego Rafael _____ una cartera viejísima, y le enseñó las fotografías de sus novias.
4. Seguía conduciendo su rebaño _____ césped.
5. Sólo los días de la Cruz, cuando pasaba la procesión, Rafael _____ la ventana.
6. Después del incidente Rafael estaba tranquilo e _____ alegre, algo que me sorprendió.
7. Nosotros _____ lo que le pasaba a Rafael.
8. Es urgente; (yo) _____ hablarle ahora mismo.
9. Rafael cruzaba la calle frecuentemente. _____ lo veíamos hacer esto, algo prohibido por su padre.
10. _____ estas cosas que hacía, su padre le mandó quedarse en casa.

CONSIDERACIONES

1. Considere la presentación de Rafael. ¿Cuáles son los adjetivos que la narradora usa para describirlo?
2. El texto establece que Rafael y los mayores no se llevaban bien. Entonces, ¿por qué se entendía tan bien Rafael con los menores del pueblo?
3. ¿Cómo se puede predecir (*predict*) el triste desenlace del cuento? Busque los detalles que lo indican a lo largo de la narración.
4. ¿Qué se debe decir o pensar de los secretos que tenía Rafael? ¿Por qué razón revelaba sus secretos al padre de la narradora?
5. Hay un gran cambio de tonalidad en el cuento. ¿Cuándo se ve dicho cambio y cuáles son sus implicaciones?
6. Comente la importancia del último párrafo del cuento. ¿Cuáles son las palabras clave que dictan el tono general?

ANÁLISIS DEL TEXTO

1. ¿Cuál es el tema de «Rafael»?
2. ¿Cuál es el punto de vista narrativo predominante en este cuento? ¿Por qué lo usa la autora?
3. Comente los cambios físicos que experimenta Rafael a lo largo del cuento.
4. Comente la relación entre el mirlo, la jaula y Rafael.

5. Comente la importancia de la referencia a la guerra con relación a lo que pasa en este cuento.

 *EN GRUPOS*

Completen las siguientes actividades en grupos.

A. **El narrador.** Señalen en el texto las palabras que indican quién o quiénes narra(n) la historia. Una vez que identifiquen al narrador, digan desde qué punto de vista narra. ¿es un adulto o un niño? ¿cómo sabemos esto? ¿Es importante el punto de vista en una narración? ¿Por qué?

B. **Imaginación y fantasía.** Rafael es un ser especial y tiene secretos. Busquen en la narración cuáles eran sus secretos y por qué se usa la palabra «fabricar».

C. **La guerra.** El último párrafo hace contraste con el primero. ¿Cuáles son los colores y las sensaciones que predominan al final? Compárenlos con los del principio. ¿Cuáles son las consecuencias de la guerra? ¿Qué pasó con las fantasías de Rafael?

BIBLIOGRAFÍA

Printed Materials
Gazariam-Gautier, Marie-Lis. *Ana María Matute: La voz del silencio.* Madrid: Espasa Calpe, 1997. (extended interview)
Jones, Margaret E. W. *The Literary World of Ana María Matute.* Lexington: University of Kentucky Press, 1970.
Pérez, Janet. *The Fictional World of Ana María Matute: Solitude, Injustice, and Dreams.* Newark: University of Delaware Press, 1991.

Audiovisual
Esta es mi tierra: Ana María Matute. An RTVE Production. (Spanish, 55 minutes, color) Films for the Humanities and Sciences. #10695. (www.films.com)
To Die in Madrid. (Documentary on Spanish Civil War [in English]) Distributor, Pyramide Distribution.

Unos novios españoles pensando en el futuro

El ausente[1]

Many of the twenty-two stories published in *Historias de la Artámila* are either narrated from a child's point of view, as in the case of "El árbol de oro," or focus on the lives of orphaned, misunderstood, or marginalized young people like the young boy in "Rafael." "El ausente" is an exception. Here the principal characters are adults, and the theme, the loneliness of an unhappily married woman, makes the story exceptional. Although "El ausente" is told from the third-person omniscient point of view, the author has used other narrative devices such as dialogue to heighten the feeling of building tension as well as to let her reader experience the emotions of the characters. As you read this story, watch for clues that may help you better understand the woman's feelings and prepare you for the resolution of the conflict in the last paragraph.

[1]*absent one*

ANTES DE LEER

PALABRAS IMPORTANTES Y MODISMOS

al fin	finally	**de nuevo**	again
casarse (con)	to get married (to)	**de pronto**	suddenly
dar de comer	to feed	**estar**	to be in love
de mal humor	in a bad mood	**enamorado/a de**	with

sentirse (ie) **culpable**	to feel guilty	**tratar de** **+ infinitivo**	to try to (*do something*)
sin embargo	nevertheless		

Understanding Titles (*títulos*)

The title of a story is presented out of context for the reader, in that it refers to things or events that have not yet been read and understood. A title can, as in the case of Edgar Allan Poe's "The Purloined Letter," appear to refer to a specific object or perhaps a name that will prove to be important. On the other hand, deciphering the meaning of the title "El ausente" (*"The Absent One"*) can be problematic. This can be a source of tension, as the reader will want to make sense of the title and understand the relationship that is given to exist between title and story. It could refer to a specific missing or absent person, or it could suggest the constellation of feelings associated with absence such as loneliness, grief, or a sense of personal loss. Before reading "El ausente" for the first time, scan the first paragraph and the lines of ensuing dialogue, being careful to list any words or phrases that seem to offer an explanation of the title. After you have read the entire story, it will prove helpful during your second reading to mark the passages that you feel clarify the title, because the events that unfold will require that you reconsider the implications and consequences of the title.

 **CONTEXTO CULTURAL** Aunque Ana María Matute no publicó *Historias de la Artámila* hasta 1962, escribió muchas de estas historias años antes y reflejan las experiencias de su niñez en la España rural, muy probablemente en la región entre los montes Pirineos y el río Ebro, en el norte de España. Matute habló de la región en estos términos:

«La Artámila existe. No con este nombre, del mismo modo que otro nombre di, también, a sus criaturas. Yo les conocí en las montañas, durante los cálidos veranos de mi infancia. En octubre, en invierno, durante algún tiempo en que estuve enferma y viví junto a ellos. Otras veces, sus historias llegaron a mí a través de comentarios de pastores, de criados, de campesinos. Y de labios de mi madre, o de mi abuela.»*

En la historia reproducida aquí, el narrador inserta una frase clave diciendo: «Quémese la casa y no salga humo», que significa que pase lo que pase en una familia se debe evitar que otros lo sepan. El miedo al **«qué dirán»,** es decir, el respeto o temor a la opinión pública, se encuentra en el corazón de la vida rural española altamente estructurada y se expresa acertadamente en ese refrán (*saying*). El hecho de que el

---

*Ana María Matute, "La razón de Historias de Artámila," in *Doce historias de Artámila,* ed. Manuel and Gloria Durán (New York: Harcourt, Brace & World, 1965):ix.

esposo de la protagonista sea tanto un recién llegado al pueblo como un obrero es motivo para que sea considerado socialmente inferior. El uso de refranes, un rico depósito de la sabiduría popular, es una de las características que definen la literatura española y es un rasgo prominente en el libro *Don Quijote de La Mancha* (1605, 1615) de Miguel de Cervantes.

▦ *El ausente* ▦

POR LA NOCHE discutieron.[1] Se acostaron llenos de rencor el uno por el otro. Era frecuente eso, sobre todo en los últimos tiempos. Todos sabían en el pueblo —y sobre todo María Laureana, su vecina— que eran un matrimonio mal avenido.[2] Esto, quizá, la amargaba más.
5 «Quémese la casa y no salga el humo», se decía ella, despierta, vuelta de cara a la pared. Le daba a él la espalda, deliberada, ostentosamente. También el cuerpo de él parecía escurrirse como una anguila[3] hacia el borde opuesto de la cama. «Se caerá al suelo», se dijo, en más de un momento. Luego, oyó sus ronquidos y su rencor se acentuó. «Así es. Un salvaje, un bruto. No tiene sentimientos.» En
10 cambio ella, despierta. Despierta y de cara a aquella pared encalada, voluntariamente encerrada.

Era desgraciada. Sí: no había por qué negarlo, allí en su intimidad. Era desgraciada, y pagaba su culpa de **haberse casado** sin amor. Su madre (una mujer sencilla, una campesina) siempre le dijo que era pecado casarse sin amor. Pero
15 ella fue orgullosa. «Todo fue cosa del orgullo. Por darle en la cabeza a Marcos. Nada más.» Siempre, desde niña, **estuvo enamorada de** Marcos. En la oscuridad, con los ojos abiertos, junto a la pared, Luisa sintió **de nuevo** el calor de las lágrimas entre los párpados. Se mordió los labios. A la memoria le venía un tiempo feliz, a pesar de la pobreza. Las huertas, la recolección de la fruta... «Mar-
20 cos.» Allí, junto a la tapia del huerto, Marcos y ella. El sol brillaba y se oía el rumor de la acequia,[4] tras el muro. «Marcos.» **Sin embargo,** ¿cómo fue? ... Casi no lo sabía decir: Marcos se casó con la hija mayor del juez: una muchacha torpe, ruda, fea. Ya entrada en años, por añadidura.[5] Marcos se casó con ella. «Nunca creí que Marcos hiciera eso. Nunca.» ¿Pero cómo era posible que aún le doliese,
25 después de tantos años? También ella había olvidado. Sí: qué remedio. La vida, la pobreza, las preocupaciones le borran a una esas cosas de la cabeza. «De la cabeza, puede... pero en algún lugar queda la pena. Sí: la pena renace, en momentos como éste... » Luego, ella se casó con Amadeo. Amadeo era un forastero,[6] un desgraciado obrero de las minas. Uno de aquellos que hasta los jor-
30 naleros[7] más humildes miraban por encima del hombro. Fue aquél un momento malo. El mismo día de la boda sintió el arrepentimiento.[8] No le amaba ni le

---

[1]*they fought* [2]*matrimonio... incompatible couple* [3]*escurrirse... to slide away like an eel* [4]*rumor... sound of the irrigation ditch* [5]Ya... *Already old, to make matters worse.* [6]*stranger* [7]*day laborers* [8]*regret*

amaría nunca. Nunca. No tenía remedio. «Y ahí está: un matrimonio desavenido. Ni más ni menos. Este hombre no tiene corazón, no sabe lo que es una delicadeza. Se puede ser pobre, pero... Yo misma, hija de una familia de aparceros.[9] En el campo tenemos cortesía, delicadeza... Sí: la tenemos. ¡Sólo este hombre!» Se sorprendía últimamente diciendo: «este hombre», en lugar de Amadeo. «Si al menos hubiéramos tenido un hijo... » Pero no lo tenían, y llevaban ya cinco años largos de matrimonio.

Al amanecer le oyó levantarse. Luego, sus pasos por la cocina, el ruido de los cacharros.[10] «Se prepara el desayuno.» Sintió una alegría pueril: «Que se lo prepare él. Yo no voy». Un gran rencor la dominaba. Tuvo un ligero sobresalto: «¿Le odiaré acaso?» Cerró los ojos. No quería pensarlo. Su madre le dijo siempre: «Odiar es pecado, Luisa». (Desde que murió su madre, sus palabras, antes oídas con rutina, le parecían sagradas, nuevas y terribles.)

Amadeo salió al trabajo, como todos los días. Oyó sus pisadas y el golpe de la puerta. Se acomodó[11] en la cama, y durmió.

Se levantó tarde. **De mal humor** aseó[12] la casa. Cuando bajó a **dar de comer** a las gallinas la cara de comadreja[13] de su vecina María Laureana asomó por el corralillo.[14]

—Anda, mujer: mira que se oían las voces anoche... Luisa la miró, colérica.

—¡Y qué te importan a ti, mujer, nuestras cosas! María Laureana sonreía con cara de satisfacción.

—No seas así, muchacha... si te comprendemos todos, todos... ¡Ese hombre no te merece, mujer!

Prosiguió en sus comentarios, llenos de falsa compasión. Luisa, con el ceño fruncido,[15] no la escuchaba. Pero oía su voz, allí, en sus oídos, como un veneno lento. Ya lo sabía, ya estaba acostumbrada.

—Déjale, mujer... déjale. Vete con tus hermanas, y que se las apañe solo.[16]

Por primera vez pensó en aquello. Algo le bullía[17] en la cabeza: «Volver a casa». A casa, a trabajar de nuevo la tierra. ¿Y qué? ¿No estaba acaso acostumbrada? «Librarme de él.» Algo extraño la llenaba: como una agria[18] alegría de triunfo, de venganza. «Lo pensaré», se dijo.

Y he aquí que ocurrió lo inesperado. Fue él quien no volvió.

Al principio, ella no le dio importancia. «Ya volverá», se dijo. Habían pasado dos horas más desde el momento en que él solía entrar por la puerta de la casa. Dos horas, y nada supo de él. Tenía la cena preparada y estaba sentada a la puerta, desgranando alubias.[19] En el cielo, azul pálido, brillaba la luna, hermosa e hiriente. Su ira se había tranformado en una congoja[20] íntima, callada. «Soy una desgraciada. Una desgraciada.» **Al fin,** cenó sola. Esperó algo más. Y se acostó.

---

[9]*sharecroppers*   [10]ruido... *sound of the pots and pans*   [11]Se... *She made herself comfortable*   [12]*she cleaned*
[13]cara... *weasel-like face*   [14]*small poultry yard*   [15]con...*frowning*   [16]que... *let him manage by himself*
[17]*bubbled*   [18]*bitter*   [19]desgranando... *shelling beans*   [20]*sorrow*

70   Despertó al alba, con un raro sobresalto. A su lado la cama seguía vacía. Se levantó descalza[21] y fue a mirar: la casucha[22] estaba en silencio. La cena de Amadeo intacta. Algo raro le dio en el pecho, algo como un frío. Se encogió de hombros y se dijo: «Allá él. Allá él con sus berrinches[23]». Volvió a la cama, y pensó: «Nunca faltó de noche». Bien, ¿le importaba acaso? Todos los hombres
75   faltaban de noche en sus casas, todos bebían en la taberna, a veces más de la cuenta.[24] Qué raro: él no lo hacía nunca. Sí: era un hombre raro. **Trató de** dormir, pero no pudo. Oía las horas en el reloj de la iglesia. Pensaba en el cielo lleno de luna, en el río, en ella. «Una desgraciada. Ni más ni menos.»
       El día llegó. Amadeo no había vuelto. Ni volvió al día siguiente, ni al otro.
80   La cara de comadreja de María Laureana apareció en el marco de la puerta.[25]

—Pero, muchacha... ¿qué es ello? ¿Es cierto que no va Amadeo a la mina? ¡Mira que el capataz[26] lo va a despedir!

Luisa estaba pálida. No comía. «Estoy llena de odio. Sólo llena de odio», pensó, mirando a María.

85   —No sé —dijo—. No sé, ni me importa.

Le volvió la espalda y siguió en sus trabajos.

—Bueno —dijo la vecina—, mejor es así, muchacha... ¡para la vida que te daba!

Se marchó y Luisa quedó sola. Absolutamente sola. Se sentó desfallecida. Las manos dejaron caer el cuchillo contra el suelo. Tenía frío, mucho frío. Por el ven-
90   tanuco[27] entraban los gritos de los vencejos,[28] el rumor del río entre las piedras. «Marcos, tú tienes la culpa... , tú, porque Amadeo... » **De pronto,** tuvo miedo. Un miedo extraño, que hacía temblar sus manos. «Amadeo me quería. Sí: él me quería.» ¿Cómo iba a dudarlo? Amadeo era brusco, desprovisto de ternura, callado, taciturno. Amadeo —a medias palabras ella lo entendió— tuvo una infancia dura, una
95   juventud amarga. Amadeo era pobre y ganaba su vida —la de él, la de ella y la de los hijos que hubieran podido tener— en un trabajo ingrato que destruía su salud. Y ella: ¿tuvo ternura para él? ¿Comprensión? ¿Cariño? De pronto, vio algo. Vio su silla, su ropa allí, sucia, a punto de[29] lavar. Sus botas, en el rincón, aún llenas de barro.[30] Algo le subió, como un grito. «Si me quería... acaso ¿será capaz de matarse?»
100   Se le apelotonó la sangre en la cabeza.[31] «¿Matarse?» ¿No saber nunca nada más de él? ¿Nunca verle allí: al lado, pensativo, las manos grandes enzarzadas una en otra, junto al fuego; el pelo negro sobre la frente, cansado, triste? Sí: triste. Nunca lo pensó: triste. Las lágrimas corrieron por sus mejillas. Pensó rápidamente en el hijo que no tuvieron, en la cabeza inclinada de Amadeo. «Triste. Es-
105   taba triste. Es hombre de pocas palabras y fue un niño triste, también. Triste y apaleado.[32] Y yo: ¿qué soy para él?»

---

[21]*barefoot* [22]*shack* [23]Allá... *So much for his tantrums.* [24]más... *more than they should* [25]marco... *doorway* [26]*foreman* [27]*little window* [28]*martins (birds)* [29]a... *ready* [30]*mud* [31]Se... *The blood rushed to her head.* [32]*beaten, abused*

Se levantó y salió afuera. Corriendo, jadeando,[33] cogió el camino de la mina. Llegó sofocada y sudorosa. No: no sabían nada de él. Los hombres la miraban con mirada dura y reprobativa. Ella lo notaba y **se sentía culpable.**

110 Volvió llena de desesperanza. Se echó sobre la cama y lloró, porque había perdido su compañía. «Sólo tenía en el mundo una cosa: su compañía.» ¿Y era tan importante? Buscó con ansia pueril la ropa sucia, las botas embarradas. «Su compañía. Su silencio al lado. Sí: su silencio al lado, su cabeza inclinada, llena de recuerdos, su mirada.» Su cuerpo allí al lado, en la noche. Su cuerpo grande y os-

115 curo pero lleno de sed, que ella no entendía. Ella era la que no supo: ella la ignorante, la zafia,[34] la egoísta. «Su compañía.» Pues bien, ¿y el amor? ¿No era tan importante, acaso? «Marcos... » Volvía el recuerdo; pero era un recuerdo de estampa,[35] pálido y frío, desvaído. «Pues, ¿y el amor? ¿No es importante?» Al fin, se dijo: «¿Y qué sé yo qué es eso del amor? ¡Novelerías!»

120 La casa estaba vacía y ella estaba sola.

Amadeo volvió. A la noche le vio llegar, con paso cansino. Bajó corriendo a la puerta. Frente a frente, se quedaron como mudos, mirándose. Él estaba sucio, cansado. Seguramente hambriento. Ella sólo pensaba: «Quiso huir de mí, dejarme, y no ha podido. No ha podido. Ha vuelto».

125 —Pasa, Amadeo —dijo, todo lo suave que pudo, con su voz áspera[36] de campesina—. Pasa, que me has tenido en un hilo...[37]

Amadeo tragó algo: alguna brizna,[38] o quién sabe qué cosa, que mascullaba[39] entre los dientes. Pasó el brazo por los hombros de Luisa y entraron en la casa.

[33]*panting* [34]*clod* [35]*era... it was like an old engraving* [36]*rough, harsh* [37]*me... you've had me on pins and needles* [38]*blade of grass or straw* [39]*he was chewing lazily*

Después de leer

Cuestionario

1. ¿Cómo era el matrimonio de Amadeo y Luisa?
2. ¿Qué quería decir Luisa con «Quémese la casa y no salga el humo»?
3. ¿Por qué se casó Luisa con Amadeo? ¿Quién era Marcos?
4. ¿Dónde trabajaba Amadeo?
5. ¿Qué ocurrió al amanecer?
6. Al principio, ¿cómo reaccionó Luisa ante la ausencia de Amadeo?
7. ¿Por qué sintió Luisa miedo después de varios días de ausencia? ¿Qué hizo entonces?
8. ¿Cómo se sentía Luisa al regresar de la mina? ¿Por qué?
9. ¿Cuál es el desenlace de la historia? ¿Se produce algún cambio en las relaciones entre los protagonistas?

ESTUDIO DE PALABRAS

A. Empareje las palabras con sus sinónimos.

1. _____ casarse
2. _____ estar enamorado de
3. _____ sin embargo
4. _____ de mal humor
5. _____ dar de comer
6. _____ de nuevo
7. _____ al fin
8. _____ tratar de
9. _____ de pronto
10. _____ sentirse culpable

a. de repente
b. de malas pulgas / de mala gana
c. otra vez
d. alimentar
e. finalmente
f. querer
g. no obstante
h. intentar
i. sentir arrepentimiento
j. desposarse

B. Complete las oraciones con palabras o expresiones de **Palabras importantes y modismos.**

1. Ayer gané tres millones en la lotería. _____, no pienso dejar de trabajar.
2. Después de diez largos años, el novio decidió _____ su novia.
3. Era una noche tormentosa y fría cuando _____ se apagaron todas las luces.
4. Tu solicitud de empleo está llena de errores ortográficos. Lamentablemente tendrás que escribirla _____.
5. Antes de acostarte, no te olvides de _____ al gato.
6. El asesino confesó su crimen inmediatamente, pero no parecía _____.
7. Los jóvenes románticos se casan cuando _____.
8. Nunca tiene éxito con la gente porque siempre está _____.
9. Los buenos alumnos siempre _____ terminar su tarea con anticipación.
10. El invierno fue largo y crudo pero, por suerte, podemos decir que _____ llegó la primavera.

CONSIDERACIONES

1. Al comienzo del cuento se sabe que la pareja ha discutido amargamente por la noche. Imagine el motivo de la discusión.
2. ¿Cree Ud. que el conflicto de la pareja tiene causas profundas? ¿Cuáles son?
3. ¿Qué papel desempeña (hace) María Laureana, la vecina de Luisa, con respecto al problema matrimonial?
4. ¿Cómo imagina Ud. que es la personalidad de Luisa? ¿Y la de Amadeo?
5. ¿Hay indicios (*clues*) a lo largo del cuento de que el matrimonio tiene problemas de comunicación? Dé ejemplos.
6. ¿Cómo se describe el cambio de actitud de Luisa hacia Amadeo?
7. ¿Por qué los hombres de la mina miran a Luisa «con mirada dura y reprobativa»? ¿Qué opinión cree Ud. que tenían de ella?
8. ¿Cómo anticipa Ud. el futuro de esta relación?

Análisis del texto

1. La voz narrativa del cuento, aunque en tercera persona, no es la de un narrador objetivo e incluso parece solidarizarse a veces con Luisa. ¿Piensa Ud. que esto produce un efecto especial en el desarrollo de la historia? Explique.
2. ¿De qué manera se relacionan los personajes secundarios —María Laureana, Marcos, los hombres de la mina— con los protagonistas?
3. El personaje de Amadeo se configura a partir de los comentarios de los demás. ¿Cree Ud. que esta técnica le proporciona mayor relieve (*importance*) al personaje o menor? ¿Cómo lo describiría Ud?
4. ¿Cómo interpreta Ud. el desenlace del cuento?

 ## En grupos

Completen las siguientes actividades en grupos.

A. **Imágenes.** Comparen la imagen inicial del cuento con la última que aparece en el párrafo final. Describan los sentimientos y la postura de los cuerpos al inicio y especulen sobre la última frase del cuento en cuanto a los sentimientos y las acciones o actitudes de los protagonistas principales.
B. **Sentimientos.** Luisa, la protagonista del cuento, experimenta varias emociones a lo largo de la narración. Identifiquen los sentimientos que experimenta e ilústrenlos con algún ejemplo del cuento. ¿Cómo sabemos cuáles son los sentimientos de Luisa?
C. **Amadeo.** Los lectores no encontramos ninguna palabra pronunciada por Amadeo. Si bien los sentimientos de Luisa son muy claros, ¿cómo sabemos cómo es Amadeo y lo que siente? Encuentren en el cuento las descripciones de Amadeo, tanto de su apariencia física como de sus sentimientos.

Bibliografía

Printed Materials

Gazariam-Gautier, Marie-Lis. *Ana María Matute: La voz del silencio.* Madrid: Espasa Calpe, 1997. (extended interview)

Jones, Margaret E. W. *The Literary World of Ana María Matute,* Lexington: University of Kentucky Press, 1970.

Pérez, Janet. *The Fictional World of Ana María Matute: Solitude, Injustice, and Dreams.* Newark: University of Delaware Press, 1991.

Audiovisual

Esta es mi tierra: Ana María Matute. An RTRVE Production. (Spanish, 55 minutes, color) Films for the Humanities and Sciences. #10695. (www.films.com)

To Die in Madrid (Documentary on Spanish Civil War [in English] Distributor, Pyramide Distribution.

Civilización y barbarie

HORACIO QUIROGA (1878–1937) is justly considered one of the most important short story writers in the Hispanic world. A paradoxical, complex man, Quiroga epitomizes the dichotomy between civilization and barbarism that has been a constant theme in the literature of Latin America. Although he was born into a world of middle-class urban comfort, Quiroga spent much of his life in the Argentine province of Misiones, a region marked by the violent contrast between spectacular tropical beauty and the potential for sudden death. Perhaps no other Spanish-speaking writer has captured the overwhelming power of the land as successfully as Quiroga. Although he was an avid reader of Poe, Dostoyevski, Maupassant, and Chekhov, and was to some degree influenced by them, the stories he produced were a unique creation of the New World and can by no means be considered derivative.

The three stories that follow represent a sampling of Quiroga at his best. Although each story is unique, they all share a number of common features. As you read Quiroga's stories, keep in mind the following comments.

> Quiroga's narrative technique is deceptively simple. Structurally, his stories are conventional, adhering for the most part to a narrative mode as old as oral or written tale-telling, a mode later articulated into an esthetic and practiced by Quiroga's self-acknowledged master, Edgar Allan Poe. With few exceptions, Quiroga's stories grow out of a single intense, dramatic, bizarre, or unusual situation. They proceed through a series of incidents that grow out of this basic situation as inevitably as flower develops from seed, as fetus from fertilized egg. They reach a climax that is quickly followed by a shocking, intense, or revelatory ending. In terms of this conventional narrative mode, Quiroga works surely, swiftly, and effectively; scene follows memorable scene with no false notes, little or no wasted effort, few if any wrong moves. And Quiroga's stories achieve what Poe deemed the most important goal of the writer of short fiction—totality of effect.*

---

*William Peden, "Some Notes on Quiroga's Stories," *Review* 76 (Winter 1976):40.

Un buque en el mar

Los buques suicidantes

"Los buques suicidantes" appeared in 1917 in Quiroga's fourth published book, *Cuentos de amor de locura y de muerte.* This collection, written while Quiroga was living in the remote province of Misiones, cemented his reputation as master of the art of storytelling. Written in 1912, the same year as the the sinking of the *Titanic,* Quiroga's story about ghost ships that ply the North Atlantic still poses questions for the modern reader. Much like Samuel T. Coleridge's *The Rime of the Ancient Mariner* (1798), the meaning of the story depends not on the tale's characters or events but on the effects of these on the readers.

ANTES DE LEER

PALABRAS IMPORTANTES Y MODISMOS

acercarse a	to approach	**quedar a bordo**	to remain on board
llegar a su colmo	to reach a peak	**reírse**	to laugh
llevarse a	to take, carry away	**sin duda**	without a doubt
no tener inconveniente	not to mind	**tirarse (a)**	to throw oneself (off, into)

Totality of Effect

In order to better appreciate both the style and content of "Los buques suicidantes," it is important to recall that Quiroga was a follower of Edgar Allan Poe (1809–1849), the American writer who would shape and perfect the genre of the short story. Poe wrote several essays in which he described the process of writing, the most famous being "The Philosophy of Composition" (1841). Quiroga, in turn, wrote a list of ten precepts called the "Decálogo del perfecto cuentista" (1927). The most important of these probably are numbers I, V, and VIII. Read these carefully before reading this story; then see to what extent Quiroga followed his own advice.

> **I.** Cree en el maestro —Poe, Maupassant, Kipling, Chékov— como en Dios mismo.
>
> **V.** No empieces a escribir sin saber desde la primera palabra adónde vas. En un cuento bien logrado las tres primeras líneas tienen casi la misma importancia que las tres últimas.
>
> **VIII.** Toma los personajes de la mano y llévalos firmemente hasta el final sin ver otra cosa que el camino que les trazaste. No te distraigas viendo tú lo que ellos no pueden o no les importa ver. No abuses del lector. Un cuento es una novela depurada de ripios. Ten esto por una verdad absoluta aunque no lo sea.

*C*ONTEXTO CULTURAL

«Los buques suicidantes» es un cuento de Quiroga acerca del mar y los peligros y misterios de la navegación. Para entender la fascinación del autor con el mar, es importante recordar que la ciudad de Buenos Aires, tal como Nueva York y Londres, es una importante ciudad porteña. Los habitantes de Buenos Aires se denominan a sí mismos «porteños». La ciudad de Buenos Aires data de 1536, cuando Pedro de Mendoza acampó en un llano río arriba del Río de la Plata. A este gran río, localizado a 175 millas del Atlántico, se debe la estratégica importancia comercial de Buenos Aires.

El período en que Quiroga escribió la historia corresponde al principio de la Primera Guerra Mundial. Quiroga vio también el enorme incremento comercial y la expansión del intercambio mercantil. La ciudad de Buenos Aires, localizada en la provincia del mismo nombre y la ciudad más grande, importante y poblada del país, creció enormemente hacia finales del siglo XIX. Fuera de la ciudad, una red de vías férreas (*network of railroads*) conecta los ricos pueblos agrícolas de las pampas con el puerto, desde el cual se llevaba el cargamento a través del Atlántico Sur a Europa y los Estados Unidos. Mientras que la mayoría de los barcos navegaba hacia el noroeste, algunos tenían que navegar a través del océano Glacial Antártico, al sur del Estrecho de Magallanes, telón de fondo de *The Rime of the Ancient Mariner* (1789) de Samuel Coleridge, el poema que inspiraría el cuento de Quiroga.

⊞ *Los buques suicidantes* ⊞

RESULTA QUE HAY pocas cosas más terribles que encontrar en el mar un buque[1] abandonado. Si de día el peligro es menor, de noche el buque no se ve ni hay advertencia posible: el choque[2] se lleva a uno y otro.

Estos buques abandonados por *a* o por *b* navegan obstinadamente a favor de las corrientes o del viento si tienen las velas desplegadas.[3] Recorren así los mares, cambiando caprichosamente de rumbo.

No pocos de los vapores que un buen día no llegaron a puerto han tropezado en su camino con uno de estos buques silenciosos que viajan por su cuenta. Siempre hay probabilidad de hallarlos a cada minuto. Por ventura, las corrientes suelen enredarlos en los mares de sargazo.[4] Los buques se detienen, por fin, aquí o allá, inmóviles para siempre en ese desierto de aguas. Así, hasta que poco a poco se van deshaciendo.[5] Pero otros llegan cada día, ocupan su lugar en silencio, de modo que el tranquilo y lúgubre puesto siempre está frecuentado.

El principal motivo de estos abandonos de buque son **sin duda** las tempestades y los incendios, que dejan a la deriva negros esqueletos errantes.[6] Pero hay otras causas singulares, entre las que se puede incluir lo acaecido al *María Margarita,* que zarpó[7] de Nueva York el 24 de agosto de 1903 y que el 26 de mañana se puso al habla con una corbeta, sin acusar novedad alguna.[8] Cuatro horas más tarde, un paquete,[9] no teniendo respuesta, desprendió una chalupa[10] que abordó al *María Margarita.* En el buque no había nadie. Las camisetas de los marineros se secaban a proa.[11] La cocina estaba prendida aún. Una máquina de coser tenía la aguja suspendida sobre la costura,[12] como si hubiera sido dejada un momento antes. No había la menor señal de lucha ni de pánico, todo en perfecto orden. Y faltaban todos. ¿Qué pasó?

La noche que aprendí esto estábamos reunidos en el puente.[13] Íbamos a Europa, y el capitán nos contaba su historia marina, perfectamente cierta, por otro lado.

La concurrencia femenina, ganada por la sugestión del oleaje susurrante, oía estremecida. Las chicas nerviosas prestaban sin querer inquieto oído a la ronca voz de los marineros en proa. Una señora muy joven y recién casada se atrevió:

—¿No serán águilas?...

El capitán sonrió bondadosamente:

—¿Qué, señora? ¿Águilas que **se llevan a** la tripulación[13]?

Todos **se rieron** y la joven hizo lo mismo, un poco avergonzada.[14]

Felizmente, un pasajero sabía algo de eso. Lo miramos curiosamente. Durante el viaje había sido un excelente compañero, admirando por su cuenta y riesgo y hablando poco.

---

[1]*ship* [2]*crash* [3]*velas... unfurled sails* [4]*mares... seas filled with algae* [5]*se... they begin to decay*
[6]*que... which let these black skeletons go drifting* [7]*sailed* [8]*se... got in touch with a small warship and indicated all was well* [9]*packet boat* [10]*desprendió... lowered a launch* [11]*a... on the deck* [12]*sewing* [13]*bridge (top deck)* [14]*crew* [15]*ashamed*

—¡Ah! ¡Si nos contara, señor! —suplicó la joven de las águilas.

—**No tengo inconveniente** —asintió el discreto individuo—. En dos pala-
40 bras: «En los mares del Norte, como el *María Margarita* del capitán, encontramos una vez un barco a vela.[16] Nuestro rumbo —viajábamos también
con velas— nos llevó casi a su lado. El singular aspecto de abandono, que
no engaña en un buque, llamó nuestra atención, y disminuimos la marcha[17]
observándolo. Al fin desprendimos una chalupa; a bordo no se halló a nadie,
45 y todo estaba también en perfecto orden. Pero la última anotación del diario
databa de cuatro días atrás, de modo que no sentimos mayor impresión. Aun
nos reímos un poco de las famosas desapariciones súbitas.

Ocho de nuestros hombres **quedaron a bordo** para el gobierno del nuevo
buque. Viajaríamos de conserva.[18] Al anochecer nos tomó un poco de camino.
50 Al día siguiente lo alcanzamos, pero no vimos a nadie sobre el puente. Des-
prendióse de nuevo la chalupa, y los que fueron recorrieron en vano el buque:
todos habían desaparecido. Ni un objeto fuera de lugar. El mar estaba absolutamente terso[19] en toda su extensión. En la cocina hervía aún una olla con papas.

Como ustedes comprenderán, el terror supersticioso de nuestra gente **llegó**
55 **a su colmo.** A la larga,[20] seis se animaron a llenar el vacío, y yo fui con ellos. Apenas a bordo, mis nuevos compañeros se decidieron a beber para desterrar toda
preocupación. Estaban sentados en rueda,[21] y a la hora la mayoría cantaba ya.

Llegó mediodía y pasó la siesta. A las cuatro la brisa cesó y las velas cayeron.
Uno **se acercó a** la borda y miró el mar aceitoso. Todos se habían levantado,
60 paseándose, sin ganas ya de hablar. Uno se sentó en un cabo arrollado[22] y se sacó
la camiseta para remendarla. Cosió un rato en silencio. De pronto se levantó y
lanzó un largo silbido. Sus compañeros se volvieron. Él los miró vagamente, sorprendido también, y se sentó de nuevo. Un momento después dejó la camiseta
en ello, avanzó a la borda y **se tiró** al agua. Al sentir el ruido los otros dieron
65 vuelta la cabeza, con el ceño ligeramente fruncido. En seguida se olvidaron,
volviendo a la apatía común.

Al rato otro se desperezó, restregóse los ojos[23] caminando, y se tiró al agua.
Pasó media hora; el sol iba cayendo. Sentí de pronto que me tocaban el hombro.

—¿Qué hora es?
70 —Las cinco —respondí. El viejo que me había hecho la pregunta me miró des-
confiado, con las manos en los bolsillos, recostándose enfrente de mí.

Miró largo rato mi pantalón, distraído. Al fin se tiró al agua.

Los tres que quedaron se acercaron rápidamente y observaron el remolino.[24]
Se sentaron en la borda silbando despacio con la vista perdida a lo lejos. Uno se
75 bajó y se tendió en el puente, cansado. Los otros desaparecieron uno tras otro.
A las seis, el último (se levantó, se compuso la ropa), apartóse el pelo de la
frente, caminó con sueño aún, y se tiró al agua.

---

[16]barco... *sailing ship*   [17]disminuimos... *we slowed down*   [18]de... *in a convoy*   [19]*smooth*   [20]A... *In the end*
[21]en... *in a ring*   [22]cabo... *a piece of rope that is wound up*   [23]restregóse... *shook off his drowsiness*   [24]*vortex*

Entonces quedé solo, mirando como un idiota el mar desierto. Todos, sin saber lo que hacían, se habían remojado[25] al mar, envueltos en el sonambulismo
80 morboso que flotaba en el buque. Cuando uno se tiraba al agua los otros se volvían, momentáneamente preocupados, como si recordaran algo, para olvidarse en seguida. Así habían desaparecido todos, y supongo que lo mismo los del día anterior, y los otros y los de los demás buques. Eso es todo.»

Nos quedamos mirando al raro hombre con explicable curiosidad.

85 —¿Y usted no sintió nada? —le preguntó mi vecino de camarote.[26]

—Sí; un gran desgano[27] y obstinación de las mismas ideas, pero nada más. No sé por qué no sentí nada más. Presumo que el motivo es éste: en vez de agotarme en una defensa angustiosa y a *toda costa* contra lo que sentía, como deben de haber hecho todos, y aun los marineros sin darse cuenta, acepté
90 sencillamente esa muerte hipnótica, como si estuviese anulado ya.[28] Algo muy semejante ha pasado sin duda a los centinelas de aquella guardia célebre que noche a noche se ahorcaban.

Como el comentario era bastante complicado, nadie respondió. Poco después el narrador se retiraba a su camarote. El capitán lo siguió un rato de reojo.

95 —¡Farsante! —murmuró.

—Al contrario —dijo un pasajero enfermo, que iba a morir a su tierra—. Si fuera farsante no habría dejado de pensar en eso y se hubiera tirado también al agua.

[25]se... *had drenched- themselves* [26]vecino... *nearby cabin* [27]*reluctance* [28]como... *as if it had already been annulled*

Después de leer

Cuestionario

1. ¿Cuál es, según el autor, el principal motivo de los buques abandonados?
2. ¿Cuál es la historia del *María Margarita?* ¿Qué encontraron los marineros que descubrieron este buque abandonado?
3. ¿Quién decide explicarles a los pasajeros el misterio de un barco de vela?
4. ¿Qué encontraron los marineros cuando abordaron (*got on board*) esta nave?
5. ¿Qué comenzaron a hacer, poco a poco, estos marineros? ¿Sabemos por qué?
6. ¿Qué hizo el narrador?
7. ¿Cuál es la reacción del capitán?
8. ¿Cuál es la reacción del pasajero enfermo?

ESTUDIO DE PALABRAS

A. Complete las oraciones con palabras o expresiones de **Palabras importantes y modismos.**

1. La existencia principal de estos buques abandonados es obvia. _____ se debe a las frecuentes tempestades e incendios.
2. El marinero se suicidó _____ del buque.
3. Cuando la señorita propuso que fueron águilas las que se llevaron a la tripulación, todos _____.
4. Los marineros decidieron _____ para el gobierno del nuevo buque.
5. Cuando la chalupa _____ al buque abandonado, los marineros se fijaron atentamente en el barco.
6. El terror de los pasajeros _____ cuando el capitán se tiró al mar.
7. ¿Quiénes _____ a la tripulación ayer?

B. Empareje las palabras con sus sinónimos.

1. _____ tirarse   **a.** razón
2. _____ buque   **b.** dirección
3. _____ tempestad   **c.** noticia
4. _____ chalupa   **d.** signo
5. _____ rumbo   **e.** océano
6. _____ novedad   **f.** embarcación pequeña
7. _____ señal   **g.** similar
8. _____ motivo   **h.** tormenta
9. _____ semejante   **i.** arrojarse
10. _____ mar   **j.** vapor

CONSIDERACIONES

1. Algunos que han estudiado «Los buques suicidantes» lo han clasificado como un relato marino (*sea tale*). En su opinión, ¿puede considerar el relato marino como un género (*genre*) o es el mar simplemente un tema? ¿Qué es lo que convierte un relato en «marino»?
2. En este cuento se mezclan elementos fantásticos con elementos realistas. Identifique ejemplos de estas dos vertientes temáticas en «Los buques suicidantes».
3. Comente el desenlace del cuento. ¿Por qué se pueden considerar irónicas las observaciones del pasajero enfermo?
4. Localice en el Internet una copia del cuento de Edgar Allan Poe «*Manuscript Found in a Bottle*» y compare este relato con el cuento de Quiroga.

ANÁLISIS DEL TEXTO

1. ¿Cuál es el tema de «Los buques suicidantes»?
2. Comente la función del narrador en ese relato. ¿Cuál es la importancia de su presencia como testigo de los sucesos que cuenta?
3. Describa el marco escénico (*setting*). ¿Cómo logra Quiroga establecer un ambiente misterioso?
4. ¿Cómo es el desenlace del cuento? ¿Abierto o cerrado?

 ## EN GRUPOS

Completen las siguientes actividades en grupos.

A. **El misterio.** Comparen la narración del capitán con la del pasajero y digan en qué aspectos son ambas similares. ¿Por qué era un misterio que los buques estuvieran abandonados?
B. **Reacción.** Comenten con sus compañeros la reacción que tuvieron al leer la causa de la desaparición de las tripulaciones. ¿Esperaban que la causa fuera más violenta o se decepcionaron con la resolución del misterio?
C. **Cuentos e historias.** En el buque se cuentan historias, ya sea contadas por el capitán o por el pasajero. Hablen sobre esta costumbre de contar historias de misterio o terror durante una velada. Especulen por qué se hacía y comparen esta costumbre con lo que sucede su propia vida. Digan si Uds. también cuentan historias de misterio y cuándo lo hacen.

BIBLIOGRAFÍA

Printed Materials
Bigongiari, Diego de. *Los mejores relatos marinos.* Rosario, Argentina: Editora Ameghin, 1998. (See especially the Prólogo, 7-12)
Nieto, Haydée, I and Oscar de Majo. "Medio ambiente y calidad de vida en *Cuentos de amor, de locura y de muerte* de Horacio Quiroga." *Ecosignos Virtual* Año, 2, Número 2, 1997. (www.salvador.edu/ar/ecsva2-2d.htm)
Rodríguez Monegal, Emir. *El desterrado: Vida y obra de Horacio Quiroga.* Buenos Aires: Editorial Losada, 1968. (See especially chapter IX, pp. 169-193)
Scari, Roberto M. "Horacio Quiroga y los fenómenos parapsicológicos." *Cuadernos Hispanoamericanos* 397 (1983): 123-132.

Audiovisual
Argentina. (Documentary that gives an overview of major geographical areas) (Spanish, 40 minutes) (www.facets.org)
Argentina: A vista de pájaro. (Travelogue that shows the southern part of Argentina, from Buenes Aires to the Tierra del Fuego) (Spanish, 30 minutes) (www.facts.org)

La casa del Marqués de San Jorge, en Colombia, ejemplifica
la elegancia de la arquitectura hispánica.

El almohadón[1] de plumas

"**El** almohadón de plumas," first published in *Caras y caretas* in 1907, is one
of Quiroga's earliest stories and one of the best examples of his skill with the
Gothic horror story. The startling revelation of the last paragraph has stunned
readers for generations. But beyond the conventions of the horror genre, the
story can be read on a more symbolic plane. Here is one interpretation.

> The effects of horror, something mysterious and perverse pervading
> the atmosphere, are all there from the beginning of the story, and
> Quiroga skillfully, gradually readies the terrain so that we are somewhat
> prepared for, though we do not anticipate, the sensational revelation at
> the end. But this story takes on much more meaning and subtlety when
> we realize that the anecdote can be interpreted on a symbolical level:
> the ailing Alicia suffers from hallucinations brought on by her hus-
> band's hostility and coldness, for he is the real monster.*

[1]*pillow*

---

*George D. Schade, "Introduction," in Horacio Quiroga, *The Decapitated Chicken and Other Sto-
ries,* trans. M. S. Peden (Austin: The University of Texas Press, 1976), xi.

Antes de leer

a media voz	in a low voice	**influir (en)**	to influence
a ratos	at times	**por su parte**	as far as he/she
al día	on the following		is/was
siguiente	day		concerned
dejar caer	to let fall	**volver (ue)**	to come to,
encogerse de	to shrug one's	**en sí**	regain con-
hombros	shoulders		sciousness

ESTRATEGIAS PARA LEER

Lexical Choices (*el léxico*)

If one understands, in a very broad sense, that a story is a narrative about situations or events, then one must remember that these narratives represent very specific choices of words and phrases, *lexical* choices. At times, then, the very sounds of certain words or the broader meanings of the words used in the text become extremely important. These linguistic decisions of the author help to make the narrative more profound.

Although the title to Quiroga's "El almohadón de plumas" (*The Large Feather Pillow*) certainly creates an image, the reader finds that the very first sentence of the story adds, in no small way, to its meaning. The relationship between **almohadón** and **luna de miel** (*honeymoon*) can be understood somewhat unproblematically. This understanding, however, is quickly violated by the end of the sentence, which creates a situation that would seem to be paradoxical: a honeymoon fraught with fear. By extension, then, we see linked at this point the **almohadón,** marriage, and a negative tone.

Another interesting word choice is found in the eighth paragraph of the text. Whereas **ahogaba** (*smothered*) is most certainly an appropriate verb to depict how a carpet muffles one's footsteps, one might consider that the author could easily have selected a word that did not conjure up the horrifying and morbid image of *smothering.* The use of this verb, given the context being developed by the narrative, would seem to imply a conscious lexical decision.

In order to become more aware of the importance of lexical choices, read the first paragraph on page 69 before your first reading of the story, focusing in particular on the phrase **"En ese extraño nido de amor."** What lexical choices has the author made that help to convey the particular tone or feeling that comes from this paragraph? After having read the entire story, this paragraph, and especially this phrase, will acquire a very specific meaning.

CONTEXTO CULTURAL

Con excepción de un elemento en la conclusión escalofriante de «El almohadón de plumas», la historia está esencialmente exenta de las referencias a la cultura o sociedad latinoamericanas. En resumen, es una historia de horror gótico en la tradición de *Mysteries of Udolpho* (1794) de Ann Radcliffe, *Frankenstein* (1818) de Mary Shelley y, más precisamente, *Tales* (1845) de Edgar Allan Poe —obras de ficción marcadas por una atmósfera de suspenso y horror.

Quiroga, como tantos otros escritores sudamericanos, había sido profundamente influenciado por modelos literarios tanto de Europa como de los Estados Unidos. Era un devoto en particular de la obra de Edgar Allan Poe y escribió su propia filosofía sobre el arte de la composición, «El decálogo del cuentista perfecto», que refleja muchos de los principios de Poe. Ambos escritores, además, encontraban fascinante el tema de la locura.

El interés de Quiroga por Poe hace resaltar un rasgo importante aunque olvidado de la literatura latinoamericana—su conexión con la literatura mundial como un todo. Desde los tiempos del descubrimiento y la conquista ha habido un intercambio constante de las opiniones del mundo eurocentrista y las percepciones únicas de la realidad provistas por el Nuevo Mundo. En años recientes, escritores latinoamericanos innovadores tales como Jorge Luis Borges, Julio Cortázar, Gabriel García Márquez e Isabel Allende, han empezado a influenciar a escritores en los Estados Unidos y Europa.

El almohadón de plumas

S U LUNA DE miel[1] fue un largo escalofrío.[2] Rubia, angelical y tímida, el carácter duro de su marido heló sus soñadas niñerías de novia.[3] Ella lo quería mucho, sin embargo, aunque a veces con un ligero estremecimiento[4] cuando volviendo de noche juntos por la calle, echaba una
5 furtiva mirada a la alta estatura de Jordán, mudo desde hacía una hora. Él, **por su parte,** la amaba profundamente, sin darlo a conocer.

Durante tres meses —se habían casado en abril—, vivieron una dicha[5] especial. Sin duda hubiera ella deseado menos severidad en ese rígido cielo de amor; más expansiva e incauta ternura[6]; pero el impasible semblante de su
10 marido la contenía siempre.[7]

La casa en que vivían **influía** no poco **en** sus estremecimientos. La blancura del patio silencioso —frisos,[8] columnas y estatuas de mármol— producía una otoñal impresión de palacio encantado. Dentro, el brillo glacial de estuco,[9] sin el más leve rasguño en las altas paredes,[10] afirmaba aquella sensación de
15 desapacible[11] frío. Al cruzar de una pieza a otra, los pasos hallaban eco en toda la casa, como si un largo abandono hubiera sensibilizado su resonancia.[12]

[1]luna... *honeymoon* [2]*shiver* [3]soñadas... *childhood fantasies of being a bride* [4]*ligero... slight shiver* [5]*happiness* [6]incauta... *unwary tenderness* [7]impasible... *her husband's stern expression always restrained her* [8]*friezes* [9]*stucco* [10]sin... *the completely bare, high walls* [11]*unpleasant* [12]como... *as if long abandonment had sensitized its resonance*

En ese extraño nido[13] de amor, Alicia pasó todo el otoño. Había concluido, no obstante, por echar un velo[14] sobre sus antiguos sueños, y aun vivía dormida en la casa hostil, sin querer pensar en nada hasta que llegaba su marido.

20 No es raro que adelgazaba.[15] Tuvo un ligero ataque de influenza que se arrastró[16] insidiosamente días y días; Alicia no se reponía nunca. Al fin una tarde pudo salir al jardín apoyada en el brazo de su marido. Miraba indiferente a uno y otro lado. De pronto Jordán, con honda ternura, le pasó muy lento la mano por la cabeza, y Alicia rompió en seguida en sollozos,[17] echándole los brazos al
25 cuello. Lloró largamente todo su espanto callado, redoblando el llanto a la más leve caricia de Jordán. Luego los sollozos fueron retardándose, y aún quedó largo rato escondida en su cuello, sin moverse ni pronunciar palabra.

Fue ése el último día que Alicia estuvo levantada. **Al día siguiente** amaneció desvanecida.[18] El médico de Jordán la examinó con suma atención, ordenándole
30 calma y descanso absolutos.

—No sé —le dijo a Jordán en la puerta de calle—. Tiene una gran debilidad que no me explico. Y sin vómitos, nada... si mañana se despierta como hoy, llámeme en seguida.

Al día siguiente Alicia amanecía peor. Hubo consulta. Constatóse una anemia
35 de marcha agudísima,[19] completamente inexplicable. Alicia no tuvo más desmayos,[20] pero se iba visiblemente a la muerte. Todo el día el dormitorio estaba con las luces prendidas y en pleno silencio. Pasábanse horas sin que se oyera el menor ruido. Alicia dormitaba.[21] Jordán vivía casi en la sala, también con toda la luz encendida. Paseábase sin cesar de un extremo a otro, con incansable obsti-
40 nación. La alfombra ahogaba sus pasos. **A ratos** entraba en el dormitorio y proseguía su mudo vaivén[22] a lo largo de la cama, deteniéndose un instante en cada extremo a mirar a su mujer.

Pronto Alicia comenzó a tener alucinaciones, confusas y flotantes al principio, y que descendieron luego a ras del suelo.[23] La joven, con los ojos
45 desmesuradamente[24] abiertos, no hacía sino mirar la alfombra a uno y otro lado del respaldo[25] de la cama. Una noche quedó de repente con los ojos fijos. Al rato abrió la boca para gritar, y sus narices y labios se perlaron de[26] sudor.

¡Jordán! ¡Jordán! —clamó, rígida de espanto, sin dejar de mirar la alfombra. Jordán corrió al dormitorio, y al verlo aparecer Alicia lanzó un alarido[27] de horror.

50 —¡Soy yo, Alicia, soy yo!

Alicia lo miró con extravío,[28] miró la alfombra, volvió a mirarlo, y después de largo rato de estupefacta confrontación, **volvió en sí.** Sonrió y tomó entre las suyas la mano de su marido, acariciándola[29] por media hora, temblando.

Entre sus alucinaciones más porfiadas,[30] hubo un antropoide[31] apoyado en
55 la alfombra sobre los dedos, que tenía fijos en ella los ojos.

---

[13]*nest* [14]*veil* [15]*she grew thin* [16]*se... dragged on* [17]*sobs* [18]*feeling faint* [19]Constatóse... *It was decided she had acute anemia* [20]*fainting spells* [21]*dozed* [22]proseguía... *continued his silent pacing* [23]a... *to floor level* [24]*excessively* [25]*head* [26]se... *were bathed in* [27]*scream* [28]con... *confusedly* [29]*caressing it* [30]*persistent* [31]*anthropoid (resembling an ape)*

Los médicos volvieron inútilmente. Había allí delante de ellos una vida que se acababa, desangrándose[32] día a día, hora a hora, sin saber absolutamente cómo. En la última consulta Alicia yacía en estupor mientras ellos la pulsaban, pasándose de uno a otro la muñeca inerte.[33] La observaron largo rato en silencio, y
60 siguieron al comedor.

—Pst... —**se encogió de hombros** desalentado[34] el médico de cabecera[35]—. Es un caso inexplicable... Poco hay que hacer...

—¡Sólo eso me faltaba! —resopló[36] Jordán. Y tamborileó[37] bruscamente sobre la mesa.

65 Alicia fue extinguiéndose en su delirio de anemia, agravado de tarde, pero que remitía[38] siempre en las primeras horas. Durante el día no avanzaba su enfermedad, pero cada mañana amanecía lívida, en síncope casi.[39] Parecía que únicamente de noche se le fuera la vida en nuevas oleadas[40] de sangre. Tenía siempre al despertar la sensación de estar desplomada[41] en la cama con un millón de kilos
70 encima. Desde el tercer día este hundimiento[42] no la abandonó más. Apenas podía mover la cabeza. No quiso que le tocaran la cama, ni aun que le arreglaran el almohadón. Sus terrores crepusculares avanzaban ahora en forma de monstruos que se arrastraban hasta la cama, y trepaban dificultosamente por la colcha.[43]

Perdió luego el conocimiento. Los dos días finales deliró sin cesar **a media
75 voz.** Las luces continuaban fúnebremente encendidas en el dormitorio y la sala. En el silencio agónico de la casa no se oía más que el delirio monótono que salía de la cama, y el sordo retumbo[44] de los eternos pasos de Jordán.

Alicia murió al fin. La sirvienta, cuando entró después a deshacer la cama, sola ya, miró un rato extrañada el almohadón.

80 —¡Señor! —llamó a Jordán en voz baja—. En el almohadón hay manchas que parecen de sangre. Jordán se acercó rápidamente y se dobló[45] sobre aquél. Efectivamente, sobre la funda,[46] a ambos lados del hueco que había dejado la cabeza de Alicia, se veían manchitas oscuras.

—Parecen picaduras[47] —murmuró la sirvienta después de un rato de inmóvil
85 observación.

—Levántelo a la luz —le dijo Jordán.

La sirvienta lo levantó; pero en seguida **lo dejó caer,** y se quedó mirando a aquél, lívida y temblando. Sin saber por qué, Jordán sintió que los cabellos se le erizaban.[48]

90 —¿Qué hay? —murmuró con la voz ronca.[49]

—Pesa mucho —articuló la sirvienta, sin dejar de temblar.

Jordán lo levantó; pesaba extraordinariamente. Salieron con él, y sobre la mesa del comedor Jordán cortó funda y envoltura de un tajo.[50] Las plumas su-

---

[32]*bleeding to death* [33]muñeca... *listless wrist* [34]*discouraged* [35]de... *in charge* [36]*sighed* [37]*he drummed (his fingers)* [38]*got better* [39]amanecía... *she woke up pale, almost in a faint* [40]*waves* [41]*weighted down* [42]*sinking* [43]trepaban... *climbed upon the bedspread* [44]sordo... *soft patter* [45]se... *bent over* [46]*pillowcase* [47]*bites* [48]los... *his hair stood on end* [49]*hoarse* [50]funda... *the covering and the pillowcase with one cut*

periores volaron, y la sirvienta dio un grito de horror con toda la boca abierta,
95 llevándose las manos crispadas a los bandós:[51] —sobre el fondo, entre las
plumas, moviendo lentamente las patas velludas,[52] había un animal monstruoso,
una bola viviente y viscosa. Estaba tan hinchado[53] que apenas se le pronunciaba
la boca.[54]

Noche a noche, desde que Alicia había caído en cama, había aplicado si-
100 gilosamente[55] su boca —su trompa,[56] mejor dicho— a las sienes de aquélla,
chupándole[57] la sangre. La picadura era casi imperceptible. La remoción[58] diaria
del almohadón sin duda había impedido al principio su desarrollo; pero desde
que la joven no pudo moverse, la succión fue vertiginosa.[59] En cinco días, en
cinco noches, había el monstruo vaciado a Alicia.

105 Estos parásitos de las aves, diminutos en el medio habitual, llegan a adquirir
en ciertas condiciones proporciones enormes. La sangre humana parece serles
particularmente favorable, y no es raro hallarlos en los almohadones de plumas.

[51]*headband* [52]patas... *hairy legs* [53]*swollen* [54]apenas... *one could barely see its mouth* [55]*secretly* [56]*snout*
[57]*sucking* [58]*fluffing* [59]rapidísima

Después de leer

Cuestionario

1. ¿Cómo fue la luna de miel de Alicia?
2. ¿Cómo se llamaba el esposo de Alicia?
3. ¿Cómo era la casa en que vivían?
4. ¿Por qué no era raro que Alicia adelgazara?
5. ¿Qué le ordenó a Alicia el médico de Jordán?
6. ¿Qué cosa aparecía persistentemente en sus alucinaciones?
7. ¿Cuándo era más fuerte la enfermedad de Alicia?
8. ¿Qué notó la sirvienta en cuanto al almohadón de Alicia?
9. ¿Qué había dentro del almohadón?
10. ¿De qué murió Alicia?

ESTUDIO DE PALABRAS

A. Complete las oraciones con palabras o expresiones de **Palabras importantes y modismos.**

1. La enfermedad de su esposa _____ mucho en su actitud hacia la vida.
2. Alicia había decidido _____ seguir con sus actividades normales a pesar de las advertencias (*warnings*) del médico.
3. Ése fue el último día que Alicia estuvo bien. _____ estaba peor.
4. Después de un largo desmayo, Alicia _____.
5. Jordán entraba en el dormitorio para ver a Alicia de cuando en cuando. Es decir que entraba _____ para verla.
6. El médico no sabía qué hacer. En ese momento _____ y salió desanimado del cuarto.
7. Hablaba en voz baja, es decir, _____.
8. La sirvienta levantó el almohadón; pero en seguida lo _____.

B. Empareje las palabras o expresiones con sus sinónimos.

1. _____ dormitorio		**a.** sin embargo
2. _____ sirvienta		**b.** esposo
3. _____ parásitos		**c.** inmediatamente
4. _____ terror		**d.** visiones
5. _____ marido		**e.** sanguijuela (*leech*)
6. _____ alucinaciones		**f.** sala de dormir
7. _____ inexplicable		**g.** criada
8. _____ no obstante		**h.** horror
9. _____ mirar		**i.** observar
10. _____ en seguida		**j.** incomprensible

CONSIDERACIONES

1. Describa las relaciones entre estos dos personajes —Alicia y Jordán— que se amaban «mucho» y «profundamente».
2. El narrador dice que es extraño el «nido de amor» que tienen Alicia y Jordán y lo es en doble sentido. Comente.
3. ¿Establece o sugiere el texto alguna relación entre Jordán y la enfermedad que sufre Alicia?
4. ¿Cómo era el animal que Jordán encontró dentro del almohadón? ¿Por qué era tan grande?
5. Al final del texto se descubre la razón de la enfermedad de Alicia. Repase el texto, ahora que Ud. sabe la causa, y haga una lista de las frases que anuncian el final y sirven como prefiguración (*foreshadowing*).

ANÁLISIS DEL TEXTO

1. Comente el papel que juega el ambiente otoñal en «El almohadón de plumas». ¿Cómo es la casa en que viven los protagonistas?
2. Comente el contraste entre la figura de Jordán y la de Alicia.
3. ¿Puede hablarse de una *doble* presencia del horror en este cuento? ¿Cómo?
4. Comente la función de las alucinaciones de Alicia como prefiguración del desenlace.
5. Comente la importancia del último párrafo de «El almohadón de plumas». ¿Cómo lleva Quiroga al lector hacia el desenlace final?

 ## EN GRUPOS

Completen las siguientes actividades en grupos.

A. **Un largo escalofrío.** La primera oración del cuento anuncia el miedo de la protagonista. Busquen las palabras o frases que se relacionan con este sentimiento. Expliquen entonces cómo se crea el ambiente de miedo en el cuento.
B. **Suspenso.** Comenten las partes del cuento que contribuyen al suspenso, es decir, cómo logra Quiroga acentuar el misterio de la enfermedad de Alicia, de qué eventos o elementos se vale.
C. **Impresiones.** Expongan sus impresiones sobre el final y lo que sospecharon cuando la sirvienta habló de las manchas en el almohadón. ¿Se volvieron realidad las alucinaciones de Alicia?

BIBLIOGRAFÍA

Printed Materials

Arango L., Manuel Antonio. "Lo fantástico en el tema de la muerte en dos cuentos de Horacio Quiroga: 'El almohadón de plumas' y 'La insolación.'" *Explicación de textos literarios* 8 (1979–1980):183–190.

Clantz, Margo. "Poe en Quiroga." In *Aproximaciones a Horacio Quiroga,* ed. Ángel Flores. Caracas: Monte Ávila, 1976:93–118.

Etcheverry, José E. "La retórica del almohadón." In *Aproximaciones a Horacio Quiroga,* ed. Ángel Flores. Caracas: Monte Ávila, 1976:215–219.

Gambarini, Elsa K. "El discurso y su transgresión: 'El almohadón de plumas', de Horacio Quiroga." *Revista Iberoamericana* 46 (July–December 1980):443–457.

Jitirik, Noé. *Horacio Quiroga.* Buenos Aires, Argentina: Centro Editor de América Latina, 1967.

Veiravé, Alfredo. "El almohadón de plumas, lo ficticio y lo real." In *Aproximaciones a Horacio Quiroga,* ed. Ángel Flores. Caracas: Monte Ávila, 1976:209–214.

Salto Iguazú del río Iguazú, un tributorio del río Paraná

A la deriva[1]

"**A** la deriva" is a quintessential example of Quiroga's mastery of the art of storytelling. It was written in 1912—a decisive period in Quiroga's personal and artistic life. At this time he was living with his wife and two young children in San Ignacio, a city in the remote subtropical province of Misiones, which serves as the backdrop for this tale of the struggle of humankind against nature. Quiroga was not only an able storyteller, but he was also a sophisticated theoretician of the genre. He particularly admired Edgar Allan Poe's ability to bring a story to a startling conclusion. As you read this story, try to ascertain how the narrator maintains a level of tension that keeps his reader in a state of suspense until the surprising ending.

[1]A... *Adrift*

ANTES DE LEER

PALABRAS IMPORTANTES Y MODISMOS

al atardecer	at dusk	**pretender**	to attempt, try
echar una	to glance at	**reponerse**	to fully recover
ojeada a		**del todo**	from (*an*
entretanto	meanwhile		*illness*)
ponerse	to become		
+ adjetivo	+ *adj.*		

Conclusions (*finales abiertos, cerrados, irónicos*)

A short story often relies quite heavily on an effective conclusion. Although this may also be true of novels, it is generally more imperative in short stories, given the structural constraints, such as length, imposed by the genre. The interval from beginning to end may be quite brief, as in Quiroga's "A la deriva." There is not enough time to develop characters, establish motives, and immerse the reader in complex plots and subplots. For these reasons, an effective ending can be crucial.

Endings can be broadly categorized as open, closed, or ironic, although irony can be combined with either an open or closed ending. An *open ending* brings the narrative to an acceptable and logical conclusion, while allowing for a continuation of the narrative, much as films often allow for the possibility of a sequel. A *closed ending,* on the other hand, also brings the narrative to a logical conclusion, but it does so in such a way that the narrative is understood to be finished (this is not to suggest, however, that the protagonist or other characters must die). *Ironic endings* include those that contain the very sudden and satisfying twist known as *irony.* As noted, this type of ending may be devised to provide closure or to remain open.

Quiroga was a very popular writer, publishing most of his stories in magazines and newspapers. His readers were intrigued with his ability to produce surprise endings and sudden twists of fortune. Before you read this story, make a list of memorable short stories you have read (for example, "The Lottery," "The Tell-Tale Heart"). Can you recall whether the endings were open, closed, or ironic? These examples should help you better appreciate the special ending Quiroga contrives for this particular tale.

CONTEXTO CULTURAL Para apreciar mejor el drama presentado en «A la deriva», es necesario hablar de algunos hechos del marco escénico (*setting*). Quiroga escribió la historia mientras vivía en la apartada provincia de Misiones, al noroeste de Argentina. Misiones limita con (*borders*) Paraguay al oeste y con Brasil al norte. El clima es subtropical y alberga una variedad de animales y plantas: tortugas, lagartos, ciervos pantanosos (*swamp deer*), culebras venenosas, cañones, sabanas y pantanos, todo entrecruzado por los poderosos ríos Paraná, Iguazú y Uruguay.

El río Paraná juega el papel central en la historia. Este río nace en Brasil y fluye al sur a través de la Pampa húmeda, para desembocar (*empty*) finalmente en el Río de la Plata. Como el imponente Misisipí en los Estados Unidos, que no es meramente una vía fluvial, sino un símbolo de aventura y escape —y también de grave peligro— el Paraná es un importante ícono cultural y literario en la literatura latinoamericana. Para muchos en Latinoamérica, su sola mención evoca una serie de asociaciones compartidas, imágenes o experiencias que se relacionan con las realidades únicas de la vida en esa región. Al seleccionar el Paraná como telón de fondo para «A la deriva», Quiroga inmediatamente establece un ambiente de presagio (*foreboding*) en sus lectores latinoamericanos, quienes ya intuyen, debido a sus asociaciones con el Paraná, cómo terminará el cuento —cómo *tiene que* terminar. El hecho de que los lectores prevean los eventos y el protagonista no —y que, incapaces de ayudarle, tengan que observar el desarrollo de la historia hacia su conclusión inevitable— crea un tipo particular de ironía conocida como ironía dramática.

🔳 *A la deriva* 🔳

EL HOMBRE PISÓ algo blanduzco,[1] y en seguida sintió la mordedura[2] en el pie. Saltó adelante, y al volverse, con un juramento vio una yaraca-cusú[3] que, arrollada[4] sobre sí misma, esperaba otro ataque.

El hombre **echó una** veloz **ojeada a** su pie, donde dos gotitas de
5 sangre engrosaban dificultosamente,[5] y sacó el machete de la cintura. La víbora vio la amenaza y hundió más la cabeza en el centro mismo de su espiral; pero el machete cayó de lomo,[6] dislocándole las vértebras.

El hombre se bajó hasta la mordedura, quitó las gotitas de sangre y durante un instante contempló. Un dolor agudo nacía de los dos puntitos violeta[7] y
10 comenzaba a invadir todo el pie. Apresuradamente se ligó el tobillo con su pañuelo[8] y siguió por la picada hacia su rancho.

El dolor en el pie aumentaba, con sensación de tirante abultamiento,[9] y de pronto el hombre sintió dos o tres fulgurantes puntadas que, como relámpagos, habían irradiado desde la herida hasta la mitad de la pantorrilla.[10] Movía la pierna
15 con dificultad; una metálica sequedad de garganta, seguida de sed quemante, le arrancó un nuevo juramento.

Llegó por fin al rancho y se echó de brazos sobre la rueda de un trapiche.[11] Los dos puntitos violeta desaparecían ahora en la monstruosa hinchazón[12] del pie entero. La piel parecía adelgazada y a punto de ceder, de tensa.[13] Quiso lla-
20 mar a su mujer, y la voz se quebró en un ronco arrastre de garganta reseca. La sed lo devoraba.

—¡Dorotea! —alcanzó a lanzar en un estentor—. ¡Dame caña[14]!

Su mujer corrió con un vaso lleno, que el hombre sorbió en tres tragos. Pero no había sentido gusto alguno.

25 —¡Te pedí caña, no agua! —rugió de nuevo—. ¡Dame caña!
—¡Pero es caña, Paulino! —protestó la mujer, espantada.

[1]*softish* [2]*bite* [3]*type of poisonous snake* [4]*coiled* [5]*engrosaban... were slowly forming* [6]*cayó... came down on its back* [7]*dos... two violet puncture wounds* [8]*se... tied his handkerchief tightly around his ankle* [9]*sensación... a feeling of swelling and tightness* [10]*hasta... halfway up his calf* [11]*rueda... wheel of a sugarcane press* [12]*swelling* [13]*a... stretched to the point of breaking* [14]*rum*

—¡No, me diste agua! ¡Quiero caña, te digo!

La mujer corrió otra vez, volviendo con la damajuana.[15] El hombre tragó uno tras otro dos vasos, pero no sintió nada en la garganta.

30 —Bueno; esto **se pone** feo... —murmuró entonces, mirando su pie, lívido y ya con lustre gangrenoso. Sobre la honda ligadura del pañuelo la carne desbordaba como una monstruosa morcilla.[16]

Los dolores fulgurantes se sucedían en continuos relampagueos y llegaban ahora a la ingle.[17] La atroz sequedad de garganta, que el aliento parecía caldear 35 más, aumentaba a la par. Cuando **pretendió** incorporarse, un fulminante vómito lo mantuvo medio minuto con la frente apoyada en la rueda de palo.

Pero el hombre no quería morir, y descendiendo hasta la costa subió a su canoa. Sentóse en la popa y comenzó a palear hasta el centro del Paraná. Allí la corriente del río, que en las inmediaciones del Iguazú corre seis millas, lo llevaría 40 antes de cinco horas a Tacurú-Pucú.[18]

El hombre, con sombría energía, pudo efectivamente llegar hasta el medio del río; pero allí sus manos dormidas dejaron caer la pala[19] en la canoa, y tras un nuevo vómito —de sangre esta vez— dirigió una mirada al sol, que ya trasponía el monte.[20]

45 La pierna entera, hasta medio muslo, era ya un bloque deforme y durísimo que reventaba la ropa.[21] El hombre cortó la ligadura y abrió el pantalón con su cuchillo: el bajo vientre desbordó hinchado, con grandes manchas lívidas y terriblemente doloroso. El hombre pensó que no podría llegar jamás él solo a Tucurú-Pucú y se decidió a pedir ayuda a su compadre Alves, aunque hacía mu- 50 cho tiempo que estaban disgustados.[22]

La corriente del río se precipitaba ahora hacia la costa brasileña, y el hombre pudo fácilmente atracar.[23] Se arrastró por la picada en cuesta arriba; pero a los veinte metros, exhausto, quedó tendido de pecho.

—¡Alves! —gritó con cuanta fuerza pudo; y prestó oído en vano—. ¡Compadre 55 Alves! ¡No me niegues este favor! —clamó de nuevo, alzando la cabeza del suelo. En el silencio de la selva no se oyó rumor. El hombre tuvo aún valor para llegar hasta su canoa, y la corriente, cogiéndola de nuevo, la llevó velozmente a la deriva.

El Paraná corre allí en el fondo de una inmensa hoya,[24] cuyas paredes, altas 60 de cien metros, encajonan fúnebremente el río.[25] Desde las orillas, bordeadas de negros bloques de basalto, asciende el bosque, negro también. Adelante, a los costados, atrás, siempre la eterna muralla lúgubre; en cuyo fondo el río arremolinado[26] se precipita en incesantes borbollones de agua fangosa. El paisaje es agresivo y reina en él un silencio de muerte. **Al atardecer,** sin embargo, su 65 belleza sombría y calma cobra una majestad única.

---

[15]*bottle*   [16]*la... the flesh swelled like a monstrous sausage*   [17]*groin*   [18]*the town the protagonist wishes to reach*   [19]*oar*   [20]*ya... was already crossing the mountain*   [21]*reventaba... was bursting his clothes* [22]*hacía... they hadn't been friendly for some time*   [23]*pudo... was able to come ashore easily*   [24]*ravine* [25]*encajonan... encase the river in a funereal light*   [26]*en... at whose base the swirling river*

El sol había caído ya cuando el hombre, semitendido[27] en el fondo de la canoa, tuvo un violento escalofrío. Y de pronto, con asombro, enderezó pesadamente la cabeza: se sentía mejor. La pierna le dolía apenas, la sed disminuía, y su pecho, libre ya, se abría en lenta inspiración.

70 El veneno comenzaba a irse, no había duda. Se hallaba casi bien, y aunque no tenía fuerzas para mover la mano, contaba con la caída del rocío para **reponerse del todo.** Calculó que antes de tres horas estaría en Tacurú-Pucú.

El bienestar avanzaba, y con él una somnolencia llena de recuerdos. No sentía ya nada ni en la pierna ni en el vientre. ¿Viviría aún su compadre Gaona, en 75 Tacurú-Pucú? Acaso viera también a su ex patrón, míster Dougald, y al recibidor del obraje.

¿Llegaría pronto? El cielo, al poniente,[28] se abría ahora en pantalla de oro,[29] y el río se había coloreado también. Desde la costa paraguaya, ya entenebrecida,[30] el monte dejaba caer sobre el río su frescura crepuscular en penetrantes 80 efluvios de azahar y miel silvestre. Una pareja de guacamayos[31] cruzó muy alto y en silencio hacia el Paraguay.

Allá abajo, sobre el río de oro, la canoa derivaba velozmente, girando a ratos sobre sí misma ante el borbollón de un remolino. El hombre que iba en ella se sentía cada vez mejor, y pensaba **entretanto** en el tiempo justo que había 85 pasado sin ver a su ex patrón Dougald. ¿Tres años? Tal vez no, no tanto. ¿Dos años y nueve meses? Acaso. ¿Ocho meses y medio? Eso sí, seguramente.

De pronto sintió que estaba helado hasta el pecho.

¿Qué sería? Y la respiración...

Al recibidor de maderas de míster Dougald,[32] Lorenzo Cubilla, lo había cono-
90 cido en Puerto Esperanza un Viernes Santo... ¿Viernes? Sí, o jueves...

El hombre estiró lentamente los dedos de la mano.

—Un jueves...

Y cesó de respirar.

[27]*half stretched out*   [28]al... *in the west*   [29]pantalla... *golden screen*   [30]*darkened*   [31]*tropical birds*
[32]recibidor... *Mr. Dougald's receiver of timber*

Después de leer

Cuestionario

1. ¿Qué incidente le ocurrió al protagonista al comienzo del cuento?
2. ¿Qué le hizo el hombre a la víbora?
3. ¿Qué síntomas sentía el hombre?
4. ¿Por qué creyó que su mujer le había dado agua en vez de caña?
5. ¿Qué intentó hacer para no morir?
6. ¿A quién decidió pedirle ayuda? ¿Por qué?
7. ¿Cómo era el paisaje que rodeaba al hombre?

8. ¿Por qué creía que el veneno comenzaba a irse?
9. ¿En qué pensaba el hombre al sentirse mejor?
10. ¿Qué le ocurrió al protagonista al final del cuento?

ESTUDIO DE PALABRAS

A. Empareje las palabras con sus sinónimos.

1. _____ echar una ojeada
2. _____ ponerse feo
3. _____ pretender
4. _____ al atardecer
5. _____ reponerse del todo
6. _____ entretanto

a. mientras tanto
b. con el crepúsculo
c. intentar
d. recuperarse por completo
e. mirar rápidamente
f. hacerse más delicado

B. Complete las oraciones con palabras o expresiones de **Palabras importantes y modismos.**

1. Cada vez que yo _____ caminar, siento un dolor paralizante en la pierna.
2. Antes de comer, quiero _____ los documentos que firmaré esta noche.
3. Después de viajar todo el día, llegamos a casa _____.
4. Cuando la situación política _____ peligrosa, el líder escapó del país.
5. Voy a preparar la cena en una hora. _____, quiero que tú me ayudes a poner la mesa.
6. El mes pasado mi hermana estuvo muy mal de la espalda, pero por suerte ella ya _____.

CONSIDERACIONES

1. El cuento comienza en el momento en que la víbora muerde al hombre. Sin embargo, es evidente que la historia del protagonista se extiende más allá de lo escrito. En su opinión, ¿qué estaba haciendo éste fuera del rancho?
2. ¿De qué manera se describe el progreso del veneno?
3. ¿Puede Ud. encontrar ejemplos de confusión psíquica, sensorial, cognitiva, etcétera, en el protagonista? ¿Qué fin persigue el autor por medio de la confusión?
4. ¿Cómo imagina Ud. el rancho donde vivía el hombre con su mujer?
5. Sabemos que el hombre y su compadre Alves estaban distanciados, pero no sabemos por qué. Imagine una buena razón, basándose en las características de los personajes y el ambiente.
6. Al final del cuento se sabe que el hombre había trabajado para «míster Dougald» en un «obraje». ¿Qué nueva información sobre la vida del protagonista aporta este dato?

7. ¿Qué cree Ud. que implica el uso de un anglicismo como «míster» delante del apellido extranjero del patrón?

ANÁLISIS DEL TEXTO

1. Si bien sabemos por la mujer del protagonista que éste se llama Paulino, la voz narrativa se refiere a él como «el hombre» a lo largo del cuento. ¿Qué efecto cree Ud. que produce esto?
2. El título «A la deriva» resume el viaje del hombre en su canoa por el río Paraná en busca de salvación. ¿Cree Ud. que el título también hace referencia a la situación social del protagonista y a su angustia existencial? Explique.
3. La voz narrativa interrumpe el relato y permite el uso del diálogo en tres momentos diferentes. ¿Cuál es el efecto dramático en cada caso? ¿Qué se nos informa «entre líneas» por medio del diálogo?
4. ¿Cómo interactúan el hombre y la naturaleza a lo largo del cuento? ¿Qué importancia tiene el río?
5. La aparente mejoría del protagonista es sólo el preludio de su muerte. ¿De qué manera contribuye esto al clímax del relato?

 ## EN GRUPOS

Completen las siguientes actividades en grupos.

A. **Sensaciones.** Quiroga hace uso de adjetivos para intensificar las sensaciones en el cuento, específicamente para describir cómo avanza el veneno en el cuerpo del hombre. Encuentren las palabras de las que se vale y noten cómo contribuyen al suspenso de la historia.
B. **Sobrevivir.** Comenten las acciones del hombre para sobrevivir: desde tomar caña hasta tratar de llegar a Tacurú-Pucú y pedir ayuda al compadre Alves. Digan por qué toma esas decisiones.
C. **La conclusión.** Hasta el último momento, los pensamientos del hombre giran alrededor de cosas mundanas, y la muerte le llega casi inesperadamente. Hablen del contraste en el final del cuento y qué propósito tiene en la historia.

BIBLIOGRAFÍA

Printed Materials

Alazraki, Jaime. "Relectura de Horacio Quiroga." In *El cuento hispanoamericano ante la crítica,* ed. Enrique Pupo-Walker. Madrid: Castalia, 1973:64–80.

Arango, Manuel Antonio. "Sobre dos cuentos de Horacio Quiroga: Correlación en el tema de la muerte, el ambiente y la estructura narrativa en

'A la deriva' y 'El hombre muerto.'" *Thesaurus: Boletín del Instituto Caro y Cuervo* 3:1 (1982):153-161.

Moreles T., Leonidas. "Misiones y las macrofiguras narrativas hispanoamericanas." *Hispanoamérica-Revista de Literatura* 21.63 (December 1992):25-34.

Paoli, Roberto. "El perfecto cuentista: Comentario a tres textos de Horacio Quiroga." *Revista Iberoamericana* 58 (1992):953-974.

Rodríguez Monegal, Emir. *El desterrado: Vida y obra de Horacio Quiroga.* Buenos Aires: Editorial Losada, 1968.

Yurkievich, Saul. "Análisis de 'A la deriva.'" In *El realismo mágico en el cuento hispanoamericano,* ed. Ángel Flores. Tlahuapan, México: Premia, 1985:115-121.

Más allá de la realidad

J ULIO CORTÁZAR (1914–1984) was born in Brussels, Belgium, of Argentine parents. He was educated in Argentina and, after teaching French literature at the University of Cuyo, earned a degree as a public translator. In 1951, the same year that *Bestiario,* his first collection of short stories, was published, he moved to Paris, where he lived until his death.

In 1956 Cortázar published his second book of stories, *Final del juego;* a third collection, *Las armas secretas,* appeared in 1958. The main character of "El perseguidor," one of the stories in the latter collection, embodies many of the traits of Cortázar's later heroes. The metaphysical anguish that the protagonist feels in his search for artistic perfection and in his frustrated attempts to come to grips with the passage of time, coupled with his rejection of twentieth-century values and norms, remained among Cortázar's central preoccupations. "Las babas del diablo," later made by Antonioni into the motion picture *Blow-Up,* examines the creative possibilities of art, showing how different truths may be brought about by changes in perspective, thus casting doubt on the notion of objective reality. The reader becomes an active participant in the creative process of "Las babas del diablo," making choices as the author would. Cortázar's first novel, *Los premios* (1960), was followed in 1963 by *Rayuela,* a work that revolutionized Latin American writing. Other important works of his include *Todos los fuegos el fuego* (1962), *Modelo para armar* (1968), *Libro de Manuel* (1973), *Queremos tanto a Glenda* (1981), and *Fascinación de las palabras* (1985).

Try to keep the following comments in mind as you read Cortázar's stories.

In many respects an heir of Borges, Cortázar writes short stories within the framework of what has been called "magical realism": a realism that goes beyond the surface appearance of daily phenomena to lay bare the unknown and the surprising that characterize events that are our daily lot. Events are presented in allegorical, illogical terms, where the unexplainable and the fantastic (e.g., a man who is driven to suicide because he cannot keep himself from vomiting furry little rabbits) are metaphors for everyday events that we mistakenly believe are normal and reasonable. Cortázar creates an interplay between the banal and the weird, between reason and a chaotic scheme of things, between bourgeois complacency and the terrified realizations that man is not in control of events, that reality is far more an unknown than man's cliché-ridden life has led him to believe. Cortázar also displays a whimsy that is as entertaining as it is devastating of the well-ordered world of the middle class.*

*David W. Foster, *A Dictionary of Contemporary Latin American Authors* (Tempe: Arizona State University Press, 1975), 30.

Hombre absorto en el placer de la lectura

Continuidad de los parques

An often anthologized story, "Continuidad de los parques" is taken from *Final del juego.* Cortázar's main preoccupation in this story, as well as in later works—"Las babas del diablo," *Rayuela*—is with the subtle interplay between reality and fiction: the effect that fictional works of art have on the real world, and the tenuous line that separates them.

Antes de leer

Palabras importantes y modismos

a la vez	at the same time	**entibiarse**	to become
a partir de	as of (this moment,		lukewarm
	that date)	**ponerse a**	to start, begin
al alcance de	within reach of	**+ *infinitivo***	to (*do*
en lo alto (de)	at the top (of)		*something*)

Estrategias para leer

Narrative Suspense or Tension (*suspenso*)

The very nature of the short story—its relative brevity—immediately suggests that certain formal constraints are at play. The slow, deliberate, and exhaustive elaboration of plot and character, for example, is not possible in a short story and is understood to belong more to the novel than to the short story genre. These constraints place certain imperatives on the story. Although the reasons for this are many, a short story will often strike the reader as being much more intense than a longer narrative. The story may explore a single, unique moment or situation, with no reference to the past; or it may explore the same singular event through the contraction of time. In this second method, the evocation of the past is necessary to ground or make greater sense of events that are about to happen in the narrative present. Regardless of the method used, the compression of time and emotions results in a greater sense of immediacy and suspense. It is for this reason that endings or conclusions of short stories often strike the reader as being surprising, for the inherent brevity of the works demands a thorough, but not elaborate, preparation for events to come. There must be an internal logic but no detailed elaboration.

It is useful to be aware of this narrative suspense or tension while reading Cortázar's "Continuidad de los parques." In order to appreciate this story fully, you will need to think about the implications or possibilities of the very first sentence to this brief story. Thus, before you read the entire story, *read the first sentence only,* considering the possibilities and consequences of your own very parallel situation. If Cortázar is attempting to involve the reader and, at the same time, establish narrative suspense, how does he accomplish this in the first few sentences? The answer might seem obvious, but the implications remain part of the greater narrative suspense. Jot down any ideas you have on this subject so that you can refer to them after your first complete reading.

 **CONTEXTO CULTURAL** Argentina es un país donde estancieros y latifundistas (*rich landowners*) han hecho vastas fortunas en la industria ganadera (*cattle industry*), especialmente durante los dos últimos siglos. Algunos de estos hombres ricos vivían en estancias o fincas, en casas lujosas al estilo de las villas y palacios europeos. Miembros de una oligarquía numerosa estos hombres, cuando no están en viajes de negocios o de placer, vuelven a sus fincas, muchas veces lugares protegidos en un ambiente idílico. Tal es el ambiente de este cuento, de gente adinerada, poderosa, de un lugar misterioso y refinado que se refleja en los muebles de la casa. Lo que sostiene el latifundio, desde luego, es un intrincado sistema que, la mayoría de las veces, explota a los pobres, haciendo así más profunda la división entre los ricos y los pobres. Esta explotación se ve también frecuentemente en las relaciones ilícitas de los hombres de esta élite, con mujeres que pertenecen a una clase inferior. En muchas novelas del siglo XIX era bastante común este tipo de relaciones basadas en las diferencias de clase, que parece sugerir este cuento. La novela *Lady Chatterley's Lover* de D. H. Lawrence, y también la narrativa realista hispanoamericana del siglo XIX, captan muy bien la tensión de este tipo de relaciones.

▦ *Continuidad de los parques* ▦

HABÍA EMPEZADO A leer la novela unos días antes. La abandonó por negocios urgentes, volvió a abrirla cuando regresaba en tren a la finca; se dejaba interesar lentamente por la trama, por el dibujo de los personajes. Esa tarde, después de escribir una carta a su apoderado[1] y discutir
5 con su mayordomo una cuestión de aparcerías,[2] volvió al libro en la tranquilidad del estudio que miraba hacia el parque de los robles. Arrellanado[3] en su sillón favorito, de espaldas a la puerta que lo hubiera molestado como una irritante posibilidad de intrusiones, dejó que su mano izquierda acariciara una y otra vez el terciopelo[4] verde y **se puso a** leer los últimos capítulos. Su memoria retenía
10 sin esfuerzo los nombres y las imágenes de los protagonistas; la ilusión novelesca lo ganó casi en seguida. Gozaba del placer casi perverso de irse desgajando línea a línea de lo que lo rodeaba,[5] y sentir **a la vez** que su cabeza descansaba cómodamente en el terciopelo del alto respaldo,[6] que los cigarrillos seguían **al alcance de** la mano, que más allá de los ventanales[7] danzaba el aire del atarde-
15 cer bajo los robles. Palabra a palabra, absorbido por la sórdida disyuntiva[8] de los héroes, dejándose ir hacia las imágenes que se concertaban y adquirían color y movimiento, fue testigo del último encuentro en la cabaña del monte. Primero entraba la mujer, recelosa[9]; ahora llegaba el amante, lastimada la cara por el chicotazo de la rama.[10] Admirablemente restañaba[11] ella la sangre con sus besos,
20 pero él rechazaba sus caricias, no había venido para repetir la ceremonia de una pasión secreta, protegida por un mundo de hojas secas y senderos furtivos. El puñal **se entibiaba** contra su pecho y debajo latía la libertad agazapada.[12] Un diálogo anhelante[13] corría por las páginas como un arroyo de serpientes, y se sentía que todo estaba decidido desde siempre. Hasta esas caricias que enredaban
25 el cuerpo del amante como queriendo retenerlo y disuadirlo, dibujaban abominablemente la figura de otro cuerpo que era necesario destruir. Nada había sido olvidado: coartadas, azares,[14] posibles errores. **A partir de** esa hora cada instante tenía su empleo minuciosamente atribuido. El doble repaso despiadado se interrumpía apenas para que una mano acariciara una mejilla. Empezaba a
30 anochecer.

Sin mirarse ya, atados rígidamente a la tarea que los esperaba, se separaron en la puerta de la cabaña. Ella debía seguir por la senda que iba al norte. Desde la senda opuesta él se volvió un instante para verla correr con el pelo suelto. Corrió a su vez, parapetándose en los árboles y los setos, hasta distinguir en la
35 bruma malva del crepúsculo la alameda que llevaba a la casa.[15] Los perros no debían ladrar, y no ladraron. El mayordomo no estaría a esa hora, y no estaba. Subió los tres peldaños del porch y entró. Desde la sangre galopando en sus oídos le

---

[1]*business agent with power of attorney* [2]*sharecropping* [3]*Comfortably seated* [4]*velvet* [5]*Gozaba... He was enjoying the almost perverse pleasure of separating himself line by line from his surroundings* [6]*alto... high back of the chair* [7]*large windows* [8]*dilemma* [9]*suspicious* [10]*lastimada... his face scratched by the lash of a tree branch* [11]*stopped* [12]*libertad... hidden freedom* [13]*chilling* [14]*coartadas... alibis, twists of fate* [15]*Corrió... He ran in turn, sheltering himself among the trees and the hedges, until he was able to distinguish in the mauve-colored mist of the twilight the tree-lined walk that led to the house.*

llegaban las palabras de la mujer: primero una sala azul, después una galería, una escalera alfombrada. **En lo alto,** dos puertas. Nadie en la primera habitación, nadie en la segunda. La puerta del salón, y entonces el puñal en la mano, la luz de los ventanales, el alto respaldo de un sillón de terciopelo verde, la cabeza del hombre en el sillón leyendo una novela.

40

Después de leer

Cuestionario

1. ¿Cuándo comenzó el protagonista a leer la novela?
2. ¿Por qué abandonó la lectura?
3. ¿Qué hizo después de escribirle una carta a su apoderado?
4. ¿De qué placer perverso gozaba el protagonista?
5. Describa el último encuentro de los amantes.
6. ¿Qué hizo el amante después de separarse de la mujer?
7. ¿Por qué no estaba el mayordomo a esa hora?
8. ¿A quién encuentra el amante?

Estudio de palabras

Complete las oraciones con palabras o expresiones de **Palabras importantes y modismos.**

1. Regresó de Buenos Aires para descansar y _____ leer la novela.
2. Todo ocurría simultáneamente: _____ que leía, hablaba por teléfono.
3. Quería fumar, pero los cigarrillos no estaban _____ la mano.
4. _____ esa hora, cada instante tenía su empleo minuciosamente atribuido.
5. El puñal _____ contra su pecho.
6. _____ la escalera, allá arriba, había dos puertas.

CONSIDERACIONES

1. En la primera parte del cuento, ¿qué palabras o frases descriptivas indican lo atractivo del mundo ficticio?
2. Estas primeras líneas establecen un contraste, es decir, una relación, entre el mundo literario y la vida del protagonista. ¿Cómo es, según el tono del texto, la vida del protagonista?
3. ¿Qué siente el protagonista mientras lee la novela? Anote las expresiones que se utilizan para describir sus sensaciones.
4. Explique con sus propias palabras de qué trata la novela que está leyendo el protagonista del cuento.
5. ¿Cómo es la casa del protagonista del cuento? Descríbala con el mayor número de detalles que pueda.
6. Al final del cuento la realidad y la ficción se mezclan. ¿Cuáles son las palabras y frases clave que aparecen en la realidad y en la ficción que indican que ambas se han juntado?
7. ¿Qué le habría pasado al protagonista si no hubiera empezado a leer la novela? Explique su respuesta.
8. Pensando en el final del cuento, ¿cuál es la paradoja que se plantea?

ANÁLISIS DEL TEXTO

1. ¿Qué sugiere el título «Continuidad de los parques»?
2. ¿En qué punto del cuento se encuentra que lo ficticio se convierte en lo real?
3. ¿Cómo se mantiene el elemento de tensión en la obra?
4. Hay un marcado cambio de ritmo al final del cuento. ¿Qué efecto produce en el lector este cambio?
5. Todos los verbos en el cuento se refieren al pasado, menos el último: «la cabeza del hombre en el sillón *leyendo* una novela». ¿Qué puede sugerir esto?

 ## EN GRUPOS

Completen las siguientes actividades en grupos.

A. **La pampa.** Hagan una presentación de las características principales de la pampa argentina.
B. **La estancia.** Describan en detalle la vida en una estancia. ¿Qué tipo de trabajo predomina?
C. **La tensión.** Hagan una lista de los elementos que contribuyen a la tensión en este cuento.

BIBLIOGRAFÍA

Printed Materials

Epple, Juan Armando. "La actitud lúdica en el cuento de Cortázar." *Explicación de textos literarios* 5 (1976):165–173.

Filinich, María Isabel. "'Continuidad de los parques': Lo continuo y lo discontinuo." *Hispanoamérica-Revista de Literatura* 25.73 (April 1996):113–119.

García Méndez, Javier. "De un cuento de Cortázar y de la teoría de lo fantástico." *Plural* 9 (October 1979):20–24.

Lagmanovich, David. "Estrategias del cuento breve en Cortázar: Un paseo por 'Continuidad de los parques.'" *Explicación de textos literarios* 17 (1988–1989):177–185.

Lunn, Patricia V. and Jane W. Albrecht. "The Grammar of Technique: Inside 'Continuidad de los parques.'" *Hispania* 80.2 (1997):227–233.

Tittler, Jonathan. "La continuidad en 'Continuidad de los parques.'" *Crítica Hispánica* 6 (1984): 167–174.

Audiovisual

Julio Cortázar: Argentina's Iconoclast. (Spanish with English subtitles, 26 minutes, color) Films for the Humanities and Sciences. #29168. (www.films.com)

Elegante casa aristocrática

Casa tomada

Published in 1951, "Casa tomada" is part of *Bestiario* and is considered one of Cortázar's best and most anthologized stories. As in other Cortázar stories, this story presents us with one of his basic themes: the relationship between the imagined and the real, which makes us question the very essence of truth and reality. This story has also been read by a number of critics as having strong psychological trappings. The relationship between the brother and the sister, referred to as a **matrimonio de hermanos** (*marriage between brother and sister*), raises the possibility of an incestuous relationship, which could account for the closed and protective environment in which they have chosen to live out their lives.

ANTES DE LEER

PALABRAS IMPORTANTES Y MODISMOS

bastarse	to be self-sufficient	**franquear**	to bolt the door
complacerse	to be pleased with	**habituarse a**	to become
dar trabajo	to take a lot of time		accustomed
entrar en	to approach		to
+ *número*	+ *number*	**irse las horas**	to pass time
+ *años*	+ *years* (*of age*)	**morirse (ue)**	to die

ocurrírsele a alguien + infinitivo	to remember to (*do something*)	**voltear**	to turn over (*in the sense of a business deal*); to demolish

Narrative Structures (*estructuras*)

"Casa tomada" is a complex story that focuses on the creation of a mysterious ambiance as well as on the interaction between the two main characters—an interaction that is fraught with psychological implications. As you read the story, try to concentrate on these points.

1. **La exposición** is the establishment of the necessary details or information that will ground the action. In this story, look at the specifics of the situation, the names and relationship of the two protagonists and the importance of the setting (**el marco escénico**). These factors plant the seeds from which the main narrative will grow.
2. **El desarrollo** is the introduction and elaboration of the actions and characters (**los personajes**) that will form the story. Pay particular attention to the sparse dialogue in the story.
3. **El suspenso,** as the term clearly implies, is the dramatic tension that defines the unfolding of events and, moreover, is the anticipation of events to follow.
4. **El punto decisivo** is the moment or point (whether an action, a word, or words) at which there is a change in the direction of the events that have been unfolding.
5. **El clímax** is the necessary and unavoidable culmination, the immediate impact or consequence, of this change in narrative direction.
6. **El desenlace** is the establishment of the ultimate and final consequences of the **punto decisivo** and **clímax.**

As you scan "Casa tomada," attempt to locate or recognize these structural components. Bear in mind that there will not necessarily be a hard and fast delineation between specific structural components.

CONTEXTO CULTURAL El ambiente de este cuento es típico no solamente de Buenos Aires, sino también de cada ciudad grande donde existe un choque entre el pasado y el presente. La pareja de «Casa tomada» parece existir fuera del tiempo moderno en un ambiente aislado y protegido que ellos han creado. Por su clase y posición económica privilegiadas, vive de la renta de sus terrenos y no se preocupan por lo que está ocurriendo afuera en el mundo. La mujer teje, y el hermano se interesa en la colección de sellos y en la literatura, ambas tareas improductivas. Poco antes de publicar este cuento, Cortázar había sido encarcelado por su oposición al gobierno de Perón. En

1951 se trasladó a Francia donde, salvo pocas ocasiones fuera del país, vivió hasta su muerte. Es probable que este ambiente de pesadilla presentado en este cuento prefigure su visión de las condiciones políticas de su país.

🔳 *Casa tomada* 🔳

NOS GUSTABA LA casa porque aparte de espaciosa y antigua (hoy que las casas antiguas sucumben a la más ventajosa liquidación de sus materiales[1]) guardaba los recuerdos de nuestros bisabuelos, el abuelo paterno, nuestros padres y toda la infancia.

5   **Nos habituamos** Irene y yo a persistir solos en ella, lo que era una locura pues en esa casa podían vivir ocho personas sin estorbarse. Hacíamos la limpieza por la mañana, levantándonos a las siete, y a eso de las once yo le dejaba a Irene las últimas habitaciones por repasar y me iba a la cocina. Almorzábamos a mediodía, siempre puntuales; ya no quedaba nada por hacer fuera de unos 10 pocos platos sucios. Nos resultaba grato almorzar pensando en la casa profunda y silenciosa y cómo nos **bastábamos** para mantenerla limpia. A veces llegamos a creer que era ella la que no nos dejó casarnos. Irene rechazó dos pretendientes sin mayor motivo, a mí se me murió María Esther antes que llegáramos a comprometernos. **Entramos en** los cuarenta años con la inexpresada idea de que el 15 nuestro, simple y silencioso matrimonio de hermanos, era necesaria clausura de la genealogía asentada por los bisabuelos en nuestra casa.

    Nos moriríamos allí algún día, vagos y esquivos primos se quedarían con la casa y la echarían al suelo para enriquecerse con el terreno y los ladrillos; o mejor, nosotros mismos la **voltearíamos** justicieramente antes de que fuese de- 20 masiado tarde.

    Irene era una chica nacida para no molestar a nadie. Aparte de su actividad matinal se pasaba el resto del día tejiendo en el sofá de su dormitorio. No sé por qué tejía tanto, yo creo que las mujeres tejen cuando han encontrado en esa labor el gran pretexto para no hacer nada. Irene no era así, tejía cosas siempre nece- 25 sarias, tricotas para el invierno, medias para mí, mañanitas y chalecos para ella. A veces tejía un chaleco y después lo destejía en un momento porque algo no le agradaba; era gracioso ver en la canastilla el montón de lana encrespada resistiéndose a perder su forma de algunas horas. Los sábados iba yo al centro a comprarle lana; Irene tenía fe en mi gusto, **se complacía** con los colores y nunca tuve 30 que devolver madejas. Yo aprovechaba esas salidas para dar una vuelta por las librerías y preguntar vanamente si había novedades en literatura francesa. Desde 1939* no llegaba nada valioso a la Argentina.

---

[1] las... *old houses are prey to the most advantageous liquidation of their materials*

---

*1939 *is a key date in history. It marks the beginning of the Second World War in which Argentina declared itself neutral.*

Pero es de la casa que me interesa hablar, de la casa y de Irene, porque yo no tengo importancia. Me pregunto qué hubiera hecho Irene sin el tejido. Uno
35 puede releer un libro, pero cuando un pulóver está terminado no se puede repetirlo sin escándalo. Un día encontré el cajón de abajo de la cómoda de alcanfor lleno de pañoletas blancas, verdes, lila. Estaban con naftalina, apiladas como en una mercería;[2] no tuve valor de preguntarle a Irene qué pensaba hacer con ellas. No necesitábamos ganarnos la vida, todos los meses llegaba la plata de los
40 campos y el dinero aumentaba. Pero a Irene solamente la entretenía el tejido, mostraba una destreza maravillosa y **a mí se me iban las horas** viéndole las manos como erizos plateados, agujas yendo y viniendo y una o dos canastillas en el suelo donde se agitaban constantemente los ovillos. Era hermoso.

Cómo no acordarme de la distribución de la casa. El comedor, una sala con
45 gobelinos, la biblioteca y tres dormitorios grandes quedaban en la parte más retirada, la que mira hacia Rodríguez Peña.* Solamente un pasillo con su maciza puerta de roble aislaba esa parte del ala delantera donde había un baño, la cocina, nuestros dormitorios y el living central, al cual comunicaban los dormitorios y el pasillo. Se entraba a la casa por un zaguán con mayólica,[3] y la puerta
50 cancel daba al living. De manera que uno entraba por el zaguán, abría la cancel y pasaba al living; tenía a los lados las puertas de nuestros dormitorios, y al frente el pasillo que conducía a la parte más retirada; avanzando por el pasillo se **franqueaba** la puerta de roble y más allá empezaba el otro lado de la casa, o bien se podía girar a la izquierda justamente antes de la puerta y seguir por un pasillo
55 más estrecho que llevaba a la cocina y al baño. Cuando la puerta estaba abierta advertía uno que la casa era muy grande; si no, daba la impresión de un departamento de los que se edifican ahora, apenas para moverse; Irene y yo vivíamos siempre en esta parte de la casa, casi nunca íbamos más allá de la puerta de roble, salvo para hacer la limpieza, pues es increíble cómo se junta tierra en los
60 muebles.[4] Buenos Aires será una ciudad limpia, pero eso lo debe a sus habitantes y no a otra cosa. Hay demasiada tierra en el aire, apenas sopla una ráfaga se palpa el polvo en los mármoles de las consolas y entre los rombos de las carpetas de macramé; **da trabajo** sacarlo bien con plumero, vuela y se suspende en el aire, un momento después se deposita de nuevo en los muebles y los pianos.

65 Lo recordaré siempre con claridad porque fue simple y sin circunstancias inútiles. Irene estaba tejiendo en su dormitorio, eran las ocho de la noche y de repente **se me ocurrió** poner al fuego la pavita del mate. Fui por el pasillo hasta enfrentar la entornada puerta de roble, y daba la vuelta al codo que llevaba a la cocina[5] cuando escuché algo en el comedor o la biblioteca. El sonido venía impreciso y sordo, como un volcarse de silla sobre la alfombra o un ahogado susurro
70 de conversación. También lo oí, al mismo tiempo o un segundo después, en el

[2]Estaban... *they were full of mothballs and piled high as in a dry-goods store*   [3]Se... *One entered the house through a hall with majolica statues*   [4]es... *it's unbelievable how much dust gathers on the furniture*
[5]daba... *I was turning the corner toward the kitchen*

Rodríguez Peña is a fashionable street in Buenos Aires.

fondo del pasillo que traía desde aquellas piezas hasta la puerta. Me tiré contra la puerta antes de que fuera demasiado tarde, la cerré de golpe apoyando el cuerpo; felizmente la llave estaba puesta de nuestro lado y además corrí el gran
75 cerrojo[6] para más seguridad.

Fui a la cocina, calenté la pavita, y cuando estuve de vuelta con la bandeja del mate le dije a Irene:

—Tuve que cerrar la puerta del pasillo. Han tomado la parte del fondo.

Dejó caer el tejido y me miró con sus graves ojos cansados.

80 —¿Estás seguro?

Asentí.

—Entonces —dijo recogiendo las agujas— tendremos que vivir en este lado.

Yo cebaba el mate[7] con mucho cuidado, pero ella tardó un rato en reanudar su labor. Me acuerdo que tejía un chaleco gris; a mí me gustaba ese chaleco.

85 Los primeros días nos pareció penoso porque ambos habíamos dejado en la parte tomada muchas cosas que queríamos. Mis libros de literatura francesa, por ejemplo, estaban todos en la biblioteca. Irene extrañaba unas carpetas, un par de pantuflas que tanto la abrigaban en invierno. Yo sentía mi pipa de enebro y creo que Irene pensó en una botella de Hesperidina de muchos años. Con fre-
90 cuencia (pero esto solamente sucedió los primeros días) cerrábamos algún cajón de las cómodas y nos mirábamos con tristeza.

—No está aquí.

Y era una cosa más de todo lo que habíamos perdido al otro lado de la casa.

Pero también tuvimos ventajas. La limpieza se simplificó tanto que aun le-
95 vantándose tardísimo, a las nueve y media por ejemplo, no daban las once y ya estábamos de brazos cruzados.[8] Irene se acostumbró a ir conmigo a la cocina y ayudarme a preparar el almuerzo. Lo pensamos bien y se decidió esto: mientras yo preparaba el almuerzo, Irene cocinaría platos para comer fríos de noche. Nos alegramos porque siempre resulta molesto tener que abandonar los dormitorios
100 al atardecer y ponerse a cocinar. Ahora nos bastaba con la mesa en el dormitorio de Irene y las fuentes de comida fiambre.[9]

Irene estaba contenta porque le quedaba más tiempo para tejer. Yo andaba un poco perdido a causa de los libros, pero por no afligir a mi hermana me puse a revisar la colección de estampillas de papá, y eso me sirvió para matar el
105 tiempo. Nos divertíamos mucho, cada uno en sus cosas, casi siempre reunidos en el dormitorio de Irene que era más cómodo. A veces Irene decía:

—Fíjate este punto que se me ha ocurrido.[10] ¿No da un dibujo de trébol?

[6]corrí... *I bolted the door* [7]Yo... *I was brewing mate* [8]no... *it was not yet eleven o'clock and already we had nothing more to do* [9]fuentes... *platters of cold cuts* [10]Fíjate... *Look at this stitch that I discovered.*

Un rato después era yo el que le ponía antes los ojos un cuadradito de papel para que viese el mérito de algún sello de Eupen y Malmédy. Estábamos bien, y poco a poco empezábamos a no pensar. Se puede vivir sin pensar.

(Cuando Irene soñaba en alta voz yo me desvelaba en seguida. Nunca pude habituarme a esa voz de estatua o papagayo, voz que viene de los sueños y no de la garganta. Irene decía que mis sueños consistían en grandes sacudones que a veces hacían caer el cobertor.[11] Nuestros dormitorios tenían el living de por medio, pero de noche se escuchaba cualquier cosa en la casa. Nos oíamos respirar, toser, presentíamos el ademán que conduce a la llave del velador, los mutuos y frecuentes insomnios.

Aparte de eso todo estaba callado en la casa. De día eran los rumores domésticos, el roce metálico de las agujas de tejer, un crujido al pasar las hojas del álbum filatélico. La puerta de roble, creo haberlo dicho, era maciza. En la cocina y el baño, que quedaban tocando la parte tomada, nos poníamos a hablar en voz más alta o Irene cantaba canciones de cuna. En una cocina hay demasiado ruido de loza y vidrios para que otros sonidos irrumpan en ella. Muy pocas veces permitíamos allí el silencio, pero cuando tornábamos a los dormitorios y al living, entonces la casa se ponía callada y a media luz, hasta pisábamos más despacio para no molestarnos. Yo creo que era por eso que de noche, cuando Irene empezaba a soñar en alta voz, me desvelaba en seguida.)

Es casi repetir lo mismo salvo las consecuencias. De noche siento sed, y antes de acostarnos le dije a Irene que iba hasta la cocina a servirme un vaso de agua. Desde la puerta del dormitorio (ella tejía) oí ruido en la cocina; tal vez en la cocina o tal vez en el baño porque el codo del pasillo apagaba el sonido. A Irene le llamó la atención mi brusca manera de detenerme, y vino a mi lado sin decir palabra. Nos quedamos escuchando los ruidos, notando claramente que eran de este lado de la puerta de roble, en la cocina y el baño, o en el pasillo mismo donde empezaba el codo casi al lado nuestro.

No nos miramos siquiera. Apreté el brazo de Irene y la hice correr conmigo hasta la puerta cancel, sin volvernos hacia atrás. Los ruidos se oían más fuerte pero siempre sordos, a espaldas nuestras. Cerré de un golpe la cancel y nos quedamos en el zaguán. Ahora no se oía nada.

—Han tomado esta parte —dijo Irene. El tejido le colgaba de las manos y las hebras iban hasta la cancel y se perdían dabajo. Cuando vio que los ovillos habían quedado del otro lado, soltó el tejido sin mirarlo.

—¿Tuviste tiempo de traer alguna cosa? —le pregunté inútilmente.

—No, nada.

Estábamos con lo puesto.[12] Me acordé de los quince mil pesos en el armario de mi dormitorio. Ya era tarde ahora.

---

[11] sacudones... *jolts that caused the bedspread to fall*   [12] Estabámos... *We were left with just our clothes.*

Como me quedaba el reloj pulsera,[13] vi que eran las once de la noche. Rodeé con mi brazo la cintura de Irene (yo creo que ella estaba llorando) y salimos así a la calle. Antes de alejarnos tuve lástima, cerré bien la puerta de entrada y tiré la llave a la alcantarilla.[14] No fuese que a algún pobre diablo se le ocurriera robar y se metiera en la casa, a esa hora y con la casa tomada.

150

[13]Como... *Because I still had my wristwatch* [14]tiré... *I threw the key down the sewer*

Después de leer

Cuestionario

1. ¿Por qué les gustaba la casa a los hermanos?
2. ¿Qué hacían usualmente los hermanos por la mañana?
3. ¿Qué querían hacer los hermanos con la casa antes de morir?
4. ¿Cómo se pasa el resto del día Irene?
5. ¿Cómo se entretiene su hermano?
6. ¿De qué viven los hermanos?
7. ¿Cuántas habitaciones tenía la casa?
8. ¿Qué parte de la casa ocupaban casi siempre los hermanos?
9. ¿Por qué es difícil mantener la casa limpia según los hermanos?
10. ¿Cómo se dieron cuenta de que alguien había entrado en la casa? ¿Qué hizo el hermano al enterarse de que alguien había entrado?
11. ¿De las cosas que había dejado en la parte tomada, cuáles extrañaba Irene?
12. ¿Por qué estaba contenta Irene después de que le tomaron parte de la casa?
13. ¿Cómo se ponía la casa cuando los hermanos tornaban a los dormitorios?
14. ¿Qué hicieron los hermanos cuando se enteraron de que los ruidos habían llegado a este lado de la puerta de roble?
15. ¿Dónde tiraron la llave? ¿Por qué la tiraron?

Estudio de palabras

A. Complete las oraciones con palabras o expresiones de **Palabras importantes y modismos.**

1. ¿Irene y su hermano _____ a vivir solos en la casa.
2. Ellos solos _____ para mantener la casa limpia.
3. ¿Cuántos años tenían los hermanos? _____ los cuarenta.
4. ¿Dónde piensan que van a morir los hermanos? _____ en su casa.
5. Los hermanos piensan _____ la casa antes de que sea demasiado tarde.
6. Irene _____ tejer.
7. Al hermano _____ viendo tejer a su hermana.
8. Avanzó por el pasillo y _____ la puerta de roble.
9. Sacar bien el polvo con el plumero _____ .

10. Irene estaba tejiendo, y _____ poner la pavita del mate.

11. Hay demasiado polvo en los muebls, lo cual _____ sacarlo.

CONSIDERACIONES

1. Describa lo que hacían los hermanos cada mañana.
2. ¿Por qué nunca se casaron los hermanos?
3. ¿Qué harían los primos con la casa después de la muerte de los hermanos?
4. ¿Cuáles son algunas de las cosas que tejía Irene?
5. ¿Por qué los hermanos no necesitaban ganarse la vida?
6. Describa lo que tenían que hacer los hermanos para llegar a sus dormitorios.
7. ¿Cómo era Buenos Aires según los hermanos?
8. ¿Qué hizo el hermano después de oír un susurro de conversaciones que venía de la biblioteca?
9. Entre algunas de las cosas que habían dejado en la parte de la casa tomada, ¿cuáles son las que ahora extrañaban?
10. Describan algunas de las ventajas que tenían ahora que vivían en la parte más pequeña de la casa.
11. Describan algunos de los rumores domésticos que se oían durante el día.
12. ¿Qué hacen los hermanos cuando se dan cuenta de que toda la casa ha sido tomada?

ANÁLISIS DEL TEXTO

1. ¿Qué tipo de relaciones hay entre los hermanos? ¿Considera Ud. que son relaciones típicas entre hermano y hermana?
2. Tomando en cuenta que el cuento fue publicado en 1951, ¿cómo interpreta Ud. la frase «Desde 1939 no llegaba nada valioso a Argentina»?
3. Explique lo que simboliza el acto de tejer.
4. ¿Cuál, diría Ud, que es el tema principal de este cuento?
5. ¿Cómo se crea el ambiente de tensión en este cuento?
6. ¿Qué puede significar la pasividad de los dos hermanos?
7. ¿Cómo interpreta Ud. el último párrafo del cuento? ¿Es posible que tenga un significado político? Explique.

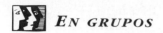 *EN GRUPOS*

Completen las siguientes actividades en grupos.

A. La economía argentina. En grupos de tres o cuatro estudiantes, busquen y discutan información sobre la situación económica de Argentina en el presente.

B. El gobierno argentino. ¿Qué tipo de gobierno tiene el país ahora? Traten de señalar las semejanzas y diferencias entre el sistema de gobierno con el de Uds.

C. La historia oficial. Vean la película *La historia oficial* para luego comentar en clase los temas principales.

D. La guerra sucia. Investiguen y discutan el trasfondo histórico de la «guerra sucia». Muchos han defendido la «guerra sucia». La clase debe dividirse en dos grupos asumiendo una posición en contra y otra a favor de este tema.

BIBLIOGRAFÍA

Printed Materials

Brandt Rojas, José H. "Asedios a 'Casa tomada' de Julio Cortázar." *Revista de Estudios Hispánicos* 7 (1980):75–84.

Fouques, Bernard. "'Casa tomada', o la auto-significación del relato." *Revista Iberoamericana* 42 (1976):527–533.

Moreno Turner, Fernando. "El texto en movimiento, movimientos del texto: Nuevo asalto a 'Casa tomada' de Julio Cortázar." *Acta Literaria* 23 (1998):69–80.

Pérez Venzala, Valentín. "Incesto y espacialización del psiquismo en 'Casa tomada' de Cortázar." *Espéculo: Revista de Estudios Literarios* (www.ucm.es/info/especulo/numero10/cort_poe.html)

Ramond, Michele. "La casa de sus sueños: Sobre 'Casa tomada' de Julio Cortázar." *Coloquio Internacional: Lo lúdico y lo fantástico en la obra de Cortázar II.* Madrid: Fundamentos, 1986:97–109.

Scasso Rossi, Pablo. "'Casa tomada': aproximaciones a una interpretación." (http://209.197.88.127/smu/publicaciones/noticias/separ115/art-17.pdf)

Audiovisual

La historia oficial. (Spanish, 110 minutes, color) Amazon.com (www.amazon.com)

Piedra de sacrificios precolombina

La noche boca arriba[1]

"La noche boca arriba," included in the first edition of *Final del juego,* plays with two distinct levels of reality: the conscious, or "real" world, and the subconscious, or dream world. As you read the story, pay particular attention to the techniques used to maintain tension between those two worlds. Focus on the language employed to create an atmosphere of fear and confusion.

[1]boca... *face up*

ANTES DE LEER

PALABRAS IMPORTANTES Y MODISMOS

a tientas	gropingly	**defenderse**	to defend oneself
agacharse	to crouch	**esconderse**	to hide
costarle (ue)	to be difficult for	**hacer un**	to wet one's
a alguien	someone to	**buche**	mouth
+ *infinitivo*	(*do something*)	**hacer una**	to (make a)
de cuando	from time to time	**seña**	signal
en cuando		**ir ganando**	to overcome

99

Themes (*temas*)

Although a work concretely presents the subject matter or action of its story, its theme or themes are often found on levels that are more abstract. Even though the themes might actually be stated overtly, quite often this does not prove to be the case. The need for greater understanding or unity, for example, could be seen as one of several themes arising from conflicts that normally lead to physical violence. In this particular scenario, the theme need not be stated directly, whereas the conflicts or physical violence *would* be mentioned.

The theme of "La noche boca arriba" is similar to that of many of Cortázar's stories in that one's understanding of reality is questioned. As you read the story quickly for the first time, take special note of the different realities that alternate—the conscious or "real" world and the subconscious or "dream" world—and of how these realities are linked in the story. What causes the temporal and spatial shifts from one reality to the other? This movement between two seemingly disparate realities, a movement that can be seen as a destabilizing force, is a source of great tension in the story. Although you will ultimately see what triggers the shifts between realities, the tension remains until the very end of the story when the theme is more fully elaborated. In other words, you will discover that your role as reader has been more active than passive.

Try to answer the following questions before your second reading. In what ways are you, the reader, suddenly forced at the end to confront the assumptions that you made earlier while reading? How is the theme more fully explored at the end of the story? After you reread "La noche boca arriba," the implications of the theme will become much more profound.

Al principio del cuento, Cortázar hace una referencia al pasado azteca y a las llamadas «guerras floridas», en las cuales los aztecas «cazaban» (*hunt*) indígenas de otras tribus, para luego sacrificarlos para aplacar a los dioses. En su «Segunda carta de relación» del 30 de octubre de 1520, escrita al Emperador Carlos V (1517–1556), quien llevaba también el título de Carlos I Rey de España, Cortés detalla minuciosamente estas ceremonias rituales. Señala, por ejemplo, su enorme impresión al ver tanta sangre y violencia. Tan fuerte es su reacción que luego el conquistador trata de reemplazar las estatuas de los dioses paganos por algunas imágenes de la Virgen María y de los santos. Aunque Cortés queda escandalizado por la conducta salvaje de los indígenas, esto no le impide al conquistador emprender una destrucción metódica y aun más cruel del imperio azteca siempre a nombre de la Iglesia Católica y del rey de España.

Para adquirir una perspectiva de la conquista desde el punto de vista de los indígenas basta leer la obra de Miguel León Portilla, «La visión de los vencidos», en particular el capítulo que se refiere a la masacre del Templo Mayor dirigida por Pedro de Alvarado, soldado de Cortés. Mientras los aztecas ofrecían sacrificios humanos a su dios Huitzilopochtli en la fiesta de Toxcatl, Alvarado y sus hombres atacaron en el templo y mataron en forma brutal a los indígenas. Existen también otras memorias y versiones de misioneros, como la de fray Bartolomé de Las Casas, que describen la crueldad de la conquista.

▦ *La noche boca arriba* ▦

Y salían en ciertas épocas a cazar enemigos; le llamaban la guerra florida.[1]

A MITAD DEL LARGO zaguán del hotel pensó que debía ser tarde, y se apuró a salir a la calle y sacar la motocicleta del rincón donde el portero de al lado le permitía guardarla. En la joyería de la esquina vio que eran las nueve menos diez; llegaría con tiempo sobrado adonde
5 iba.[2] El sol se filtraba entre los altos edificios del centro, y él —porque para sí mismo, para ir pensando, no tenía nombre— montó en la máquina saboreando el paseo. La moto ronroneaba[3] entre sus piernas, y un viento fresco le chicoteaba[4] los pantalones.

Dejó pasar los ministerios[5] (el rosa, el blanco) y la serie de comercios con
10 brillantes vitrinas de la calle Central. Ahora entraba en la parte más agradable del trayecto, el verdadero paseo: una calle larga, bordeada de árboles, con poco tráfico y amplias villas que dejaban venir los jardines hasta las aceras, apenas demarcadas por setos[6] bajos. Quizá algo distraído, pero corriendo sobre la derecha como correspondía, se dejó llevar por la tersura,[7] por la leve crispación[8] de ese
15 día apenas empezado. Tal vez su involuntario relajamiento le impidió prevenir el accidente. Cuando vio que la mujer parada en la esquina se lanzaba a la calzada[9] a pesar de las luces verdes, ya era tarde para las soluciones fáciles. Frenó con el pie y la mano, desviándose a la izquierda; oyó el grito de la mujer, y junto con el choque perdió la visión. Fue como dormirse de golpe.
20 Volvió bruscamente del desmayo. Cuatro o cinco hombres jóvenes lo estaban sacando de debajo de la moto. Sentía gusto a sal y sangre, le dolía una rodilla, y cuando lo alzaron gritó, porque no podía soportar la presión en el brazo derecho. Voces que no parecían pertenecer a las caras suspendidas sobre él, lo alentaban con bromas y seguridades. Su único alivio fue oír la confirmación de
25 que había estado en su derecho al cruzar la esquina. Preguntó por la mujer, tratando de dominar la náusea que le ganaba la garganta.[10] Mientras lo llevaban boca arriba hasta una farmacia próxima, supo que la causante del accidente no tenía más que rasguños en las piernas. «Usté la agarró apenas, pero el golpe le

---

[1]guerra... *ritualistic Aztec wars in which victims were offered as sacrifices to the gods* [2]llegaría... *he would arrive at his destination in plenty of time* [3]*purred* [4]*whipped* [5]*government office buildings* [6]*hedges* [7]*brilliance* [8]*element of tension* [9]se... *thrust herself into the street* [10]que... *that was getting the better of him*

hizo saltar la máquina de costado... » Opiniones, recuerdos, despacio, éntrenlo
30 de espaldas,[11] así va bien, y alguien con guardapolvo[12] dándole a beber un trago
que lo alivió en la penumbra de una pequeña farmacia de barrio.

La ambulancia policial llegó a los cinco minutos, y lo subieron a una camilla[13]
blanda donde pudo tenderse a gusto. Con toda lucidez, pero sabiendo que estaba bajo los efectos de un shock terrible, dio sus señas al policía que lo acom-
35 pañaba. El brazo casi no le dolía; de una cortadura en la ceja goteaba sangre por
toda la cara. Una o dos veces se lamió[14] los labios para beberla. Se sentía bien,
era un accidente, mala suerte; unas semanas quieto y nada más. El vigilante le
dijo que la motocicleta no parecía muy estropeada.[15] «Natural», dijo él, «Como
que me la ligué encima... »[16] Los dos se rieron, y el vigilante le dio la mano al lle-
40 gar al hospital y le deseó buena suerte. Ya la náusea volvía poco a poco; mientras lo llevaban en una camilla de ruedas hasta un pabellón del fondo, pasando
bajo árboles llenos de pájaros, cerró los ojos y deseó estar dormido o cloroformado.[17] Pero lo tuvieron largo rato en una pieza con olor a hospital, llenando
una ficha, quitándole la ropa y vistiéndolo con una camisa grisácea y dura. Le
45 movían cuidadosamente el brazo, sin que le doliera. Las enfermeras bromeaban
todo el tiempo, y si no hubiera sido por las contracciones del estómago se habría
sentido muy bien, casi contento.

Lo llevaron a la sala de radio,[18] y veinte minutos después, con la placa todavía
húmeda puesta sobre el pecho como una lápida negra,[19] pasó a la sala de opera-
50 ciones. Alguien de blanco, alto y delgado, se le acercó y se puso a mirar la radiografía. Manos de mujer le acomodaban la cabeza, sintió que lo pasaban de una
camilla a otra. El hombre de blanco se le acercó otra vez, sonriendo, con algo
que le brillaba en la mano derecha. Le palmeó la mejilla e **hizo una seña** a alguien parado atrás.

55 Como sueño era curioso porque estaba lleno de olores y él nunca soñaba
olores. Primero un olor a pantano,[20] ya que a la izquierda de la calzada empeza-
ban las marismas,[21] los tembladerales[22] de donde no volvía nadie. Pero el olor
cesó, y en cambio vino una fragancia compuesta y oscura como la noche en que
se movía huyendo de los aztecas. Y todo era tan natural, tenía que huir de los
60 aztecas que andaban a caza de hombre, y su única probabilidad era la de **es-**
conderse en lo más denso de la selva, cuidando de no apartarse de la estrecha
calzada que sólo ellos, los motecas,[23] conocían.

Lo que más lo torturaba era el olor, como si aun en la absoluta aceptación del
sueño algo se rebelara contra eso que no era habitual, que hasta entonces no
65 había participado del juego. «Huele a guerra», pensó, tocando instintivamente el
puñal de piedra atravesado en su ceñidor de lana tejida. Un sonido inesperado
lo hizo **agacharse** y quedar inmóvil, temblando. Tener miedo no era extraño,
en sus sueños abundaba el miedo. Esperó, tapado por las ramas de un arbusto[24]

[11]*éntrenlo... take him in backward* [12]*dustcoat* [13]*stretcher* [14]*se... he licked* [15]*damaged* [16]*Como... That's*
because it fell on top of me . . . [17]*anesthetized* [18]*sala... X-ray room* [19]*con... with the still-wet X-ray picture*
on top of his chest like a black tombstone [20]*olor... swampy smell* [21]*a... to the left of the causeway the*
marshes began [22]*quagmires* [23]*adversaries of the Aztecs in ritual wars* [24]*shrub*

y la noche sin estrellas. Muy lejos, probablemente del otro lado del gran lago, de-
70 bían estar ardiendo fuegos de vivac[25]; un resplandor rojizo teñía esa parte del
cielo. El sonido no se repitió. Había sido como una rama quebrada. Tal vez un
animal que escapaba como él del olor de la guerra. Se enderezó despacio, ven-
teando.[26] No se oía nada, pero el miedo seguía, allí como el olor, ese incienso
dulzón[27] de la guerra florida. Había que seguir, llegar al corazón de la selva evi-
75 tando las ciénagas.[28] **A tientas,** agachándose a cada instante para tocar el suelo
más duro de la calzada, dio algunos pasos. Hubiera querido echar a correr, pero
los tembladerales palpitaban a su lado. En el sendero en tinieblas, buscó el
rumbo. Entonces sintió una bocanada horrible del olor que más temía, y saltó
desesperado hacia adelante.

80 —Se va a caer de la cama —dijo el enfermo de al lado—. No brinque tanto,[29]
amigo.

Abrió los ojos y era de tarde, con el sol ya bajo en los ventanales de la larga
sala. Mientras trataba de sonreír a su vecino, se despegó casi físicamente de la última visión de la pesadilla. El brazo, enyesado, colgaba de un aparato con pesas
85 y poleas.[30] Sintió sed, como si hubiera estado corriendo kilómetros, pero no
querían darle mucha agua, apenas para mojarse los labios y **hacer un buche.** La
fiebre **lo iba ganando** despacio y hubiera podido dormirse otra vez, pero sa-
boreaba el placer de quedarse despierto, entornados los ojos, escuchando el
diálogo de los otros enfermos, respondiendo **de cuando en cuando** a alguna
90 pregunta. Vio llegar un carrito blanco que pusieron al lado de su cama, una enfermera rubia le frotó con alcohol la cara anterior del muslo y le clavó una gruesa
aguja conectada con un tubo que subía hasta un frasco lleno de líquido opalino.
Un médico joven vino con un aparato de metal y cuero que le ajustó al brazo
sano para verificar alguna cosa. Caía la noche, y la fiebre lo iba arrastrando
95 blandamente a un estado donde las cosas tenían un relieve como de gemelos de
teatro,[31] eran reales y dulces y a la vez ligeramente repugnantes; como estar
viendo una película aburrida y pensar que sin embargo en la calle es peor; y
quedarse.
Vino una taza de maravilloso caldo de oro oliendo a puerro, a apio, a perejil.
100 Un trocito de pan, más precioso que todo un banquete, se fue desmigajando
poco a poco.[32] El brazo no le dolía nada y solamente en la ceja, donde lo habían
suturado, chirriaba a veces una punzada caliente y rápida. Cuando los ventanales
de enfrente viraron a manchas de un azul oscuro, pensó que no le iba a ser difícil dormirse. Un poco incómodo, de espaldas, pero al pasarse la lengua por los
105 labios resecos y calientes sintió el sabor del caldo, y suspiró de felicidad, aban-
donándose.
Primero fue una confusión, un atraer hacia sí todas las sensaciones por un
instante embotadas[33] o confundidas. Comprendía que estaba corriendo en plena
oscuridad, aunque arriba el cielo cruzado de copas de árboles era menos negro

---

[25]fuegos... *bivouac fires* [26]*sniffing* [27]incienso... *sweetish incense* [28]*marshes* [29]No... *Don't jump around so much* [30]pesas... *weights and pulleys* [31]tenían... *were brought into focus as if seen through opera glasses* [32]se... *was crumbling, little by little* [33]*pent up*

110 que el resto. «La calzada», pensó. «Me salí de la calzada.» Sus pies se hundían en
un colchón de hojas y barro, y ya no podía dar un paso sin que las ramas de los
arbustos le azotaran el torso y las piernas. Jadeante, sabiéndose acorralado a pesar de la oscuridad y el silencio, se agachó para escuchar. Tal vez la calzada estaba cerca, con la primera luz del día iba a verla otra vez. Nada podía ayudarlo
115 ahora a encontrarla. La mano que sin saberlo él aferraba el mango del puñal,
subió como el escorpión de los pantanos hasta su cuello, donde colgaba el
amuleto protector.[34] Moviendo apenas los labios musitó la plegaria del maíz que
trae las lunas felices,[35] y la súplica a la Muy Alta, a la dispensadora de los bienes
motecas. Pero sentía al mismo tiempo que los tobillos se le estaban hundiendo
120 despacio en el barro, y la espera en la oscuridad del chaparral[36] desconocido se
le hacía insoportable. La guerra florida había empezado con la luna y llevaba ya
tres días y tres noches. Si conseguía refugiarse en lo profundo de la selva, aban-
donando la calzada más allá de la región de las ciénagas, quizá los guerreros no
le siguieran el rastro. Pensó en los muchos prisioneros que ya habrían hecho.
125 Pero la cantidad no contaba, sino el tiempo sagrado. La caza continuaría hasta
que los sacerdotes dieran la señal del regreso. Todo tenía su número y su fin, y
él estaba dentro del tiempo sagrado, del otro lado de los cazadores.

Oyó los gritos y se enderezó de un salto, puñal en mano. Como si el cielo se
incendiara en el horizonte, vio antorchas moviéndose entre las ramas, muy
130 cerca. El olor a guerra era insoportable, y cuando el primer enemigo le saltó al
cuello casi sintió placer en hundirle la hoja de piedra en pleno pecho. Ya lo rode-
aban las luces, los gritos alegres. Alcanzó a cortar el aire una o dos veces, y entonces una soga lo atrapó desde atrás.

—Es la fiebre —dijo el de la cama de al lado—. A mí me pasaba igual cuando
135   me operé del duodeno. Tome agua y va a ver que duerme bien.

Al lado de la noche de donde volvía, la penumbra tibia de la sala le pareció
deliciosa. Una lámpara violeta velaba en lo alto de la pared del fondo como un
ojo protector. Se oía toser, respirar fuerte, a veces un diálogo en voz baja. Todo
era grato y seguro, sin ese acoso, sin... Pero no quería seguir pensando en la pe-
140 sadilla. Había tantas cosas en que entretenerse. Se puso a mirar el yeso del
brazo,[37] las poleas que tan cómodamente se lo sostenían en el aire. Le habían
puesto una botella de agua mineral en la mesa de noche. Bebió del gollete,[38]
golosamente. Distinguía ahora las formas de la sala, las treinta camas, los arma-
rios con vitrinas. Ya no debía tener tanta fiebre, sentía fresca la cara. La ceja le
145 dolía apenas, como un recuerdo. Se vio otra vez saliendo del hotel, sacando la
moto. ¿Quién hubiera pensado que la cosa iba a acabar así? Trataba de fijar el momento del accidente, y le dio rabia advertir que había ahí como un hueco, un
vacío que no alcanzaba a rellenar. Entre el choque y el momento en que lo
habían levantado del suelo, un desmayo o lo que fuera no le dejaba ver nada. Y
150 al mismo tiempo tenía la sensación de que ese hueco, esa nada, había durado

---

[34]amuleto... *good luck charm*   [35]musitó... *he mumbled the prayer to the corn that brings many happy moons*
[36]*thicket*   [37]yeso... *cast on his arm*   [38]*long neck of the bottle*

una eternidad. No, ni siquiera tiempo, más bien como si en ese hueco él hubiera pasado a través de algo o recorrido distancias inmensas. El choque, el golpe brutal contra el pavimento. De todas maneras al salir del pozo negro había sentido casi un alivio mientras los hombres lo alzaban del suelo. Con el dolor del brazo
155 roto, la sangre de la ceja partida, la contusión en la rodilla; con todo eso, un alivio al volver al día y sentirse sostenido y auxiliado. Y era raro. Le preguntaría alguna vez al médico de la oficina. Ahora volvía a ganarlo el sueño, a tirarlo despacio hacia abajo. La almohada era tan blanda, y en su garganta afiebrada la frescura del agua mineral. Quizá pudiera descansar de veras, sin las malditas pe-
160 sadillas. La luz violeta de la lámpara en lo alto se iba apagando poco a poco.

   Como dormía de espaldas, no lo sorprendió la posición en que volvía a reconocerse, pero en cambio el olor a humedad, a piedra rezumante de filtraciones,[39] le cerró la garganta y lo obligó a comprender. Inútil abrir los ojos y mirar en todas direcciones; lo envolvía una oscuridad absoluta. Quiso enderezarse
165 y sintió las sogas en las muñecas y los tobillos. Estaba estaqueado en el suelo, en un piso de lajas[40] helado y húmedo. El frío le ganaba la espalda desnuda, las piernas. Con el mentón buscó torpemente el contacto con su amuleto, y supo que se lo habían arrancado. Ahora estaba perdido, ninguna plegaria podía salvarlo del final. Lejanamente, como filtrándose entre las piedras del calabozo,[41] oyó los
170 atabales[42] de la fiesta. Lo habían traído al teocalli,[43] estaba en las mazmorras[44] del templo a la espera de su turno.

   Oyó gritar, un grito ronco que rebotaba en las paredes. Otro grito, acabando en un quejido. Era él que gritaba en las tinieblas, gritaba porque estaba vivo, todo su cuerpo **se defendía** con el grito de lo que iba a venir, del final ine-
175 vitable. Pensó en sus compañeros que llenarían otras mazmorras, y en los que ascendían ya los peldaños del sacrificio. Gritó de nuevo sofocadamente, casi no podía abrir la boca, tenía las mandíbulas agarrotadas[45] y a la vez como si fueran de goma y se abrieran lentamente, con un esfuerzo interminable. El chirriar de los cerrojos lo sacudió como un látigo. Convulso, retorciéndose, luchó por za-
180 farse de las cuerdas[46] que se le hundían en la carne. Su brazo derecho, el más fuerte, tiraba hasta que el dolor se hizo intolerable y tuvo que ceder. Vio abrirse la doble puerta, y el olor de las antorchas le llegó antes que la luz. Apenas ceñidos con el taparrabos[47] de la ceremonia, los acólitos[48] de los sacerdotes se le acercaron mirándolo con desprecio. Las luces se reflejaban en los torsos sudados, en
185 el pelo negro lleno de plumas. Cedieron las sogas, y en su lugar lo aferraron manos calientes, duras como bronce; se sintió alzado, siempre boca arriba, tironeado[49] por los cuatro acólitos que lo llevaron por el pasadizo. Los portadores de antorchas iban adelante, alumbrando vagamente el corredor de paredes mojadas y techo tan bajo que los acólitos debían agachar la cabeza. Ahora lo
190 llevaban, lo llevaban, era el final. Boca arriba, a un metro del techo de roca viva que por momentos se iluminaba con un reflejo de antorcha. Cuando en vez de techo nacieran las estrellas y se alzara frente a él la escalinata incendiada de

---

[39]olor... *damp, cave-like smell*   [40]Estaba... *He was staked to the ground, on a stone slab floor*   [41]*cell*   [42]*kettle-drums*   [43]*Aztec ceremonial building*   [44]*underground dungeons*   [45]*stiff*   [46]luchó... *he fought to break loose from the ropes*   [47]*loincloth*   [48]*temple attendants*   [49]*hauled*

gritos y danzas, sería el fin. El pasadizo no acababa nunca, pero ya iba a acabar, de repente olería el aire lleno de estrellas, pero todavía no, andaban llevándolo
195 sin fin en la penumbra roja, tironeándolo bruscamente, y él no quería, pero cómo impedirlo si le habían arrancado el amuleto que era su verdadero corazón, el centro de la vida.

Salió de un brinco a la noche del hospital, al alto cielo raso dulce, a la sombra blanda que lo rodeaba. Pensó que debía haber gritado, pero sus vecinos dor-
200 mían callados. En la mesa de noche, la botella de agua tenía algo de burbuja, de imagen traslúcida contra la sombra azulada de los ventanales. Jadeó, buscando el alivio de los pulmones, el olvido de esas imágenes que seguían pegadas a sus párpados. Cada vez que cerraba los ojos las veía formarse instantáneamente, y se enderezaba aterrado pero gozando a la vez del saber que ahora estaba des-
205 pierto, que la vigilia lo protegía, que pronto iba a amanecer, con el buen sueño profundo que se tiene a esa hora, sin imágenes, sin nada... **Le costaba** mantener los ojos abiertos, la modorra[50] era más fuerte que él. Hizo un último esfuerzo, con la mano sana esbozó un gesto[51] hacia la botella de agua; no llegó a tomarla, sus dedos se cerraron en un vacío otra vez negro, y el pasadizo seguía inter-
210 minable, roca tras roca, con súbitas fulguraciones rojizas, y él boca arriba gimió apagadamente porque el techo iba a acabarse, subía, abriéndose como una boca de sombra, y los acólitos se enderezaban y de la altura una luna menguante[52] le cayó en la cara donde los ojos no querían verla, desesperadamente se cerraban y abrían buscando pasar al otro lado, descubrir de nuevo el cielo raso protector
215 de la sala. Y cada vez que se abrían era la noche y la luna mientras lo subían por la escalinata, ahora con la cabeza colgando hacia abajo, y en lo alto estaban las hogueras, las rojas columnas de humo perfumado, y de golpe vio la piedra roja, brillante de sangre que chorreaba, y el vaivén de los pies del sacrificado que arrastraban para tirarlo rodando por las escalinatas del norte. Con una última es-
220 peranza apretó los párpados, gimiendo por despertar. Durante un segundo creyó que lo lograría, porque otra vez estaba inmóvil en la cama, a salvo del balanceo cabeza abajo. Pero olía la muerte, y cuando abrió los ojos vio la figura ensangrentada del sacrificador que venía hacia él con el cuchillo de piedra en la mano. Alcanzó a cerrar otra vez los párpados, aunque ahora sabía que no iba a
225 despertarse, que estaba despierto, que el sueño maravilloso había sido el otro, absurdo como todos los sueños; un sueño en el que había andado por extrañas avenidas de una ciudad asombrosa, con luces verdes y rojas que ardían sin llama ni humo, con un enorme insecto de metal que zumbaba bajo sus piernas. En la mentira infinita de ese sueño también lo habían alzado del suelo, también al-
230 guien se le había acercado con un cuchillo en la mano, a él tendido boca arriba, a él boca arriba con los ojos cerrados entre las hogueras.

[50]*drowsiness*   [51]esbozó... *he made an attempt*   [52]*waning*

DESPUÉS DE LEER

CUESTIONARIO

1. ¿Cómo trató el hombre de evitar el accidente?
2. Describa la condición del hombre después del accidente.
3. ¿Cuál es el papel de los olores en el sueño del hombre?
4. ¿Qué le hizo la enfermera rubia al hombre?
5. ¿Qué le pasó al hombre después de haber tomado una taza del maravilloso caldo?
6. Describa el ambiente del segundo sueño.
7. ¿Cómo pensaba salvarse el hombre de la guerra florida?
8. ¿Por qué tuvo dificultad el hombre al tratar de determinar el momento exacto del accidente?
9. ¿Por qué no pudo enderezarse el hombre?
10. ¿Cómo estaban vestidos los acólitos?
11. ¿Qué hicieron con el hombre los portadores de antorchas?
12. ¿Cómo era la última escena del sacrificio?

ESTUDIO DE PALABRAS

Complete las oraciones con palabras o expresiones de **Palabras importantes y modismos.**

1. El hombre quería comunicarnos algo y por necesidad _____ con las manos.
2. Su única probabilidad de salvarse era la de _____ en lo más denso de la selva.
3. Oyó un sonido inesperado y _____, temblando.
4. El enfermo _____ con un poco de agua.
5. La fiebre _____ al enfermo despacio.
6. El hombre no podía ver bien y _____ dio algunos pasos.
7. Cuando llegaron para sacrificarlo, _____ con las manos; resistió hasta el último momento.
8. Los médicos entraban a veces en su cuarto; es decir, entraban _____.
9. Tenía sueño y por eso _____ mantener los ojos abiertos.

CONSIDERACIONES

1. Describa detalladamente el paseo de la calle Central.
2. Describa con sus propias palabras cómo ocurrió el accidente.
3. ¿Cuáles son las palabras que describen los efectos del estado de shock en el hombre?
4. ¿Qué palabras describen los olores que permeaban el ambiente de la guerra florida?
5. ¿Qué importancia le da el hombre a su amuleto?
6. ¿Qué diferencias básicas hay entre las dos realidades?
7. ¿Qué palabras se utilizan para describir el estado del protagonista cuando se entera de que no está soñando?

ANÁLISIS DEL TEXTO

1. ¿Cómo se crea el ambiente de terror en este cuento? Dé ejemplos específicos.
2. Explique la función de las descripciones del medio ambiente en cuanto a su relación con los dos niveles de la realidad presentados en el cuento.
3. ¿Cuál es el punto culminante del cuento? Explique.

EN GRUPOS

Completen las siguientes actividades en grupos.

A. **Anacronismos.** Hagan una lista de los elementos anacrónicos en este cuento y luego discutan su significado.
B. **La leyenda negra.** Busquen información sobre «La leyenda negra» para luego comentarla con la clase.
C. **La conquista.** ¿Qué opinan Uds. de la conquista? Comenten los rasgos positivos y negativos de la conquista.
D. **El sacrificio.** Discutan el uso y el significado del sacrificio en general y para los aztecas. ¿Por qué los aztecas recurrían a sacrificios humanos?

BIBLIOGRAFÍA

Printed Material

Amícola, José, "'La noche boca arriba' como encrucijada literaria." *Revista Iberoamericana* 63.180 (July–September 1997):459–464.

García, Erica and Dorine Nieuwenhuijsen. "Revolución en 'La noche boca arriba.'" *Nueva Revista de Filología Hispánica* 36.2 (1988):1277–1300.

Gyurko, Lanin A. "Cyclic Time and Blood Sacrifice in Three Stories by Cortázar." *Revista Hispánica Moderna* 4 (October–December 1969):341–342.

*E*l mundo de los espejos

J ORGE LUIS BORGES (1899–1986) was born into an illustrious Buenos Aires family. His early education was influenced by his English-born grandmother, who instilled in him a love of the English language and culture that remained with him throughout the years. In 1914 the family moved to Geneva, Switzerland, where Borges broadened the scope of his education, studying the French Symbolist poets, the works of Heine, and the writings of Whitman, Chesterton, and Schopenhauer.

During his seven-year residence in Europe, Borges traveled to Spain, where he had direct experience of the various avant-garde literary movements that were revolutionizing the course of modern writing. Influenced by the innovative techniques of the Spanish **ultraísta** movement, headed by Rafael Cansinos-Asséns and Isaac del Vando-Villar, Borges is credited with perfecting its techniques and introducing them to Latin America upon his return to Buenos Aires in 1921. *Fervor de Buenos Aires* (1923), *Luna de enfrente* (1925), and *Cuaderno de San Martín* (1929) are collections of poems whose emphasis on striking metaphors reflects **ultraísta** tendencies. In these books of poems Borges also introduced some of his favorite recurring themes: a cyclical vision of time; our search for the absolute; the world as labyrinth; and playing with and reversing the roles of author and reader.

Borges was a careful editor of his own works. His entire literary production can be seen as an all-encompassing single work that tries to impose order on what he perceived to be a chaotic universe beyond our comprehension. As an essayist, poet, and short story writer, Borges demonstrated an acute awareness of the metaphysical problems affecting humanity today. By constantly reworking his texts, Borges may have been striving for the order and perfection that seem out of reach for most of us.

El barrio de San Telmo representa la elegancia colonial
de Buenos Aires.

Emma Zunz

Borges' most successful collections of short stories have been *Ficciones*
(1944) and *El Aleph* (1949). "Emma Zunz" was one of Borges' favorite stories.
He anthologized it from the time of its first publication in *El Aleph,* and it is
among those of his stories that have been adapted for film. Female characters
generally do not receive much attention in Borges' work, but Emma Zunz is an
exception. Her psychological depths clearly define her struggle between the
rational and the emotional.

This story (one of Borges' most realistic) and "Historia del guerrero y de la
cautiva" are the only two stories in *El Aleph* that do not fit into the "fantastic"
category. As you read the story, pay close attention to the meticulous plan of
revenge carried out by Emma Zunz. Note also the theme of the labyrinth in
this work, as well as Borges' emphasis on the rational mind's limited ability to
maintain control of situations.

ANTES DE LEER

PALABRAS IMPORTANTES Y MODISMOS

a primera vista	at first glance	**de vuelta**	back
a trueque de	in exchange for	**declararse contra**	to come out against
acto continuo	immediately afterward	**hacer fuego**	to shoot

romper a + *infinitivo*	to start to *(do something)*	**sin que**	without

Second Reading

As you read this story for the first time, try to establish a connection between Emma's name and that of her father. What does this suggest about a possible relationship that could have existed between the two? What does Emma achieve by murdering Loewenthal? Try to decipher the last paragraph of the story, especially the suggestion that the substance of the story was correct and that only the circumstances, the hour, and one or two names were false. Then reread the story to see if you can pick up clues that would lead you to question its logical progression.

CONTEXTO CULTURAL Argentina es un país de inmigrantes, y su capital, Buenos Aires, es una ciudad cosmopolita con distintos barrios étnicos. En las últimas décadas del siglo XIX, y a principios del siglo XX, un gran número de inmigrantes llegó a Argentina procedente de Europa Occidental, muchos de ellos judíos. Durante la primera mitad del siglo pasado, tal fue la influencia de la cultura judía, que en Buenos Aires existían diarios publicados en yidish, como también un vasto repertorio teatral escrito en este idioma. Hoy en día la población judía de Buenos Aires es bastante grande y representa un amplio sector de la sociedad argentina, especialmente en los campos político, artístico, cultural, comercial y financiero. Buenos Aires es también el puerto más importante de Argentina adonde llegan barcos de todas partes del mundo.

🔲 *Emma Zunz* 🔲

EL CATORCE DE enero de 1922, Emma Zunz, al volver de la fábrica de tejidos Tarbuch y Loewenthal, halló en el fondo del zaguán una carta, fechada en el Brasil, por la que supo que su padre había muerto. La engañaron, **a primera vista,** el sello y el sobre; luego, la inquietó la letra desconocida. Nueve o diez líneas borroneadas[1] querían colmar la hoja; Emma leyó que el señor Maier había ingerido por error una fuerte dosis de veronal[2] y había fallecido el tres del corriente en el hospital de Bagé. Un compañero de pensión de su padre firmaba la noticia, un tal Fein o Fain, de Río Grande, que no podía saber que se dirigía a la hija del muerto.

---

[1] Nueve... *Nine or ten scribbled lines*   [2] *a barbiturate*

10   Emma dejó caer el papel. Su primera impresión fue de malestar en el vientre y en las rodillas; luego de ciega culpa, de irrealidad, de frío, de temor; luego, quiso ya estar en el día siguiente. **Acto continuo** comprendió que esa voluntad era inútil porque la muerte de su padre era lo único que había sucedido en el mundo, y seguiría sucediendo sin fin. Recogió el papel y se fue a su cuarto.

15   Furtivamente lo guardó en un cajón, como si de algún modo ya conociera los hechos ulteriores. Ya había empezado a vislumbrarlos, tal vez; ya era la que sería.

En la creciente oscuridad, Emma lloró hasta el fin de aquel día del suicidio de Manuel Maier, que en los antiguos días felices fue Emanuel Zunz. Recordó veraneos en una chacra,[3] cerca de Gualeguay, recordó (trató de recordar) a su

20   madre, recordó la casita de Lanús que les remataron,[4] recordó los amarillos losanges[5] de una ventana, recordó el auto de prisión, el oprobio, recordó los anónimos con el suelto sobre «el desfalco del cajero»,[6] recordó (pero eso jamás lo olvidaba) que su padre, la última noche, le había jurado que el ladrón era Loewenthal. Loewenthal, Aarón Loewenthal, antes gerente de la fábrica y ahora

25   uno de los dueños. Emma, desde 1916, guardaba el secreto. A nadie se lo había revelado, ni siquiera a su mejor amiga, Elsa Urstein. Quizá rehuía la profana incredulidad; quizá creía que el secreto era un vínculo entre ella y el ausente. Loewenthal no sabía que ella sabía; Emma Zunz derivaba de ese hecho ínfimo un sentimiento de poder.

30   No durmió aquella noche, y cuando la primera luz definió el rectángulo de la ventana, ya estaba perfecto su plan. Procuró que ese día, que le pareció interminable, fuera como los otros. Había en la fábrica rumores de huelga; Emma **se declaró,** como siempre, **contra** toda violencia. A las seis, concluido el trabajo, fue con Elsa a un club de mujeres, que tiene gimnasio y pileta.[7] Se inscri-

35   bieron; tuvo que repetir y deletrear su nombre y su apellido, tuvo que festejar las bromas vulgares que comentan la revisación.[8] Con Elsa y con la menor de las Kronfuss discutió a qué cinematógrafo irían el domingo a la tarde. Luego, se habló de novios y nadie esperó que Emma hablara. En abril cumpliría diecinueve años, pero los hombres le inspiraban, aún, un temor casi patológico... **De**

40   **vuelta,** preparó una sopa de tapioca y unas legumbres, comió temprano, se acostó y se obligó a dormir. Así, laborioso y trivial, pasó el viernes quince, la víspera.

El sábado, la impaciencia la despertó. La impaciencia, no la inquietud, y el singular alivio de estar en aquel día, por fin. Ya no tenía que tramar y que imagi-

45   nar; dentro de algunas horas alcanzaría la simplicidad de los hechos. Leyó en *La Prensa* que el *Nordstjärnan,* de Malmö, zarparía[9] esa noche del dique 3; llamó por teléfono a Loewenthal, insinuó que deseaba comunicar, **sin que** lo supieran las otras, algo sobre la huelga y prometió pasar por el escritorio, al oscurecer. Le temblaba la voz; el temblor convenía a una delatora.[10] Ningún otro hecho memo-

50   rable ocurrió esa mañana. Emma trabajó hasta las doce y fijó con Elsa y con Perla Kronfuss los pormenores del paseo del domingo. Se acostó después de almorzar

---

[3]*farm* [4]*they auctioned off* [5]*diamond-shaped panes* [6]anónimos... *anonymous newspaper articles about the "cashier's embezzlement"* [7]*a pool* [8]*physical checkup before participating* [9]*would sail* [10]*informer*

y recapituló, cerrados los ojos, el plan que había tramado. Pensó que la etapa final sería menos horrible que la primera y que le depararía, sin duda, el sabor de la victoria y de la justicia. De pronto, alarmada, se levantó y corrió al cajón de
55 la cómoda. Lo abrió; debajo del retrato de Milton Sills,[11] donde la había dejado la antenoche, estaba la carta de Fain. Nadie podía haberla visto; la empezó a leer y la rompió.

Referir con alguna realidad los hechos de esa tarde sería difícil y quizá improcedente. Un atributo de lo infernal es la irrealidad, un atributo que parece
60 mitigar sus terrores y que los agrava tal vez. ¿Cómo hacer verosímil una acción en la que casi no creyó quien la ejecutaba, cómo recuperar ese breve caos que hoy la memoria de Emma Zunz repudia y confunde? Emma vivía por Almagro, en la calle Liniers; nos consta[12] que esa tarde fue al puerto. Acaso en el infame Paseo de Julio se vio multiplicada en espejos, publicada por luces y desnudada
65 por los ojos hambrientos, pero más razonable es conjeturar que al principio erró, inadvertida, por la indiferente recova...[13] Entró en dos o tres bares, vio la rutina o los manejos[14] de otras mujeres. Dio al fin con hombres del *Nordstjär-nan*. De uno, muy joven, temió que le inspirara alguna ternura y optó por otro, quizá más bajo que ella y grosero, para que la pureza del horror no fuera miti-
70 gada. El hombre la condujo a una puerta y después a un turbio zaguán y después a una escalera tortuosa y después a un vestíbulo (en el que había una vidriera con losanges idénticos a los de la casa en Lanús) y después a un pasillo y después a una puerta que se cerró. Los hechos graves están fuera del tiempo, ya porque en ellos el pasado inmediato queda como tronchado del porvenir, ya porque no
75 parecen consecutivas las partes que los forman.

¿En aquel tiempo fuera del tiempo, en aquel desorden perplejo de sensaciones inconexas y atroces, pensó Emma Zunz *una sola vez* en el muerto que motivaba el sacrificio? Yo tengo para mí que pensó una vez y que en ese momento peligró su desesperado propósito. Pensó (no pudo no pensar) que su
80 padre le había hecho a su madre la cosa horrible que a ella ahora le hacían. Lo pensó con débil asombro y se refugió, en seguida, en el vértigo. El hombre, sueco o finlandés, no hablaba español; fue una herramienta para Emma como ésta lo fue para él, pero ella sirvió para el goce y él para la justicia.

Cuando se quedó sola, Emma no abrió en seguida los ojos. En la mesa de luz
85 estaba el dinero que había dejado el hombre: Emma se incorporó y lo rompió como antes había roto la carta. Romper dinero es una impiedad, como tirar el pan; Emma se arrepintió, apenas lo hizo. Un acto de soberbia y en aquel día... El temor se perdió en la tristeza de su cuerpo, en el asco. El asco y la tristeza la encadenaban, pero Emma lentamente se levantó y procedió a vestirse. En el cuarto
90 no quedaban colores vivos; el último crepúsculo se agravaba. Emma pudo salir sin que la advirtieran; en la esquina subió a un Lacroze,[15] que iba al oeste. Eligió, conforme a su plan, el asiento más delantero, para que no le vieran la cara. Quizá le confortó verificar, en el insípido trajín de las calles, que lo acaecido no había

---

[11]Milton... *silent film star* [12]nos... *we know for certain* [13]erró... *she wandered unnoticed through the indifferent marketplace . . .* [14]*routines, tricks* [15]*type of bus, named for its route or destination*

contaminado las cosas. Viajó por barrios decrecientes y opacos, viéndolos y
95 olvidándolos en el acto, y se apeó en una de las bocacalles de Warnes. Paradóji-
camente su fatiga venía a ser una fuerza, pues la obligaba a concentrarse en los
pormenores de la aventura y le ocultaba el fondo y el fin.

Aarón Loewenthal era, para todos, un hombre serio; para sus pocos íntimos,
un avaro. Vivía en los altos de la fábrica, solo. Establecido en el desmantelado
100 arrabal,[16] temía a los ladrones; en el patio de la fábrica había un gran perro y en
el cajón de su escritorio, nadie lo ignoraba, un revólver. Había llorado con
decoro, el año anterior, la inesperada muerte de su mujer —una Gauss, que le
trajo una buena dote—, pero el dinero era su verdadera pasión. Con íntimo bochorno[17] se sabía menos apto para ganarlo que para conservarlo. Era muy reli-
105 gioso; creía tener con el Señor un pacto secreto, que lo eximía de obrar bien, **a
trueque de** oraciones y devociones. Calvo, corpulento, enlutado, de quevedos
ahumados[18] y barba rubia, esperaba de pie, junto a la ventana, el informe
confidencial de la obrera Zunz.

La vio empujar la verja (que él había entornado a propósito) y cruzar el pa-
110 tio sombrío. La vio hacer un pequeño rodeo cuando el perro atado ladró. Los
labios de Emma se atareaban[19] como los de quien reza en voz baja; cansados,
repetían la sentencia que el señor Loewenthal oiría antes de morir.

Las cosas no ocurrieron como había previsto Emma Zunz. Desde la madrugada anterior, ella se había soñado muchas veces, dirigiendo el firme revólver,
115 forzando al miserable a confesar la miserable culpa y exponiendo la intrépida es-
tratagema que permitiría a la Justicia de Dios triunfar de la justicia humana. (No
por temor, sino por ser un instrumento de la Justicia, ella no quería ser casti-
gada.) Luego, un solo balazo en mitad del pecho rubricaría[20] la suerte de
Loewenthal. Pero las cosas no ocurrieron así.

120 Ante Aarón Loewenthal, más que la urgencia de vengar a su padre, Emma sintió la de castigar el ultraje padecido por ello. No podía matarlo, después de esa
minuciosa deshonra. Tampoco tenía tiempo que perder en teatralerías. Sentada,
tímida, pidió excusas a Loewenthal, invocó (a fuer de delatora) las obligaciones
de la lealtad, pronunció algunos nombres, dio a entender otros y se cortó como si
125 la venciera el temor. Logró que Loewenthal saliera a buscar una copa de agua.
Cuando éste, incrédulo de tales aspavientos,[21] pero indulgente, volvió del comedor, Emma ya había sacado del cajón el pesado revólver. Apretó el gatillo dos veces. El considerable cuerpo se desplomó como si los estampidos[22] y el humo lo
hubieran roto, el vaso de agua se rompió, la cara la miró con asombro y cólera, la
130 boca de la cara la injurió en español y en ídisch. Las malas palabras no cejaban[23];
Emma tuvo que **hacer fuego** otra vez. En el patio, el perro encadenado **rompió
a** ladrar, y una efusión de brusca sangre manó de los labios obscenos y manchó la
barba y la ropa. Emma inició la acusación que tenía preparada («He vengado a mi
padre y no me podrán castigar... »), pero no la acabó, porque el señor Loewenthal
135 ya había muerto. No supo nunca si alcanzó a comprender.

---

[16] desmantelado... *dilapidated neighborhood*   [17] *embarrassment*   [18] quevedos... *dark glasses*   [19] se... *moved
rapidly*   [20] *would seal*   [21] *fuss*   [22] *gunshots*   [23] no... *didn't cease*

Los ladridos tirantes le recordaron que no podía, aún, descansar. Desordenó el diván, desabrochó el saco del cadáver, le quitó los quevedos salpicados y los dejó sobre el fichero. Luego tomó el teléfono y repitió lo que tantas veces repetiría, con esas y con otras palabras: *Ha ocurrido una cosa que es increíble... El* 140 *señor Loewenthal me hizo venir con el pretexto de la huelga... Abusó de mí, lo maté...*

La historia era increíble, en efecto, pero se impuso a todos, porque sustancialmente era cierta. Verdadero era el tono de Emma Zunz, verdadero el pudor, verdadero el odio. Verdadero también era el ultraje que había padecido; sólo 145 eran falsas las circunstancias, la hora y uno o dos nombres propios.[24]

[24]la... *the time and one or two proper names*

Después de leer

Cuestionario

1. ¿Qué cosa encuentra Emma Zunz al volver de la fábrica la tarde del 14 de enero de 1922?
2. ¿Cómo había muerto el señor Maier?
3. ¿Por qué tuvo Emanuel Zunz que cambiar su nombre por el de Manuel Maier?
4. ¿Qué secreto guardaba Emma Zunz desde 1916?
5. ¿Cuántos años tiene Emma?
6. ¿Por qué llamó Emma por teléfono a Loewenthal?
7. ¿Qué hizo Emma con el hombre del *Nordstjärnan?*
8. ¿Qué tipo de hombre era Aarón Loewenthal?
9. Describa cómo vivía Loewenthal.
10. ¿Cuál era el plan de Emma?
11. ¿Qué hizo Emma después de matar a Loewenthal?

ESTUDIO DE PALABRAS

Complete las oraciones con palabras o expresiones de **Palabras importantes y modismos.**

1. _____ el sello y el sobre engañaron a Emma Zunz; luego, la inquietó la letra desconocida.
2. Por un instante quiso ya estar en el día siguiente, pero, _____, comprendió que ese deseo era inútil.
3. Cuando oyó de la huelga, Emma _____ toda violencia.
4. _____ en su casa, preparó una sopa de tapioca y unas legumbres, comió temprano, se acostó y se obligó a dormir.
5. Emma pudo salir _____ la advirtieran.
6. Era muy religioso; creía tener con el Señor un pacto secreto que lo eximía de obrar bien _____ oraciones y devociones.
7. Emma tuvo que _____ otra vez.
8. En el patio, el perro encadenado _____ ladrar.

CONSIDERACIONES

1. Describa detalladamente la reacción de Emma después de enterarse de la muerte de su padre.
2. ¿Cuáles son algunos de los rasgos de la personalidad de Emma?
3. ¿Qué hace Emma a partir del momento en que sale de su casa hasta el encuentro con el marinero del *Nordstjärnan?*
4. ¿En qué sentido queda frustrado el plan de Emma?
5. Haga una descripción de la casa de Loewenthal.
6. Haga una descripción física de Loewenthal.
7. Describa las acciones de Emma a partir de su enfrentamiento con Loewenthal.
8. Describa en detalle algunos de los «laberintos» que se plantean en este cuento.

ANÁLISIS DEL TEXTO

1. ¿Cuál es el tema principal de este cuento?
2. ¿A qué se puede atribuir la actitud de Emma Zunz hacia el sexo?
3. ¿Quedó frustrada Emma Zunz en su meticuloso plan de venganza? ¿Por qué?
4. Comente el aspecto racional y emotivo en las acciones de Emma Zunz.
5. ¿Cómo se contrasta el ambiente realista de la obra con el estado del alma de Emma Zunz?

EN GRUPOS

Completen las siguientes actividades en grupos.

A. **La conclusión.** Comparen el efecto que produce en Uds. el último párrafo del cuento.

B. **Emma y Emanuel.** A lo largo del cuento Borges nos ha dado claves que sugieren que las relaciones entre padre e hija eran mucho más complicadas de lo que parecen. Fíjense en los nombres propios y en la reacción de Emma al saber de la muerte de su padre para luego concluir si el último párrafo les sugiere otra interpretación.

C. **La venganza.** ¿Es lógico que una mujer que tuviera un temor casi patológico por el sexo, usara el sexo para vengarse? Comenten este tema.

BIBLIOGRAFÍA

Printed Materials

Álvarez, Nicolás Emilio. "La realidad trascendida: dualismo y rectangularidad en 'Emma Zunz.'" *Explicación de textos literarios* 12 (1983–1984):27–36.

Anton, Karl-Heinz. "En el laberinto de Borges." *Explicación de textos literarios* 2 (1973):45–49.

Costa, Horacio and Gríno Rojo. "Sobre 'Emma Zunz.'" *Revista Chilena de Literatura* 45 (November 1994):87–106.

Ludmer, Josefina. "Las justicias de Emma." *Cuadernos Hispanoamericanos* 505–507 (July–Sept. 1992):473–480.

Martínez, Zulma Nelly. "El símbolo de la trama y el tema de la venganza en dos historias de Borges." *Sin nombre* 1 (January–March 1971):80–85.

McMurray, George R. *Jorge Luis Borges.* New York: Frederick Ungar, 1980. See especially 35–37.

Murillo, L. A. "The Labyrinths of Jorge Luis Borges. An Introduction to the Stories of *El Aleph.*" *Modern Language Quarterly* 20 (September 1959):259–266.

Páramo Ortega, Raúl. "Intento de interpretación psicoanalítica de un cuento de J. L. Borges." *Eco* 23 (October–November 1971):587–599.

Audiovisual

Emma Zunz. (Spanish, 52 minutes, color) Films for the Humanities and Sciences. #11373. (www.films.com)

Las ruinas muestran la perfección de la simetría

Las ruinas circulares

One of Borges' best and most anthologized short stories, "Las ruinas circulares," published in *Ficciones* (1944), treats one of his favorite and most repeated themes, the concept of a world based on idealism, or the philosophy first introduced by Bishop George Berkeley (1685–1753) that states that the mind constitutes fundamental reality: If something exists in the mind, it exists. Borges develops this view in a number of his works, most specifically in the short story "Tlon, Uqbar, Orbis Tertius," and the poem "Amanecer." Since the story deals with the act of creation, it could also be interpreted as a gnostic representation of the world, or as the creation myth by demi-urges or imperfect gods.

ANTES DE LEER

PALABRAS IMPORTANTES Y MODISMOS

aguas arriba	upstream	**estar**	to be fulfilled
al pronto	at first	**colmado/a**	
borrarse	to disappear	**refugiarse**	to take refuge
cernirse	to move from side to side	**sumirse**	to sink or be immersed
encargarse (de)	to take charge (of)	**taparse**	to cover oneself

Narrative Structure

As you read the story, try to think about the many possible interpretations implied by its circular structure. If one accepts the premise that one person who tries to create another becomes himself a creation of another, this sets up a never-ending system of repetitions, or what in literary terms is referred to as "mis en abyme" (a story-within-a-story or a play-within-a-play). If you apply this concept to commonly held notions about creation myths, you can arrive at the conclusion that the myth of one god is indeed a false one since you will never arrive at the one first cause, or the one prime mover, which for many constitutes the one true god.

CONTEXTO CULTURAL — Este cuento fantástico se sitúa en plena corriente posmoderna. Cuestiona algunos valores sacrosantos de la tradición occidental. En el posmodernismo predomina una filosofía escéptica frente al colapso de esta tradición. El mundo ordenado y coherente del pasado es interpretado ahora como algo imperfecto y caótico. La razón es reemplazada por la duda. La literatura refleja estas preocupaciones también, y la realidad se presenta de manera multifacética sin pretensiones dogmáticas. El autor se esconde detrás de su escritura y muchos de los textos se centran en el acto mismo de escribir o de hacer literatura: el aspecto metapoético.

🔲 *Las ruinas circulares* 🔲

And if he left off dreaming about you . . .
Through the Looking-Glass, IV.

N**ADIE LO VIÓ** desembarcar en la unánime noche, nadie vió la canoa de bambú **sumiéndose** en el fango sagrado, pero a los pocos días nadie ignoraba que el hombre taciturno venía del Sur y que su patria era una de las infinitas aldeas que están **aguas arriba,** en el
5 flanco violento de la montaña, donde el idioma zend no está contaminado de griego y donde es infrecuente la lepra. Lo cierto es que el hombre gris besó el fango, repechó la ribera sin apartar (probablemente, sin sentir) las cortaderas que le dilaceraban las carnes[1] y se arrastró, mareado y ensangrentado, hasta el recinto circular que corona un tigre o caballo de piedra, que tuvo alguna vez el

---

[1] repechó... *went toward the shore without removing (probably, without feeling) the slashes that were tearing to pieces his flesh*

color del fuego y ahora el de la ceniza. Ese redondel es un templo que devoraron los incendios antiguos, que la selva palúdica ha profanado y cuyo dios no recibe honor de los hombres. El forastero se tendió bajo el pedestal. Lo despertó el sol alto. Comprobó sin asombro que las heridas habían cicatrizado; cerró los ojos pálidos y durmió, no por flaqueza de la carne sino por determinación de la voluntad. Sabía que ese templo era el lugar que requería su invencible propósito; sabía que los árboles incesantes no habían logrado estrangular, río abajo, las ruinas de otro templo propicio, también de dioses incendiados y muertos; sabía que su inmediata obligación era el sueño. Hacia la medianoche lo despertó el grito inconsolable de un pájaro. Rastros de pies descalzos, unos higos y un cántaro le advirtieron que los hombres de la región habían espiado con respeto su sueño y solicitaban su amparo o temían su magia. Sintió el frío del miedo y buscó en la muralla dilapidada un nicho sepulcral y **se tapó** con hojas desconocidas.

El propósito que lo guiaba no era imposible, aunque sí sobrenatural. Quería soñar un hombre: quería soñarlo con integridad minuciosa e imponerlo a la realidad. Ese proyecto mágico había agotado el espacio entero de su alma; si alguien le hubiera preguntado su propio nombre o cualquier rasgo de su vida anterior, no habría acertado a responder. Le convenía el templo inhabitado y despedazado, porque era un mínimo de mundo visible; la cercanía de los labradores también, porque éstos **se encargaban de** subvenir a sus necesidades frugales. El arroz y las frutas de su tributo eran pábulo suficiente para su cuerpo, consagrado a la única tarea de dormir y soñar.

Al principio, los sueños eran caóticos; poco después, fueron de naturaleza dialéctica. El forastero se soñaba en el centro de un anfiteatro circular que era de algún modo el templo incendiado: nubes de alumnos taciturnos fatigaban las gradas; las caras de los últimos pendían a mucho siglos de distancia y a una altura estelar, pero eran del todo precisas. El hombre les dictaba lecciones de anatomía, de cosmografía, de magia: los rostros escuchaban con ansiedad y procuraban responder con entendimiento, como si adivinaran la importancia de aquel examen, que redimiría a uno de ellos de su condición de vana apariencia y lo interpolaría en el mundo real. El hombre, en el sueño y en la vigilia, consideraba las respuestas de sus fantasmas, no se dejaba embaucar[2] por los impostores, adivinaba en ciertas perplejidades una inteligencia creciente. Buscaba un alma que mereciera participar en el universo.

A las nueve o diez noches comprendió con alguna amargura que nada podía esperar de aquellos alumnos que aceptaban con pasividad su doctrina y sí de aquellos que arriesgaban, a veces, una contradicción razonable. Los primeros, aunque dignos de amor y de buen afecto, no podían ascender a individuos; los últimos preexistían un poco más. Una tarde (ahora también las tardes eran tributarias del sueño, ahora no velaba sino un par de horas en el amanecer) licenció para siempre el vasto colegio ilusorio[3] y se quedó con un solo alumno. Era un muchacho taciturno, cetrino, díscolo a veces,[4] de rasgos afilados[5] que repetían

---

[2]no... *be would not allow bimself to be deceived*   [3]licenció... *be discharged once and for all the vast illusory body of students*   [4]taciturno... *quiet, melancholy, at times ungovernable*   [5]rasgos... *slender features*

los de su soñador. No lo desconcertó por mucho tiempo la brusca eliminación de los condiscípulos; su progreso, al cabo de unas pocas lecciones particulares, pudo maravillar al maestro. Sin embargo, la catástrofe sobrevino. El hombre, un
55 día, emergió del sueño como de un desierto viscoso, miró la vana luz de la tarde que **al pronto** confundió con la aurora y comprendió que no había soñado. Toda esa noche y todo el día la intolerable lucidez del insomnio se abatió contra él. Quiso explorar la selva, extenuarse; apenas alcanzó entre la cicuta unas rachas de sueño débil,[6] veteadas fugazmente[7] de visiones de tipo rudimental: in-
60 servibles. Quiso congregar el colegio y apenas hubo articulado unas breves palabras de exhortación, éste se deformó, **se borró.** En la casi perpetua vigilia, lágrimas de ira le quemaban los viejos ojos.

Comprendió que el empeño de modelar la materia incoherente y vertiginosa de que se componen los sueños es el más arduo que puede acometer un varón,
65 aunque penetre todos los enigmas del orden superior y del inferior: mucho más arduo que tejer una cuerda de arena o que amonedar el viento sin cara.[8] Comprendió que un fracaso inicial era inevitable. Juró olvidar la enorme alucinación que lo había desviado al principio y buscó otro método de trabajo. Antes de ejercitarlo, dedicó un mes a la reposición de las fuerzas que había malgastado el
70 delirio. Abandonó toda premeditación de soñar y casi acto continuo logró dormir un trecho razonable del día. Las raras veces que soñó durante ese período, no reparó en[9] los sueños. Para reanudar la tarea, esperó que el disco de la luna fuera perfecto. Luego, en la tarde, se purificó en las aguas del río, adoró los dioses planetarios, pronunció las sílabas lícitas de un nombre poderoso y dur-
75 mió. Casi inmediatamente, soñó con un corazón que latía.

Lo soñó activo, caluroso, secreto, del grandor de un puño cerrado, color granate en la penumbra de un cuerpo humano aun sin cara ni sexo; con minucioso amor lo soñó, durante catorce lúcidas noches. Cada noche, lo percibía con mayor evidencia. No lo tocaba: se limitaba a atestiguarlo, a observarlo, tal vez a
80 corregirlo con la mirada. Lo percibía, lo vivía, desde muchas distancias y muchos ángulos. La noche catorcena rozó la arteria pulmonar con el índice y luego todo el corazón, desde afuera y adentro. El examen lo satisfizo. Deliberadamente no soñó durante una noche: luego retomó el corazón, invocó el nombre de un planeta y emprendió la visión de otro de los órganos principales. Antes de un año
85 llegó al esqueleto, a los párpados. El pelo innumerable fue tal vez la tarea más difícil. Soñó un hombre íntegro, un mancebo, pero éste no se incorporaba ni hablaba ni podía abrir los ojos. Noche tras noche, el hombre lo soñaba dormido.

En las cosmogonías gnósticas, los demiurgos amasan[10] un rojo Adán que no logra ponerse de pie, tan inhábil y rudo y elemental como ese Adán de polvo era
90 el Adán de sueño que las noches del mago habían fabricado. Una tarde, el hombre casi destruyó toda su obra, pero se arrepintió. (Más le hubiera valido destruirla.) Agotados los votos a los númenes de la tierra y del río,[11] se arrojó a los pies de la efigie que tal vez era un tigre y tal vez un potro, e imploró su desconocido

---

[6]entre... *among the hemlocks a few moments of sleep*   [7]veteadas... *streaked fleetingly*   [8]mucho... *much harder than to weave a rope of sand or to coin the wind without a face*   [9]no... *he did not pay attention to* [10]*mold*   [11]Agotados... *Having exhausted his supplications to the deities of the earth and the river*

socorro. Ese crepúsculo, soñó con la estatua. La soñó viva, trémula: no era un
atroz bastardo de tigre y potro, sino a la vez esas dos criaturas vehementes y
también un toro, una rosa, una tempestad. Ese múltiple dios le reveló que su
nombre terrenal era Fuego, que en ese templo circular (y en otros iguales) le
habían rendido sacrificios y culto y que mágicamente animaría al fantasma
soñado, de suerte que todas las criaturas, excepto el Fuego mismo y el soñador,
lo pensaran un hombre de carne y hueso. Le ordenó que una vez instruido en
los ritos, lo enviaría al otro templo despedazado cuyas pirámides persisten aguas
abajo, para que alguna voz lo glorificara en aquel edificio desierto. En el sueño
del hombre que soñaba, el soñado se despertó.

El mago ejecutó esas órdenes. Consagró un plazo (que finalmente abarcó dos
años) a descubrirle los arcanos del universo y del culto del fuego.[12] Íntimamente,
le dolía apartarse de él. Con el pretexto de la necesidad pedagógica, dilataba
cada día las horas dedicadas al sueño. También rehizo el hombro derecho, acaso
deficiente. A veces, lo inquietaba una impresión de que ya todo eso había acontecido... En general, sus días eran felices; al cerrar los ojos pensaba: *Ahora es-
taré con mi hijo.* O, más raramente: *El hijo que he engendrado me espera y no
existirá si no voy.*

Gradualmente, lo fué acostumbrando a la realidad. Una vez le ordenó que
embanderara una cumbre lejana.[13] Al otro día, flameaba la bandera en la cumbre. Ensayó otros experimentos análogos, cada vez más audaces. Comprendió
con cierta amargura que su hijo estaba listo para nacer —y tal vez impaciente.
Esa noche lo besó por primera vez y lo envió al otro templo cuyos despojos blan-
quean río abajo, a muchas leguas de inextricable selva y de ciénaga. Antes (para
que no supiera nunca que era un fantasma, para que se creyera un hombre como
los otros) le infundió el olvido total de sus años de aprendizaje.

Su victoria y su paz quedaron empañadas de hastío.[14] En los crepúsculos de la
tarde y del alba, se prosternaba ante la figura de piedra, tal vez imaginando que su
hijo irreal ejecutaba idénticos ritos, en otras ruinas circulares, aguas abajo; de
noche no soñaba, o soñaba como lo hacen todos los hombres. Percibía con cierta
palidez los sonidos y formas del universo: el hijo ausente se nutría de esas dis-
minuciones de su alma. El propósito de su vida **estaba colmado;** el hombre per-
sistió en una suerte de éxtasis. Al cabo de un tiempo que ciertos narradores de su
historia prefieren computar en años y otros en lustros, lo despertaron dos remeros a medianoche: no pudo ver sus caras, pero le hablaron de un hombre
mágico en un templo del Norte, capaz de hollar[15] el fuego y de no quemarse. El
mago recordó bruscamente las palabras del dios. Recordó que de todas las criaturas que componen el orbe, el fuego era la única que sabía que su hijo era un fantasma. Ese recuerdo, apaciguador al principio, acabó por atormentarlo. Temió
que su hijo meditara en ese privilegio anormal y descubriera de algún modo su
condición de mero simulacro. No ser un hombre, ser la proyección del sueño de
otro hombre ¡qué humillación incomparable, qué vértigo! A todo padre le in-

---

[12]Consagró... *He dedicated a period of time (that eventually turned out to be two years) to discover the secrets of the universe and the cult of the fire.* [13]embanderara... *to raise a flag on a faraway hill* [14]em-
pañadas... *tarnished by tedium* [15]capaz... *able to tread*

teresan los hijos que ha procreado (que ha permitido) en una mera confusión o felicidad; es natural que el mago temiera por el porvenir de aquel hijo, pensado entraña por entraña y rasgo por rasgo, en mil y una noches secretas.

140 El término de sus cavilaciones fue brusco, pero lo prometieron algunos signos. Primero (al cabo de una larga sequía) una remota nube en un cerro, liviana como un pájaro; luego, hacia el Sur, el cielo que tenía el color rosado de la encía de los leopardos; luego las humaredas que herrumbraron el metal[16] de las noches; después la fuga pánica[17] de las bestias. Porque se repitió lo acontecido hace muchos siglos. Las ruinas del santuario del dios del fuego fueron destruidas

145 por el fuego. En un alba sin pájaros el mago vió **cernirse** contra los muros el incendio concéntrico. Por un instante, pensó **refugiarse** en las aguas, pero luego comprendió que la muerte venía a coronar su vejez y a absolverlo de sus trabajos. Caminó contra los jirones de fuego. Estos no mordieron su carne, éstos lo acariciaron y lo inundaron sin calor y sin combustión. Con alivio, con humi-

150 llación, con terror, comprendió que él también era una apariencia, que otro estaba soñándolo.

[16]humaredas... *smoke that covered with rust the metal*   [17]fuga... *frightful flight*

Después de leer

CUESTIONARIO

1. ¿Cuál era la patria del hombre?
2. ¿Qué hizo el forastero cuando el sol lo despertó?
3. ¿Cuál era su propósito principal?
4. ¿Qué hacía el hombre en el anfiteatro?
5. ¿De qué se dio cuenta después de nueve o diez noches con sus alumnos?
6. ¿Qué comprendió el hombre cuando trató de modelar la materia de que se componen los sueños?
7. ¿Cómo era la estatua que soñó el hombre?
8. ¿Qué hizo con el hijo después de besarlo por primera vez?
9. ¿De qué le hablaron al hombre los dos remeros que lo despertaron una medianoche?
10. ¿Porqué las llamas no mordieron al hombre?

ESTUDIO DE PALABRAS

Complete las oraciones con palabras o expresiones de **Palabras importantes y modismos.**

1. La canoa de bambú _____ en el fango.
2. El hombre buscó un nicho sepulcral y _____ con hojas.
3. Su patria estaba situada _____.
4. Los labradores _____ darle comida.
5. El hombre miró la luz de la tarde y _____ la confundió con la aurora.
6. Después de haber articulado unas palabras, el colegio se deformó y _____.
7. El hombre sintió una suerte de éxtasis al darse cuenta de que el propósito de su vida _____.
8. El mago vio _____ contra los muros el incendio concéntrico.
9. Pensó _____ en las aguas pero luego se dió cuenta de que iba a morir.

CONSIDERACIONES

1. ¿Qué hizo el hombre después de desembarcar?
2. ¿Qué tipo de templo era?
3. ¿Qué comprobó el hombre después de despertarse?
4. Describa algunos de los sueños caóticos del hombre.
5. Describa con detalle el corazón que había soñado.
6. ¿Cuáles son algunas de las características del dios Fuego?
7. ¿Por qué el mago no le permite pensar a su hijo relegándolo a un estado de olvido total?
8. ¿Por qué se siente humillado el mago?
9. Describa con detalle cómo reaccionó el mago al verse circundado por el fuego.

ANÁLISIS DEL TEXTO

1. ¿Qué función tiene el epígrafe en el desarrollo de este cuento?
2. El mago de este cuento puede ser un símbolo del artista y su proceso creativo. Comente las etapas de este proceso con referencias específicas al texto.
3. Señale algunos de los aspectos fantásticos de este cuento.

 *EN GRUPOS*

Completen las siguientes actividades en grupos.

A. Una comparación. Lean el capítulo IV de *Through the Looking Glass* y luego compárenlo con este cuento.

B. El gnosticismo. Busquen en un diccionario filosófico la definición del gnosticismo y hablen del concepto que tenían los gnósticos de la creación del universo. Comparen ese concepto con los de algunas tradiciones religiosas.

C. Los demiurgos. ¿Cuál es la función de los demiurgos en las creencias de los gnósticos? ¿Hay algún paralelo o parecido en la tradición judeo-cristiana?

BIBLIOGRAFÍA

Printed Materials

Arango, Guillermo. "La función del sueño en 'Las ruinas circulares,' de Jorge Luis Borges." *Hispania* 56 (1973): 249-254.

Hahn, Oscar. "El motivo del Golem en 'Las ruinas circulares,' de Jorge Luis Borges." *Revista Chilena de Literatura* 4 (1971): 103-108.

Penuel, Arnold M. "Paradox and Parable: The Theme of Creativity in Borges' 'The Circular Ruins.'" *Latin American Literary Review* 17, 34 (July-December 1989): 52-61.

Un gaucho argentino

El Sur

"El Sur" is one of Borges' most structured stories. The author suggests that it might also be his best story, one that can be read on a number of levels. The story contains a reference to an accident that actually happened in Borges' life, one of the few autobiographical allusions in any of his stories.

*A*NTES DE LEER

PALABRAS IMPORTANTES Y MODISMOS

a costa de	at the expense of	**detenerse**	to come to a stop
acurrucarse	to hunker down, squat on one's haunches	**echarse a llorar**	to begin to cry
auscultar	to listen with a stethoscope	**hacer a un lado a alguien**	to push someone aside
desembarcar	to go ashore, disembark	**hundirse**	to set (*sun*)

Considering Multiple Interpretations of a Story

Ficciones (1944) contains many of Borges' best short stories such as "Tlön, Uqbar, Orbis Tertius," "Las ruinas circulares," "La lotería en Babilonia," "Pierre Menard, autor del Quijote," "La muerte y la brújula (*compass*)," "La Biblioteca de Babel," "El jardín de senderos que se bifurcan (*forking paths*)," and the often anthologized "El Sur." For the most part, these stories have profound philosophical significance. "La lotería," "La Biblioteca," and "Tlön" demonstrate humankind's futile attempts to establish some order in the world. What appears to be created with a definite design and purpose turns out to be chaotic or ambiguous. "La muerte y la brújula" questions humanity's rational limits as the main character of this classic detective story becomes entangled in his own machinations. "El Sur" is a complex work subject to many interpretations. Borges includes references to his own ancestors, whose epic past he tries to recapture. Critics have suggested that this story could symbolize the desire to recover autochthonous values represented by the gaucho past. As you read the story, keep in mind the subtle interplay between dreams and reality. Is the main character able to establish contact with the past, or is it all a dream? Make a list of elements that belongs to the world of reality and another of those that could be classified as part of a dream. These are the elements that contribute to the tension of the story.

CONTEXTO CULTURAL

Las Pampas, al sur de Buenos Aires, una vasta extensión de tierras poco pobladas, ha sido el lugar donde habitaban los gauchos, míticos *cowboys* inmortalizados por José Hernández (1834–1886) en su poema épico «Martín Fierro». El protagonista de este poema, el gaucho Martín Fierro, fue elevado a un nivel mítico en un momento histórico en que Argentina intentaba definir una identidad nacional. El cuento «El Sur» subraya la gran diferencia que existe entre el mundo «civilizado» de Buenos Aires, donde vive su protagonista, Dahlmann, y la «barbarie» de las Pampas, lugar de los gauchos con sus valores tradicionales. Esta dicotomía entre «civilización y barbarie» (campo y ciudad) fue señalada por primera vez por Domingo Faustino Sarmiento en su obra *Civilización y barbarie: vida de Facundo Quiroga* (1845).

❖ *El Sur* ❖

E L HOMBRE QUE DESEMBARCÓ en Buenos Aires en 1871 se llamaba Johannes Dahlmann y era pastor de la iglesia evangélica; en 1939, uno de sus nietos, Juan Dahlmann, era secretario de una biblioteca municipal en la calle Córdoba y se sentía hondamente argentino. Su
5 abuelo materno había sido aquel Francisco Flores, del 2 de infantería de línea, que murió en la frontera de Buenos Aires, lanceado por indios de Catriel; en la discordia de sus dos linajes, Juan Dahlmann (tal vez a impulso de la sangre germánica) eligió el de ese antepasado romántico, o de muerte romántica. Un estuche con el daguerrotipo de un hombre inexpresivo y barbado, una vieja es-
10 pada, la dicha y el coraje de ciertas músicas, el hábito de estrofas del *Martín Fierro,* los años, el desgano y la soledad, fomentaron ese criollismo algo voluntario, pero nunca ostentoso. **A costa de** algunas privaciones, Dahlmann había logrado salvar el casco de una estancia en el Sur, que fue de los Flores; una de las costumbres de su memoria era la imagen de los eucaliptos balsámicos y de la
15 larga casa rosada que alguna vez fue carmesí. Las tareas y acaso la indolencia lo retenían en la ciudad. Verano tras verano se contentaba con la idea abstracta de posesión y con la certidumbre de que su casa estaba esperándolo, en un sitio preciso de la llanura. En los últimos días de febrero de 1939, algo le aconteció.

Ciego a las culpas[1], el destino puede ser despiadado con las mínimas distrac-
20 ciones. Dahlmann había conseguido, esa tarde, un ejemplar descabalado de las *Mil y Una Noches* de Weil; ávido de examinar ese hallazgo, no esperó que bajara el ascensor y subió con apuro las escaleras; algo en la oscuridad le rozó la frente ¿un murciélago, un pájaro? En la cara de la mujer que le abrió la puerta vio grabado el horror, y la mano que se pasó por la frente salió roja de sangre.
25 La arista de un batiente recién pintado que alguien se olvidó de cerrar le habría hecho esa herida. Dahlmann logró dormir, pero a la madrugada estaba despierto y desde aquella hora el sabor de todas las cosas fue atroz. La fiebre lo gastó y las ilustraciones de las *Mil y Una Noches* sirvieron para decorar pesadillas. Amigos y parientes lo visitaban y con exagerada sonrisa le repetían que lo hallaban muy
30 bien. Dahlmann los oía con una especie de débil estupor y le maravillaba que no supieran que estaba en el infierno. Ocho días pasaron, como ocho siglos. Una tarde, el médico habitual se presentó con un médico nuevo y lo condujeron a un sanatorio de la calle Ecuador, porque era indispensable sacarle una radiografía. Dahlmann, en el coche de plaza[2] que los llevó, pensó que en una
35 habitación que no fuera la suya podría, al fin, dormir. Se sintió feliz y conversador; en cuanto llegó, lo desvistieron, le raparon la cabeza, lo sujetaron con metales a una camilla, lo iluminaron hasta la ceguera y el vértigo, lo **auscultaron** y un hombre enmascarado le clavó una aguja en el brazo. Se despertó con náuseas, vendado, en una celda que tenía algo de pozo y, en los días y noches
40 que siguieron a la operación pudo entender que apenas había estado, hasta en-

---

[1] Ciego... *Blind to faults*   [2] coche... *taxi*

tonces, en un arrabal del infierno. El hielo no dejaba en su boca el menor rastro de frescura. En esos días, Dahlmann minuciosamente se odió; odió su identidad, sus necesidades corporales, su humillación, la barba que le erizaba la cara. Sufrió con estoicismo las curaciones, que eran muy dolorosas, pero cuando el cirujano
45 le dijo que había estado a punto de morir de una septicemia,[3] Dahlmann **se echó a llorar,** condolido de su destino. Las miserias físicas y la incesante previsión de las malas noches no le habían dejado pensar en algo tan abstracto como la muerte. Otro día, el cirujano le dijo que estaba reponiéndose y que, muy pronto, podría ir a convalecer a la estancia. Increíblemente, el día prometido llegó.
50   A la realidad le gustan las simetrías y los leves anacronismos; Dahlmann había llegado al sanatorio en un coche de plaza y ahora un coche de plaza lo llevaba a Constitución.[4] La primera frescura del otoño, después de la opresión del verano, era como un símbolo natural de su destino rescatado de la muerte y la fiebre. La ciudad, a las siete de la mañana, no había perdido ese aire de casa vieja que le in-
55 funde la noche; las calles eran como largos zaguanes, las plazas como patios. Dahlmann la reconocía con felicidad y con un principio de vértigo; unos segundos antes de que las registraran sus ojos, recordaba las esquinas, las carteleras, las modestas diferencias de Buenos Aires. En la luz amarilla del nuevo día, todas las cosas regresaban a él.
60   Nadie ignora que el Sur empieza del otro lado de Rivadavia.[5] Dahlmann solía repetir que ello no es una convención y que quien atraviesa esa calle entra en un mundo más antiguo y más firme. Desde el coche buscaba entre la nueva edificación, la ventana de rejas, el llamador, el arco de la puerta, el zaguán, el íntimo patio.
65   En el *hall* de la estación advirtió que faltaban treinta minutos. Recordó bruscamente que en un café de la calle Brasil (a pocos metros de la casa de Yrigoyen[6]) había un enorme gato que se dejaba acariciar por la gente, como una divinidad desdeñosa. Entró. Ahí estaba el gato, dormido. Pidió una taza de café, la endulzó lentamente, la probó (ese placer le había sido vedado en la clínica) y
70 pensó, mientras alisaba el negro pelaje, que aquel contacto era ilusorio y que estaban como separados por un cristal, porque el hombre vive en el tiempo, en la sucesión, y el mágico animal, en la actualidad, en la eternidad del instante.
       A lo largo del penúltimo andén el tren esperaba. Dahlmann recorrió los vagones y dio con uno casi vacío. Acomodó en la red la valija[7]; cuando los
75 coches arrancaron, la abrió y sacó, tras alguna vacilación, el primer tomo de las *Mil y Una Noches.* Viajar con este libro, tan vinculado a la historia de su desdicha, era una afirmación de que esa desdicha había sido anulada y un desafío alegre y secreto a las frustradas fuerzas del mal.
       A los lados del tren, la ciudad se desgarraba en suburbios[8]; esta visión y
80 luego la de jardines y quintas[9] demoraron el principio de la lectura. La verdad es que Dahlmann leyó poco; la montaña de piedra imán y el genio que ha jurado

[3]*blood poisoning*   [4]*one of Buenos Aires's train stations*   [5]*one of Buenos Aires's main avenues*   [6]*Hipólito Yrigoyen (1852-1933), leader of the Radical party in Argentina. Twice elected president (1916-1922 and 1928-1930).*   [7]*Acomodó... He placed the suitcase in the overhead baggage net*   [8]se... *was breaking up into suburbs*   [9]*farm houses*

matar a su bienhechor eran, quién lo niega, maravillosos, pero no mucho más que la mañana y que el hecho de ser. La felicidad lo distraía de Shahrazad y de sus milagros superfluos; Dahlmann cerraba el libro y se dejaba simplemente vivir.

85 El almuerzo (con el caldo servido en boles de metal[10] reluciente, como en los ya remotos veraneos de la niñez) fue otro goce tranquilo y agradecido.

Mañana me despertaré en la estancia, pensaba, y era como si a un tiempo fuera dos hombres: el que avanzaba por el día otoñal y por la geografía de la patria, y el otro, encarcelado en un sanatorio y sujeto a metódicas servidumbres.

90 Vio casas de ladrillo sin revocar, esquinadas y largas, infinitamente mirando pasar los trenes; vio jinetes en los terrosos caminos; vio zanjas y lagunas y haciendas; vio largas nubes luminosas que parecían de mármol, y todas estas cosas eran casuales, como sueños de la llanura. También creyó reconocer árboles y sembrados que no hubiera podido nombrar, porque su directo conocimiento de

95 la campiña era harto inferior a su conocimiento nostálgico y literario.

Alguna vez durmió y en sus sueños estaba el ímpetu del tren. Ya el blanco sol intolerable de las doce del día era el sol amarillo que precede al anochecer y no tardaría en ser rojo. También el coche era distinto; no era el que fue en Constitución, al dejar el andén: la llanura y las horas lo habían atravesado y transfigu-

100 rado. Afuera la móvil sombra del vagón se alargaba hacia el horizonte. No turbaban la tierra elemental ni poblaciones ni otros signos humanos. Todo era vasto, pero al mismo tiempo era íntimo y, de alguna manera, secreto. En el campo desaforado,[11] a veces no había otra cosa que un toro. La soledad era perfecta y tal vez hostil, y Dahlmann pudo sospechar que viajaba al pasado y no sólo al Sur.

105 De esa conjetura fantástica lo distrajo el inspector, que al ver su boleto, le advirtió que el tren no lo dejaría en la estación de siempre sino en otra, un poco anterior y apenas conocida por Dahlmann. (El hombre añadió una explicación que Dahlmann no trató de entender ni siquiera de oír, porque el mecanismo de los hechos no le importaba.)

110 El tren laboriosamente **se detuvo,** casi en medio del campo. Del otro lado de las vías quedaba la estación, que era poco más que un andén con un cobertizo. Ningún vehículo tenían, pero el jefe opinó que tal vez pudiera conseguir uno en un comercio que le indicó a unas diez, doce, cuadras.

Dahlmann aceptó la caminata como una pequeña aventura. Ya **se había**

115 **hundido** el sol, pero un esplendor final exaltaba la viva y silenciosa llanura, antes de que la borrara la noche. Menos para no fatigarse que para hacer durar esas cosas, Dahlmann caminaba despacio, aspirando con grave felicidad el olor del trébol.

El almacén, alguna vez, había sido punzó,[12] pero los años habían mitigado

120 para su bien ese color violento. Algo en su pobre arquitectura le recordó un grabado en acero, acaso de una vieja edición de *Pablo y Virginia.*[13] Atados al palenque había unos caballos. Dahlmann, adentro, creyó reconocer al patrón; luego comprendió que lo había engañado su parecido con uno de los emplea-

---

[10]boles... *metal bowls (anglicism)*   [11]En... *In the vastness of the countryside*   [12]*brilliant red*   [13]*Pablo... a romantic French novel by Bernardin de Saint-Pierre (1737–1814)*

dos del sanatorio. El hombre, oído el caso, dijo que le haría atar la jardinera; para
125 agregar otro hecho a aquel día y para llenar ese tiempo, Dahlmann resolvió
comer en el almacén.

En una mesa comían y bebían ruidosamente unos muchachones, en los que
Dahlmann, al principio, no se fijó. En el suelo, apoyado en el mostrador, **se
acurrucaba,** inmóvil como una cosa, un hombre muy viejo. Los muchos años
130 lo habían reducido y pulido como las aguas a una piedra o las generaciones de
los hombres a una sentencia. Era oscuro, chico y reseco, y estaba como fuera del
tiempo, en una eternidad. Dahlmann registró con satisfacción la vincha, el poncho de bayeta, el largo chiripá y la bota de potro[14] y se dijo, rememorando inútiles discusiones con gente de los partidos del Norte o con entrerrianos,[15] que
135 gauchos de esos ya no quedan más que en el Sur.

Dahlmann se acomodó junto a la ventana. La oscuridad fue quedándose con
el campo, pero su olor y sus rumores aún le llegaban entre los barrotes de
hierro. El patrón le trajo sardinas y después carne asada; Dahlmann las empujó
con unos vasos de vino tinto. Ocioso, paladeaba el áspero sabor y dejaba errar
140 la mirada por el local, ya un poco soñolienta. La lámpara de kerosén pendía de
uno de los tirantes; los parroquianos de la otra mesa eran tres: dos parecían
peones de chacra; otro, de rasgos achinados[16] y torpes, bebía con el chambergo
puesto. Dahlmann, de pronto, sintió un leve roce en la cara. Junto al vaso ordi-
nario de vidrio turbio, sobre una de las rayas del mantel, había una bolita de
145 miga. Eso era todo, pero alguien se la había tirado.

Los de la otra mesa parecían ajenos a él. Dahlmann, perplejo, decidió que
nada había ocurrido y abrió el volumen de las *Mil y Una Noches,* como para
tapar la realidad. Otra bolita lo alcanzó a los pocos minutos, y esta vez los peones se rieron. Dahlmann se dijo que no estaba asustado, pero que sería un dis-
150 parate que él, un convaleciente, se dejara arrastrar por desconocidos a una pelea confusa. Resolvió salir; ya estaba de pie cuando el patrón se le acercó y lo
exhortó con voz alarmada:

—Señor Dahlmann, no les haga caso a esos mozos, que están medio alegres.[17]

Dahlmann no se extrañó de que el otro, ahora, lo conociera, pero sintió que
155 estas palabras conciliadoras agravaban, de hecho, la situación. Antes, la provo-
cación de los peones era a una cara accidental, casi a nadie; ahora iba contra él
y contra su nombre y lo sabrían los vecinos. Dahlmann **hizo a un lado** al patrón, se enfrentó con los peones y les preguntó qué andaban buscando.

El compadrito de la cara achinada se paró, tambaleándose.[18] A un paso de
160 Juan Dahlmann, lo injurió a gritos, como si estuviera muy lejos. Jugaba a exa-
gerar su borrachera y esa exageración era una ferocidad y una burla. Entre malas
palabras y obscenidades, tiró al aire un largo cuchillo, lo siguió con los ojos, lo
barajó,[19] e invitó a Dahlmann a pelear. El patrón objetó con trémula voz que
Dahlmann estaba desarmado. En ese punto, algo imprevisible ocurrió.

---

[14]vincha... *headband, the woolen poncho, the large chaps, and the leather boots (typical gaucho apparel)*
[15]*inhabitants of the province of Entre Ríos*   [16]rasgos... *Indian features*   [17]medio... *half drunk*   [18]*losing his
balance*   [19]lo... *he caught it in mid-air*

165 Desde un rincón, el viejo gaucho extático, en el que Dahlmann vio una cifra del Sur (del Sur que era suyo), le tiró una daga desnuda que vino a caer a sus pies. Era como si el Sur hubiera resuelto que Dahlmann aceptara el duelo. Dahlmann se inclinó a recoger la daga y sintió dos cosas. La primera, que ese acto casi instintivo lo comprometía a pelear. La segunda, que el arma, en su mano torpe, no
170 serviría para defenderlo, sino para justificar que lo mataran. Alguna vez había jugado con un puñal, como todos los hombres, pero su esgrima no pasaba de una noción de que los golpes deben ir hacia arriba y con el filo para adentro. *No hubieran permitido en el sanatorio que me pasaran estas cosas,* pensó.

—Vamos saliendo —dijo el otro.

175 Salieron, y si en Dahlmann no había esperanza, tampoco había temor. Sintió, al atravesar el umbral, que morir en una pelea a cuchillo, a cielo abierto y acometiendo, hubiera sido una liberación para él, una felicidad y una fiesta, en la primera noche del sanatorio, cuando le clavaron la aguja. Sintió que si él, entonces, hubiera podido elegir o soñar su muerte, ésta es la muerte que hubiera
180 elegido o soñado.

Dahlmann empuña con firmeza el cuchillo, que acaso no sabrá manejar, y sale a la llanura.

Después de leer

Cuestionario

1. ¿Quién era Juan Dahlmann? ¿Qué le aconteció en los últimos días de febrero de 1939?
2. ¿Por qué lo condujeron los médicos a un sanatorio?
3. ¿Qué hicieron los médicos cuando Dahlmann llegó al sanatorio?
4. ¿Dónde empieza el Sur?
5. ¿De qué se acordó Dahlmann en la estación?
6. ¿Qué le advirtió el conductor del tren?
7. ¿Qué hacían los muchachos en el almacén?
8. ¿Qué hizo el compadrito de la cara achinada?
9. ¿Qué le dijo el patrón a Dahlmann?
10. ¿Cómo se sintió Dahlmann después de recoger la daga?

ESTUDIO DE PALABRAS

Complete las oraciones con palabras o expresiones de **Palabras importantes y modismos.**

1. El hombre que ＿＿＿ en Buenos Aires se llamaba Johannes Dahlmann.
2. ＿＿＿ algunas privaciones, Dahlmann había logrado salvar el casco de una estancia en el Sur.
3. Lo sujetaron con metales a una camilla, lo ＿＿＿ y un hombre enmascarado le clavó una aguja en el brazo.
4. Dahlmann ＿＿＿, condolido de su destino.
5. El tren laboriosamente ＿＿＿, casi en medio del campo.
6. El sol ＿＿＿, pero un esplendor final exaltaba la viva y silenciosa llanura.
7. En el suelo un hombre muy viejo ＿＿＿, inmóvil como una cosa.
8. Dahlmann ＿＿＿ al patrón y se enfrentó con los peones.

CONSIDERACIONES

1. ¿Quiénes eran los antepasados de Juan Dahlmann?
2. ¿Qué le pasó a Juan Dahlmann mientras corría a examinar un ejemplar de las *Mil y Una Noches?*
3. Describa la condición física de Dahlmann después del accidente.
4. ¿Por qué se odió Dahlmann a sí mismo? Describa su estado de ánimo mientras estaba en el sanatorio.
5. ¿Qué vio Dahlmann desde el tren? ¿Qué hizo durante el viaje?
6. Haga una descripción detallada de los hombres que estaban en el almacén.
7. Describa los incidentes que ocurrieron antes de la pelea.
8. ¿Cuál es la función del gaucho viejo en la acción del cuento?

ANÁLISIS DEL TEXTO

1. ¿Cuáles son los temas principales de este cuento?
2. ¿Qué papel cumple la memoria en la personalidad del protagonista?
3. Comente el aspecto simbólico del Sur en la vida del protagonista.
4. Comente los rasgos estilísticos que contribuyen a crear un ambiente misterioso en este cuento.
5. ¿Cómo interpreta Ud. las últimas líneas del cuento?

EN GRUPOS

Completen las siguientes actividades en grupos.

A. Valores autóctonos. Después de llegar a una definición del término «valores autóctonos», comenten el papel que éstos juegan en la cultura de un país.

B. El gaucho. ¿Cuál ha sido el papel del gaucho en la cultura argentina? Comparen algunas características del gaucho con las del *cowboy* norteamericano. ¿Cómo han cambiado los gauchos y *cowboys* en nuestros días? Busquen información sobre los gauchos judíos que poblaron la Pampa el siglo pasado.

BIBLIOGRAFÍA

Printed Materials

Gertel, Zunilda. "'El Sur' de Borges: Búsqueda de identidad en el laberinto." *Nueva Narrativa Hispanoamericana* 1.2 (1971): 35-55.

Phillips, Allen. "'El Sur' de Borges." *Revista Hispánica Moderna* 29 (1963): 140-147.

Audiovisual

El sur. (Spanish, 52 minutes, color) Films for the Humanities and Sciences. #11374. (www.films.com)

Tercer paso

El Puerto de Buenos Aires, Argentina

La droga

Luisa Valenzuela (1938–) was born in Buenos Aires and has dedicated most of her life to journalism, a career begun when she was only seventeen years old. She has been a correspondent for both *La Nación* and *El Mundo,* two of Buenos Aires's leading daily newspapers.

From 1959 to 1961, Valenzuela lived in Paris, contributing articles to both papers. During that period she began work on her first novel, *Hay que sonreír* (1966), in which the protagonist, a prostitute, is portrayed with compassion and understanding. This work signals the beginning of Valenzuela's interest in feminist themes. In her subsequent works it is possible to trace the development of that perspective, which is often enlivened by humorous and risqué overtones.

In 1967 Valenzuela published the collection of short stories *Los heréticos,* which, along with the novel *Clara,* was translated into English with the title *Clara: Thirteen Short Stories and a Novel* (1976).

El gato eficaz (1972) appeared after Valenzuela participated in the University of Iowa International Writers' Program. It is a work that can be read as a novel, a diary, a confession, or an imaginary voyage into the realm of poetic existence.

In *Aquí pasan cosas raras* (1975), a powerful collection of short stories, ironic language, and a strong awareness of contemporary social conditions combine to create a chaotic, mysterious, violent, and absurdist vision of reality.

Also published in 1975, *Como en la guerra* is considered by critics to be Valenzuela's best novel. With layers of hidden symbolic meanings, it is a novel of quest that allows the reader to experience several levels of psychological implications. In this introspective journey, the protagonist tries to achieve an understanding of basic human values as well as true self-knowledge.

Cambio de armas (1983), a collection of five long short stories or short novels, emphasizes tension between the sexes. In these texts, Valenzuela explores the power of sex roles in a violent world, delving into the secrets and rituals men and women use in their erotic games. *Cambio de armas* portrays a full and complex human reality, in which clear portraits of the female characters in particular shed light on our understanding of all human behavior.

"La droga" is part of a collection of short stories published under the title *Aquí pasan cosas raras.* Many of these stories deal directly with the violent reality of Argentina in the 1970s during a period of political repression. Dissenting, leftist intellectuals were particularly singled out for persecution. As you read, try to focus on the progressive shift from a realistic level of narration to an allegorical one. Be aware of the story's sociopolitical implications, as well as the question of what role intellectuals ought to play in the political process.

ANTES DE LEER

PALABRAS IMPORTANTES Y MODISMOS

cruzarse con	to happen upon	**meter (algo)**	to put
estar esperando a alguien	to be waiting for someone	**dentro**	(*something*) inside
llevar colgado/a del cuello	to carry around one's neck	**subir escaleras**	to climb stairs

CONTEXTO CULTURAL

Cuando en 1975 se publicó *Aquí pasan cosas raras,* corresponde la Argentina pasaba por un período histórico marcado por la represión política. Durante los años 70, ocurrió la llamada «Guerra sucia», acontecimiento que dividió el país. Varios gobiernos militares implementaron leyes que violaban los derechos humanos más básicos. Los que se opusieron a las dictaduras militares de los años 70, incluso a los que sólo se sospechaba que se oponían, fueron «desaparecidos». Muchos escritores e intelectuales de izquierda tuvieron que salir del país, mientras que los que se quedaron tuvieron que optar entre oponerse al sistema en forma velada o quedarse callados. Fue un período documentado en la película *La historia oficial,* que pone énfasis en las protestas de las madres de la Plaza de Mayo y en la tentativa de una de ellas de averiguar (*to find out*) la suerte de los desaparecidos. El cuento «La droga» sugiere un ambiente cerrado y violento de represión bajo un regimen militar y el efecto que éste tuvo en la conciencia argentina.

❖ *La droga* ❖

ESTOY EN EL puerto donde llega la droga y tengo que volver con un po-
quito. Me voy acercando lentamente al mar ¿qué mar? parecería el
Caribe por su quietud de plomo derretido,[1] y justo al borde de la playa
están tendidas las esteras[2] para que se arme[3] allí el gran mercado. Sólo
que hoy casi no han entrado barcos, y un único mercader con aire bastante
oriental parece **estar esperándome.** Me siento frente a él sobre su estera, en
posición de loto, y me va mostrando las sedas que saca de una valija (yo tengo
la mía). Elijo por fin un pañuelo color borravino[4] y el mercader me dice, porque
justo en ese momento pasa a nuestro lado un guardia. Es un peso colombiano,
pero me hace seña de cinco con la mano. Entiendo que es por la droga que ha
escondido en el pañuelo. Yo hurgo[5] en la bolsita que **llevo colgada del cuello**
y saco monedas de varios países. Por fin encuentro cinco pesos colombianos,
le pago, él me hace un paquete con el pañuelo y yo lo **meto dentro** de mi
maleta.

Me dirijo hacia la salida del mercado: hay una muralla de alambre tejido,[6] y
las tranqueras[7] están cerradas. Mucha gente hace cola para pasar la aduana, y espera pacientemente. Yo me asusto, pienso que el paquete con el pañuelo com-
prado allí mismo es demasiado delator.[8] Además ¿de dónde vengo yo? no he
vuelto de ningún viaje como para justificar mi valija. Opto por buscar el baño
para tratar de deshacerme de[9] la droga o al menos esconderla mejor. Sólo encuentro baños para el personal de aduanas, pregunto dónde está el baño para
viajeros, me contestan vagamente, nadie sabe muy bien. Sigo arrastrando[10] mi valija
y me siento muy sospechosa. Y, aunque pienso que la busca es bastante inútil,
sigo buscando la puerta del baño. No quisiera deshacerme de la droga, pero sé
que me la van a encontrar si no tomo alguna medida,[11] además, siempre **me
cruzo con** guardias armados. **Subo escaleras,** recorro pasillos sucios,[12] como
de hospital y de golpe me cruzo con una columna humana que avanza siguiendo
a un instructor de gimnasia. Un, dos; un dos. Y me siento un poco ridícula buscando un baño con mi valija a cuestas.[13] De golpe me doy cuenta de que la
columna está formada por los viajeros que hacían cola frente a la aduana. Pongo
cara de urgencia y sigo buscando en sentido contrario. Más escaleras, ningún
baño, más corredores y de nuevo me cruzo con el instructor de gimnasia y su
cola, y ellos se ríen de mí y todo sería muy cómico (yo, mi valija, la gimnasia) si
no fuera por mi temor a que me descubran la droga. La tercera vez que me encuentro con ellos ya no los cruzo, vamos en el mismo sentido, los precedo, y el
instructor me dice cosas entre amables y obscenas y me da un puntapié amistoso
sobre el hombro[14] mientras bajamos por unas escaleras. Es como un espaldarazo
para que yo dirija la columna humana, la de los viajeros que marchan, y yo que

---

[1]plomo... *molten lead*   [2]*mats*   [3]para... *in order to set up*   [4]color... *dark purple*   [5]Yo... *I poke around*
[6]alambre... *wire mesh*   [7]*gates*   [8]*obvious*   [9]deshacerme... *get rid of*   [10]Sigo... *I keep dragging*   [11]si... *if I
don't take any measures or precautions*   [12]recorro... *I wander along dirty hallways*   [13]a... *on my back*
[14]puntapié... *"friendly" kick in the shoulder*

llevo la droga en la valija no sé si debo negarme a hacerlo o si es ése mi deber,
40 mi premio o mi condena.

Epílogo:
del Conocimiento como droga no adictiva y más bien inquietante.

Después de leer

Cuestionario

1. ¿Por qué está la mujer en el puerto?
2. ¿Qué busca la mujer en la bolsa?
3. ¿Por qué se asusta la mujer antes de pasar la aduana?
4. ¿Por qué busca un baño la mujer?
5. Describa algunas de las cosas que la mujer hace para deshacerse de la droga.

Estudio de palabras

Complete las oraciones con palabras o expresiones de **Palabras importantes y modismos.**

1. Saco las monedas de la bolsa que _____ del cuello.
2. Yo _____ el paquete _____ de la bolsa.
3. Un mercader parece _____ a un cliente.
4. Yo siempre _____ un guardia armado.
5. La mujer anda desorientada, _____ y recorriendo pasillos oscuros.

Consideraciones

1. ¿Qué tipo de ambiente ha creado Valenzuela en el cuento?
2. ¿Qué hace la mujer en el mercado?
3. La mujer tiene que arrastrar la maleta. ¿Qué puede simbolizar este acto?
4. ¿Por qué no quiere deshacerse del paquete?

Análisis del texto

1. ¿Cómo crece la tensión en la obra?
2. El texto ofrece múltiples interpretaciones. Comente el nivel alegórico del cuento.
3. ¿Qué efecto produce el epílogo?

 *EN GRUPOS*

Completen las siguientes actividades en grupos.

A. **La violencia.** La violencia tiene muchas formas. ¿Qué tipo de violencia predomina en este cuento? Comparen el impacto en la víctima de diferentes tipos de violencia. ¿Cuáles son las peores formas?

B. **La violencia oficial.** ¿Qué opinión tienen Uds. del uso de la violencia para conseguir cambios en la sociedad? Hablen del uso de la violencia por el gobierno de varios países.

C. **La violencia necesaria.** ¿Existen ocasiones en las que se pueda justificar la violencia? Comparen sus opiniones sobre este tema. Hagan listas para compararlas.

BIBLIOGRAFÍA

Printed Materials

Plaza, Galvarino. "Review of *Aquí pasan cosas raras,* by Luisa Valenzuela." *Cuadernos hispanoamericanos* 346 (April 1979): 258–259.

Audiovisual

Luisa Valenzuela. (Spanish, 33 minutes, color) Films for the Humanities and Sciences. #8206. (www.films.com)

Café madrileño, centro de la vida social

La indiferencia de Eva

Soledad Puértolas (1947–), born in Zaragoza, Spain, is one of a number of in-
fluential feminist writers who started publishing during the period immediately
after the death of Francisco Franco (1892–1975). This period was marked by
radical social changes that affected politics and literature. New writers tackled
subjects with a vigor and exuberance that questioned outdated values. Puértolas's early training was in journalism, followed by formal studies in literature
that culminated with the M.A. degree in Spanish and Portuguese from the University of California, Santa Barbara, in 1975. She has written critical articles
for various literary journals, and she is recognized for her essays on Pío Baroja,
a nineteenth-century regional Spanish writer, and a prologue to a book on the
life of Isadora Duncan.

Her first novel, *El bandido doblemente armado,* published in 1980, brought
her the **Premio Sésamo 1979,** a prestigious literary prize. It is a first-person
narrative that shows Puértolas's predilection for complex and ambiguous characters and their relationships with one another. In 1982 she published *Una enfermedad moral,* a collection of short stories. As the title implies, these stories
have in common the presentation of a moral problem. There is a mysterious
quality about her work, which Puértolas has referred to as "**un mapa de
huecos**" ("*a map of holes*"), a phrase that suggests a variety of interpretations.

In 1982, the short story "A través de las ondas" was included in *Doce relatos de mujeres,* an anthology of the best feminist writers of the period. This
was followed by *Burdeos* (1986), a novel that treats the basic theme of the
passing of time and how the main characters come to deal with solitude and

impending death. Her 1989 novel *Queda la noche* was awarded the **Planeta** prize for that year. It is a sentimental novel of intrigue narrated in the first person with a heavy emphasis on cinematographic techniques. Gestures, glances, and apparently insignificant incidents in a person's life combine to form the rich tapestry of this complex novel governed by a deep sense of irony.

"La indiferencia de Eva" is part of the collection of stories published as *Una enfermedad moral.* As you read this story, try to focus on the dynamics of the situation presented between the two protagonists as they engage in a subtle game of seduction. Be aware of the sexual role each character plays as each is drawn toward an ending that seems inevitable, yet at the same time, open and ambiguous.

Antes de leer

Palabras importantes y modismos

abrirse paso	to make headway	**llegar a**	to "grow on"
consolidarse	to grow firm	**gustarle**	someone
dar la vuelta	to turn around	**a alguien**	
desorientar	to confuse	**tomarse la**	to bother, go
dirigirse a	to go toward	**molestia**	to the trouble

 **Contexto cultural**

Para entender mejor este cuento hay que tener en cuenta los cambios sociales y culturales que han ocurrido en España en los últimos años. En la época posfranquista, con la entrada de muchas mujeres españolas en algunos campos sociales antes prohibidos para ellas, éstas han tenido que luchar contra actitudes machistas que se habían perpetuado a lo largo de los años. Este influjo se nota especialmente en el área de los negocios, en donde las mujeres trabajan a la par de los hombres. Esta interacción entre hombres y mujeres tanto en el ambiente laboral, como en el hogar, ha cambiado en forma radical desde el inicio del movimiento feminista. En España, como en otros países, las mujeres han luchado por adquirir igualdad de derechos humanos y civiles, y en el proceso han comenzado a cuestionar el papel al que habían sido relegadas en el pasado. En este cuento tenemos que concentrarnos en el efecto que las tensiones diarias producen por en las relaciones entre los sexos mientras tratan de subir en la escala social. Típico de nuestros tiempos es el sentido de enajenación (*alienation*) y falta de dirección en una sociedad que parece haber perdido sus valores positivos.

▨ *La indiferencia de Eva* ▨

EVA NO ERA una mujer guapa. Nunca **me llegó a gustar,** pero en aquel primer momento, mientras atravesaba el umbral[1] de la puerta de mi despacho y **se dirigía** hacia mí, me horrorizó. Cabello corto y mal cortado, rostro exageradamente pálido, inexpresivo, figura nada esbelta
5 y lo peor de todo para un hombre para quien las formas lo son todo: pésimo[2] gusto en la ropa. Por si fuera poco, no fue capaz de percibir mi desaprobación.[3] No hizo nada por ganarme. Se sentó al otro lado de la mesa sin dirigirme siquiera una leve sonrisa, sacó unas gafas del bolsillo de su chaqueta y me miró a través de los cristales[4] con una expresión de miopía mucho mayor que antes de
10 ponérselas.

 Dos días antes, me había hablado por teléfono. En tono firme y a una respetable velocidad me había puesto al tanto[5] de sus intenciones: pretendía llevarme a la radio, donde dirigía un programa cultural de, al parecer, gran audiencia. Me aturden las personas muy activas y, si son mujeres, me irritan. Si son
15 atractivas, me gustan.

 —¿Bien? —pregunté yo, más agresivo que impaciente.

 Eva no se alteró.[6] Suspiró profundamente, como invadida de un profundo desánimo.[7] Dejó lentamente sobre la mesa un cuaderno de notas y me dirigió otra mirada con gran esfuerzo. Tal vez sus gafas no estaban graduadas ade-
20 cuadamente[8] y no me veía bien. Al fin, habló, pero su voz, tan terminante en el teléfono, **se abría** ahora **paso** tan arduamente como su mirada, rodeada de puntos suspensivos.[9] No parecía saber con certeza por qué se encontraba allí ni lo que iba a preguntarme.

 —Si a usted le parece —dijo al fin, después de una incoherente introducción
25 que nos **desorientó** a los dos—, puede usted empezar a explicarme cómo surgió la idea de... —no pudo terminar la frase.

 Me miró para que yo lo hiciera, sin ningún matiz de súplica en sus ojos. Esperaba, sencillamente, que yo le resolviera la papeleta.[10]

 Me sentía tan ajeno y desinteresado como ella, pero hablé. Ella, que miraba
30 de vez en cuando su cuaderno abierto, no tomó ninguna nota. Para terminar con aquella situación, propuse que realizáramos juntos un recorrido por la exposición, idea que, según me pareció apreciar, acogió[11] con cierto alivio. Los visitantes de aquella mañana eran, en su mayor parte, extranjeros, hecho que comenté a Eva. Ella ni siquiera **se tomó la molestia** de asentir. Casi me pareció
35 que mi observación le había incomodado. Lo miraba todo sin verlo. Posaba[12] levemente su mirada sobre las vitrinas,[13] los mapas colgados en la pared, algunos

---

[1]*threshold* [2]*dreadful* [3]Por... *As if this were not enough, she couldn't perceive my disapproval.* [4]*lenses*
[5]me... *she had brought me up to date* [6]no... *did not become angry* [7]*lack of enthusiasm* [8]no... *were not the right prescription* [9]puntos... *ellipsis points* [10]Esperaba... *She was simply waiting for me to get me out of this jam.* [11]*she welcomed* [12]*She rested* [13]*display cases*

cuadros ilustrativos que yo había conseguido de importantes museos y alguna colección particular.

Por primera vez desde la inauguración, la exposición me gustó. Me sentí
40 orgulloso de mi labor y la consideré útil. Mi voz fue adquiriendo un tono de entusiasmo creciente y conforme su indiferencia **se consolidaba,** más crecía mi entusiasmo.[14] Se había establecido una lucha. Me sentía superior a ella y deseaba abrumarla[15] con profusas explicaciones. Estaba decidido a que perdiese su precioso tiempo. El tiempo es siempre precioso para los periodistas. En realidad, así
45 fue. La mañana había pasado. Lo advertí, satisfecho, pero Eva no se inmutó.[16] Nunca se había inmutado. Con sus gafas de miope[17] a través de las cuales no debía de haberse filtrado ni una mínima parte de la información allí expuesta, me dijo, condescendiente y remota:

—Hoy ya no podremos realizar la entrevista. Será mejor que la dejemos para
50 mañana. ¿Podría usted venir a la radio a la una?

En su tono de voz no se traslucía ningún rencor. Si acaso había algún desánimo, era el mismo con el que se había presentado, casi dos horas antes, en mi despacho. Su bloc de notas, abierto en sus manos, seguía en blanco.[18] Las únicas y escasas preguntas que me había formulado no tenían respuesta. Preguntas
55 que son al mismo tiempo una respuesta, que no esperan del interlocutor más que un desganado asentimiento.[19]

Y, por supuesto, ni una palabra sobre mi faceta de novelista. Acaso ella, una periodista tan eficiente, lo ignoraba. Tal vez, incluso, pensaba que se trataba de una coincidencia. Mi nombre no es muy original y bien pudiera suceder que a
60 ella no se le hubiese ocurrido relacionar mi persona con la del escritor que había publicado dos novelas de relativo éxito.

Cuando Eva desapareció, experimenté cierto alivio. En seguida fui víctima de un ataque de mal humor. Me había propuesto que ella perdiese su tiempo, pero era yo quien lo había perdido. Todavía conservaba parte del orgullo que me
65 había invadido al contemplar de nuevo mi labor, pero ya lo sentía como un orgullo estéril, sin trascendencia. La exposición se desmontaría[20] y mi pequeña gloria se esfumaría. Consideré la posibilidad de no acudir a la radio al día siguiente, pero, desgraciadamente, me cuesta evadir un compromiso.[21]

Incluso llegué con puntualidad. Recorrí los pasillos laberínticos del edificio,
70 pregunté varias veces por Eva y, al fin, di con ella. Por primera vez, sonrió. Su sonrisa no se dirigía a mí, sino a sí misma. No estaba contenta de verme, sino de verme allí. Se levantó de un salto, me tendió una mano que yo no recordaba haber estrechado nunca y me presentó a dos compañeros que me acogieron con la mayor cordialidad, como si Eva les hubiera hablado mucho de mí. Uno de
75 ellos, cuando Eva se dispuso a llevarme a la sala de grabación, me golpeó la espalda[22] y pronunció una frase de ánimo.[23] Yo no me había quejado, pero todo

[14]conforme... *the more her indifference grew, the more enthusiastic I became*   [15]*to overwhelm her*
[16]no... *did not lose her composure*   [17]Con... *With her glasses for nearsightedness*   [18]Su... *Her notebook, opened in her hands, remained empty.*   [19]desganado... *reluctant agreement*   [20]se... *would be dismantled*
[21]*commitment*   [22]me... *patted me on the back*   [23]una... *words of encouragement*

iba a salir bien. Tal vez había en mi rostro señales de estupefacción y desconcierto. Seguí a Eva por un estrecho pasillo en el que nos cruzamos con gentes apresuradas y simpáticas, a las que Eva dedicó las frases ingeniosas, y nos
80 introdujimos al fin en la cabina. En la habitación de al lado, que veíamos a través de un panel de cristal, cuatro técnicos, con los auriculares[24] ajustados a la cabeza, estaban concentrados en su tarea. Al fin, todos nos miraron y uno de ellos habló a Eva. Había que probar la voz. Eva, ignorándome, hizo las pruebas y, también ignorándome, hizo que yo las hiciera. Desde el otro lado del panel,
85 los técnicos asintieron. Me sentí tremendamente solo con Eva. Ignoraba cómo se las iba a arreglar.[25]

Repentinamente, empezó a hablar. Su voz sonó fuerte, segura, llena de matices. Invadió la cabina y, lo más sorprendente de todo: hablando de mí. Mencionó la exposición, pero en seguida añadió que era mi labor lo que ella deseaba
90 destacar, aquel trabajo difícil, lento, apasionado. Un trabajo, dijo, que se correspondía con la forma en que yo construía mis novelas. Pues eso era yo, ante todo, un novelista excepcional. Fue tan calurosa, se mostró tan entendida, tan sensible, que mi voz, cuando ella formuló su primera pregunta, había quedado sepultada y me costó trabajo sacarla de su abismo. Había tenido la absurda es-
95 peranza, la seguridad, de que ella seguiría hablando, con su maravillosa voz y sus maravillosas ideas. Torpemente, me expresé y hablé de las dificultades con que me había encontrado al realizar la exposición, las dificultades de escribir una buena novela, las dificultades de compaginar un trabajo con otro. Las dificultades, en fin, de todo. Me encontré lamentándome de mi vida entera, como si
100 hubiera errado en mi camino[26] y ya fuera tarde para todo y, sin embargo, necesitara pregonarlo.[27] Mientras Eva, feliz, pletórica,[28] me ensalzaba[29] y convertía en un héroe. Abominable. No su tarea, sino mi papel. ¿Cómo se las había arreglado[30] para que yo jugara su juego con tanta precisión? A través de su voz, mis dudas se magnificaban y yo era mucho menos aún de lo que era. Mediocre y
105 quejumbroso. Pero la admiré. Había conocido a otros profesionales de la radio; ninguno como Eva. Hay casos en los que una persona nace con un destino determinado. Eva era uno de esos casos. La envidié. Si yo había nacido para algo, y algunas veces lo creía así, nunca con aquella certeza, esa entrega. Al fin, ella se despidió de sus oyentes, se despidió de mí, hizo una señal de agradecimiento a
110 sus compañeros del otro lado del cristal y salimos fuera.

En aquella ocasión no nos cruzamos con nadie. Eva avanzaba delante de mí, como si me hubiera olvidado, y volvimos a su oficina. Los compañeros que antes me habían obsequiado con frases alentadoras[31] se interesaron por el resultado de la entrevista. Eva no se explayó. Yo me encogí de hombros, poseído por mi
115 papel de escritor insatisfecho. Me miraron desconcertados mientras ignoraban a Eva, que se había sentado detrás de su mesa y, con las gafas puestas y un bolígrafo en la mano, revolvía papeles. Inicié un gesto de despedida, aunque esperaba que me sugirieran una visita al bar, como habitualmente sucede después de

---

[24]los... *headsets*   [25]Ignoraba... *I didn't know how things were going to work out.*   [26]como... *as if I had made the wrong choices*   [27]*to proclaim it*   [28]*excessive*   [29]me... *praised me*   [30]se... *had she arranged it*   [31] frases... *encouraging words*

una entrevista. Yo necesitaba esa copa. Pero nadie me la ofreció, de forma que
120 me despedí tratando de ocultar mi malestar.

Era un día magnífico. La primavera estaba próxima. Pensé que los almendros
ya habrían florecido y sentí la nostalgia de un viaje. Avanzar por una carretera
respirando aire puro, olvidar el legado[32] del pasado que tan pacientemente yo
había reunido y, al fin, permanecía demasiado remoto, dejar de preguntarme si
125 yo ya había escrito cuanto tenía que escribir y si llegaría a escribir algo más. Y,
sobre todo, mandar a paseo a Eva.[33] La odiaba. El interés y ardor que mostraba
no eran ciertos. Y ni siquiera tenía la seguridad de que fuese perfectamente es-
túpida o insensible. Era distinta a mí.

Crucé dos calles y recorrí dos manzanas hasta llegar a mi coche. Vi un bar a
130 mi izquierda y decidí tomar la copa que no me habían ofrecido. El alcohol hace
milagros en ocasiones así. Repentinamente, el mundo **dio la vuelta.** Yo era el
único capaz de comprenderlo y de mostrarlo nuevamente a los ojos de los otros.
Yo tenía las claves que los demás ignoraban. Habitualmente, era una carga, pero
de pronto cobraron esplendor.[34] Yo no era el héroe que Eva, con tanto aplomo,
135 había presentado a sus oyentes, pero la vida tenía, bajo aquel resplandor, un
carácter heroico. Yo sería capaz de transmitirlo. Era mi ventaja sobre Eva. Miré
la calle a través de la pared de cristal oscuro del bar. Aquellos transeúntes[35] se
beneficiarían alguna vez de mi existencia, aunque ahora pasaran de largo, ignorándome. Pagué mi consumición y **me dirigí a** la puerta.
140 Eva, abstraída, se acercaba por la calzada.[36] En unos segundos se habría de
cruzar conmigo. Hubiera podido detenerla, pero no lo hice. La miré cuando estuvo a mi altura. No estaba abstraída, estaba triste. Era una tristeza tremenda. La
seguí. Ella también se dirigía hacia su coche, que, curiosamente, estaba aparcado
a unos metros por delante del mío. Se introdujo en él. Estaba ya decidido a abor-
145 darla,[37] pero ella, nada más sentarse frente al volante,[38] se tapó la cara con las
manos y se echó a llorar. Era un llanto destemplado. Tenía que haberle sucedido
algo horrible. Tal vez la habían amonestado y, dado el entusiasmo que ponía en
su profesión, estaba rabiosa. No podía acercarme mientras ella continuara llorando, pero sentía una extraordinaria curiosidad y esperé. Eva dejó de llorar. Se
150 sonó estrepitosamente la nariz, sacudió su cabeza y puso en marcha el motor del
coche. Miró hacia atrás, levantó los ojos, me vio.

Fui hacia ella. Tenía que haberme reconocido, porque ni siquiera había
transcurrido una hora desde nuestro paso por la cabina, pero sus ojos per-
manecieron vacíos unos segundos. Al fin, reaccionó:

155 —¿No tiene usted coche? —preguntó, como si ésa fuera la explicación de mi
presencia allí.

Negué. Quería prolongar el encuentro.

—Yo puedo acercarle a su casa —se ofreció, en un tono que no era del todo
amable.

[32]*legacy*   [33]mandar... *to get rid of Eva*   [34]cobraron... *they took on splendor*   [35]*passersby*   [36]*sidewalk*
[37]Estaba... *I had already decided to approach her*   [38]*steering wheel*

160   Pero yo acepté. Pasé por delante de su coche y me acomodé a su lado. Otra
vez estábamos muy juntos, como en la cabina. Me preguntó dónde vivía y emprendió la marcha.[39] Como si el asunto le interesara, razonó en alta voz sobre
cuál sería el itinerario más conveniente. Tal vez era otra de sus vocaciones. Le
hice una sugerencia, que ella desechó.

165   —¿Le ha sucedido algo? —irrumpí con malignidad—. Hace un momento estaba usted llorando.

Me lanzó una mirada de odio. Estábamos detenidos frente a un semáforo
rojo. Con el freno echado, pisó el acelerador.

—Ha estado usted magnífica —seguí—. Es una entrevistadora excepcional.
170   Parece saberlo todo. Para usted no hay secretos.

La luz roja dio paso a la luz verde y el coche arrancó. Fue una verdadera
arrancada,[40] que nos sacudió a los dos. Sin embargo, no me perdí su suspiro,
largo y desesperado.

—Trazó usted un panorama tan completo y perfecto que yo no tenía nada que
175   añadir.
—En ese caso —replicó suavemente, sin irritación y sin interés—, lo hice muy
mal. Es el entrevistado quien debe hablar.

Era, pues, más inteligente de lo que parecía. A lo mejor, hasta era más inteligente que yo. Todo era posible. En aquel momento no me importaba. De-
180   seaba otra copa. Cuando el coche enfiló mi calle, se lo propuse. Ella aceptó
acompañarme como quien se doblega a un insoslayable deber.[41] Dijo:

—Ustedes, los novelistas, son todos iguales.

La frase no me gustó, pero tuvo la virtud de remitir a Eva al punto de partida.
Debía de haber entrevistado a muchos novelistas. Todos ellos bebían, todos le
185   proponían tomar una copa juntos. Si ésa era su conclusión, tampoco me importaba. Cruzamos el umbral del bar y nos acercamos a la barra. Era la hora del
almuerzo y estaba despoblado. El camarero me saludó y echó una ojeada a Eva,
decepcionado. No era mi tipo, ni seguramente el suyo.
Eva se sentó en el taburete[42] y se llevó a los labios su vaso, que consumió con
190   rapidez, como si deseara concluir aquel compromiso cuanto antes. Pero mi segunda copa me hizo mucho más feliz que la primera y ya tenía un objetivo ante
el que no podía detenerme.

—¿Cómo se enteró usted de todo eso? —pregunté—. Tuve la sensación de
que cuando me visitó en la Biblioteca no me escuchaba.

195   A decir verdad, la locutora brillante e inteligente de hacía una hora me resultaba antipática y no me atraía en absoluto, pero aquella mujer que se había
paseado entre los manuscritos que documentaban las empresas heroicas del

---

[39]emprendió... *she drove off* [40]*jolt* [41]Ella... *She consented to accompany me like someone who submits to an inescapable duty.* [42]*stool*

siglo XVII con la misma atención con que hubiese examinado un campo yermo, me impresionaba.

200 —Soy una profesional —dijo, en el tono en que deben decirse esas cosas.
—Lo sé —admití—. Dígame, ¿por qué lloraba?

Eva sonrió a su vaso vacío. Volvió a ser la mujer de la Biblioteca.

—A veces lloro —dijo, como si aquello no tuviera ninguna importancia—. Ha sido por algo insignificante. Ya se me ha pasado.

205 —No parece usted muy contenta —dije, aunque ella empezaba a estarlo.

Se encogió de hombros.

—Tome usted otra copa —sugerí, y llamé al camarero, que, con una seriedad desacostumbrada, me atendió.

Eva tomó su segunda copa más lentamente. Se apoyó en la barra con indolen-
210 cia y sus ojos miopes se pusieron melancólicos. Me miró, al cabo de una pausa.

—¿Qué quieres? —dijo.
—¿No lo sabes? —pregunté.
—Todos los novelistas... —empezó, y extendió su mano.

Fue una caricia breve, casi maternal. Era imposible saber si Eva me deseaba.
215 Era imposible saber nada de Eva. Pero cogí la mano que me había acariciado y ella no la apartó. El camarero me dedicó una mirada de censura. Cada vez me entendía menos. Pero Eva seguía siendo un enigma. Durante aquellos minutos —el bar vacío, las copas de nuevo llenas, nuestros cuerpos anhelantes— mi importante papel en el mundo se desvaneció. El resto de la historia fue vulgar.

Después de leer

Cuestionario

1. Describa la apariencia física de Eva.
2. ¿Por qué se había puesto Eva en contacto con el narrador?
3. ¿Cuál es la actitud del narrador hacia las personas en general, y hacia las mujeres en particular?
4. ¿Cómo se comporta Eva durante la entrevista con el escritor?
5. ¿Por qué fracasa la primera entrevista?
6. Describa el comportamiento de Eva durante la segunda entrevista.
7. ¿Qué hace Eva después de la entrevista?
8. Describa su condición emotiva cuando llega a su coche.
9. ¿Cómo reacciona el escritor después de este encuentro?

ESTUDIO DE PALABRAS

Complete las oraciones con palabras o expresiones de **Palabras importantes y modismos.**

1. Eva era una chica que a mí nunca _____.
2. Su introducción nos _____ a los dos.
3. Cuanto más su indiferencia _____, más crecía mi entusiasmo.
4. Seguí a Eva y _____ entre gentes apresuradas.
5. Ella ni siquiera _____ de despedirse de nosotros.
6. Nosotros _____ a la barra con indolencia.
7. Yo _____, y en ese momento la vi entrar al café.

CONSIDERACIONES

1. ¿Por qué se fija el hombre principalmente en el aspecto físico de la mujer?
2. ¿Qué tipo de persona es Eva?
3. ¿Cómo caracteriza Ud. al narrador?
4. Describa detalladamente qué tipo de relaciones hay entre los dos protagonistas.

ANÁLISIS DEL TEXTO

1. ¿Cuáles son los recursos que se emplean para presentar la dinámica entre lo masculino y lo femenino en el texto?
2. ¿Cómo interpreta Ud. la actitud del narrador en el cuento?
3. Hay un juego de seducción en este cuento. ¿Quién seduce a quién? ¿Qué métodos se emplean en este juego?
4. ¿Cambian los personajes a través del cuento? Explique.
5. ¿Qué opina Ud. del título del cuento?
6. ¿Cómo interpreta Ud. el final del cuento, y especialmente las últimas palabras?

 *EN GRUPOS*

Completen las siguientes actividades en grupos.

A. El feminismo. Comparen sus opiniones del feminismo y su impacto en la sociedad moderna. ¿Cómo se presentan los personajes femeninos y masculinos en este cuento?

B. El poder. ¿Quién tiene el poder en las relaciones entre los sexos en este cuento? ¿Quién gana en este juego?

C. La mujer moderna. Haga una lista de lo que han ganado las mujeres en los últimos veinte años. ¿Han perdido algo? ¿Es la actitud hacia el sexo de la mujer moderna distinta de la de su madre? ¿Ha creado esto algunos problemas dada la diferencia de generaciones?

BIBLIOGRAFÍA

Printed Materials

Tsuchiya, Akiko. "Language, Desire, and the Feminine Riddle in Soledad Puértolas's 'La indiferencia de Eva.'" *Revista de Estudios Hispánicos* 25 (1991):69–79.

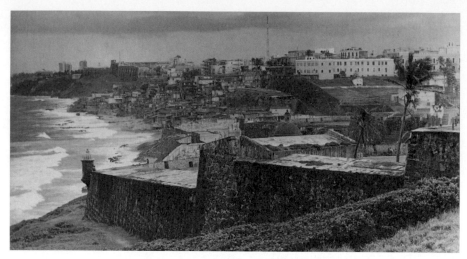

Esta ciudad latinoamericana es un lugar de fuertes
contrastes.

El recado

Elena Poniatowska (1933–) occupies an important place in contemporary
Spanish-American literature. Not only was she among the first writers to introduce and validate the narrative techniques associated with journalism and documentary fiction to the contemporary literary scene, but she has also played
an important role as a spokesperson for the marginalized sectors of society,
most particularly women.

Born in Paris of a Mexican mother and a French father of Polish descent,
Poniatowska moved to Mexico at the age of nine. After an education in private
French and English schools in Mexico and the United States, she began a prom-
ising career with Mexico's *Excelsior* in 1954. The same year she published her
first collection of short stories, *Lilus Kikus,* which centers on the reflections
of a female protagonist recounting her life from childhood to adolescence.
One of the most decisive periods of her life was her brief stint as a research
assistant for Oscar Lewis, who was writing *The Children of Sánchez* (1961),
an anthropological study of the culture of poverty in Mexico City. Here Poniatowska refined her skills as an interviewer, which led to the publication of a
series of highly creative documentary narratives and interviews such as *Palabras cruzadas* (1961), *Domingo 7* (1982), and *Todo México* (1990, 1994).
Perhaps her most notable work in this hybrid genre is *Hasta no verte, Jesús
mío* (1969), a highly original oral narration in which Poniatowska creates the
illusion that Jesusa Palancares is telling the story of her own life and her partic-
ipation in the Mexican Revolution.

Poniatowska continued to flout generic conventions with her award-winning
La noche de Tlatelolco (1971), a collage of newspaper reports, media inter-

views, and photographs in which she explores one of the watershed events of Mexican history: the massacre by government troops of over 300 demonstrators on October 2, 1968, in Mexico City.

Somewhat more traditional in form, but still marked by a highly original approach to style, are her collection of short stories *De noche vienes* (1980) and novel *La flor de Lis* (1988). The following selection is reprinted from *De noche vienes*, stories that deal predominantly with the humble, often forgotten figures that typically populate Poniatowska's narrative world: members of the urban working class, maids, washerwomen. This story, like many of her others, is a first-person narrative by a female protagonist presented in the form of an interior monologue (stream of consciousness). The careful interweaving of the lyrical and emotive with a marked concern for the sociopolitical is one of the defining elements of Poniatowska's work.

Antes de leer

Palabras importantes y modismos

a lo largo de	along	**tener la**	to be quite
poco a poco	little by little	**certeza**	sure
prender	to turn on		
la luz	the light		

Contexto cultural

Como muchas de las grandes ciudades latinoamericanas, la Ciudad de México ha crecido enormemente en los últimos años. La Ciudad de México es una vasta metrópolis formada de distintos barrios que van desde los más exclusivos hasta las villas miseria, o colonias pobladas por la gente más pobre. El choque entre estos dos extremos es evidente en este cuento de una mujer que muestra sus sentimientos más íntimos hacia un hombre que parece tener una vida más estable. Las referencias a las calles y barrios lujosos de la ciudad frecuentados por el hombre contrastan y chocan con el ambiente de crimen y miseria donde él vive y donde la mujer lo espera. En un nivel simbólico, este cuento sugiere la vulnerabilidad de la mujer en sus relaciones con el hombre. Sus dudas en cuanto a lo duradero de sus relaciones, sugieren que el hombre es quien las domina y controla en una sociedad machista.

❋ *El recado* ❋

VINE, MARTÍN, Y no estás. Me he sentado en el peldaño[1] de tu casa, recargada en[2] tu puerta y pienso que en algún lugar de la ciudad, por una onda que cruza el aire, debes intuir que aquí estoy. Es este tu pedacito de jardín; tu mimosa[3] se inclina hacia afuera y los niños
5 al pasar le arrancan las ramas más accesibles... En la tierra, sembradas alrededor del muro, muy rectilíneas[4] y serias veo unas flores que tienen hojas como espadas. Son azul marino,[5] parecen soldados. Son muy graves, muy honestas. Tú también eres un soldado. Marchas por la vida, uno, dos, uno, dos... Todo tu jardín es sólido, es como tú, tiene una reciedumbre[6] que inspira confianza.
10   Aquí estoy contra el muro de tu casa, así como estoy a veces contra el muro de tu espalda. El sol da también contra el vidrio de tus ventanas y **poco a poco** se debilita porque ya es tarde. El cielo enrojecido ha calentado tu madreselva[7] y su olor se vuelve aún más penetrante. Es el atardecer. El día va a decaer. Tu vecina pasa. No sé si me habrá visto. Va a regar su pedazo de jardín. Recuerdo
15 que ella te trae una sopa de pasta[8] cuando estás enfermo y que su hija te pone inyecciones... Pienso en ti muy despacito, como si te dibujara dentro de mí y quedaras allí grabado. Quisiera **tener la certeza** de que te voy a ver mañana y pasado mañana y siempre en una cadena ininterrumpida de días; que podré mirarte lentamente aunque ya me sé cada rinconcito[9] de tu rostro; que nada entre
20 nosotros ha sido provisional o un accidente.

    Estoy inclinada ante una hoja de papel y te escribo todo esto y pienso que ahora, en alguna cuadra donde camines apresurado, decidido como sueles hacerlo, en alguna de esas calles por donde te imagino siempre: Donceles y Cinco de Febrero o Venustiano Carranza,[10] en alguna de esas banquetas[11] grises y
25 monocordes rotas sólo por el remolino[12] de gente que va a tomar el camión, has de saber dentro de ti que te espero. Vine nada más a decirte que te quiero y como no estás te lo escribo. Ya casi no puedo escribir porque ya se fue el sol y no sé bien a bien lo que te pongo.[13] Afuera pasan más niños, corriendo. Y una señora con una olla advierte irritada: «No me sacudas la mano porque voy a tirar
30 la leche... ». Y dejo este lápiz, Martín, y dejo la hoja rayada y dejo que mis brazos cuelguen inútilmente **a lo largo de** mi cuerpo y te espero. Pienso que te hubiera querido abrazar. A veces quisiera ser más vieja porque la juventud lleva en sí, la imperiosa, la implacable[14] necesidad de relacionarlo todo al amor.

    Ladra un perro; ladra agresivamente. Creo que es hora de irme. Dentro de
35 poco vendrá la vecina a **prender la luz** de tu casa; ella tiene llave y encenderá el foco de la recámara que da hacia afuera porque en esta colonia[15] asaltan mucho, roban mucho. A los pobres les roban mucho; los pobres se roban entre sí... Sabes, desde mi infancia me he sentado así a esperar, siempre fui dócil, porque te esperaba. Te esperaba a ti. Sé que todas las mujeres aguardan. Aguardan la

[1]*front step*   [2]recargada... *leaning against*   [3]*type of flowering shrub*   [4]*straight*   [5]azul... *aquamarine*
[6]*strength*   [7]*honeysuckle*   [8]sopa... *noodle soup*   [9]*tiny corner*   [10]Donceles... *street names*   [11]*sidewalks*
[12]*crowd*   [13]lo que... *what I am writing to you*   [14]*relentless*   [15]*city district*

40 vida futura, todas esas imágenes forjadas en la soledad, todo ese bosque que
camina hacia ellas; toda esa inmensa promesa que es el hombre; una granada
que de pronto se abre y muestra sus granos rojos, lustrosos[16]; una granada como
una boca pulposa de mil gajos.[17] Más tarde esas horas vividas en la imaginación,
hechas horas reales, tendrán que cobrar peso y tamaño y crudeza.[18] Todos esta-
45 mos —oh mi amor— tan llenos de retratos interiores, tan llenos de paisajes no
vividos.

Ha caído la noche y ya casi no veo lo que estoy borroneando[19] en la hoja
rayada. Ya no percibo las letras. Allí donde no le entiendas en los espacios blan-
cos, en los huecos, pon: «Te quiero»... No sé si voy a echar esta hoja debajo de
50 la puerta, no sé. Me has dado un tal respeto de ti mismo... Quizá ahora que me
vaya, sólo pase a pedirle a la vecina que te dé el recado; que te diga que vine.

[16] granada... *pomegranate that suddenly opens and shows its shining red seeds*   [17] *segments*
[18] cobrar... *become more important and harsher*   [19] *writing*

Después de leer

Cuestionario

1. ¿Dónde se ha sentado la protagonista?
2. ¿Qué hacen los niños al pasar por el jardín?
3. ¿Qué hace la vecina al atardecer?
4. ¿Qué le trae la vecina a Martín cuando éste está enfermo?
5. ¿Por qué a la protagonista le resulta difícil escribir?
6. ¿Qué advierte la señora de la olla?
7. ¿Cómo ladra el perro?
8. ¿Qué hacen los pobres en esta colonia?
9. ¿Por qué ya no percibe la protagonista las letras del mensaje?

Estudio de palabras

Complete las oraciones con palabras o expresiones de **Palabras importantes y modismos.**

1. El sol se debilita, _____, porque ya es tarde.
2. Quisiera _____ de que te voy a ver mañana.
3. Dejo que mis brazos cuelguen _____ de mi cuerpo.
4. La vecina vendrá dentro de poco para _____.

CONSIDERACIONES

1. ¿Cómo se describen las flores del jardín?
2. ¿Qué semejanzas hay entre la descripción del jardín y la de Martín?
3. ¿Qué piensa de Martín la protagonista?
4. ¿Por qué ha llegado la protagonista a la casa de Martín?
5. ¿Qué puede simbolizar el ladrido del perro?

ANÁLISIS DEL TEXTO

1. Comente el punto de vista de la narración en el cuento y el efecto que produce.
2. ¿Cuáles son los temas principales del cuento?
3. ¿Qué detalles en el cuento sugieren que no son recíprocos los sentimientos entre los dos amantes? ¿Cómo son las relaciones entre ellos?
4. Describa el estado de ánimo de la protagonista a lo largo del cuento.
5. ¿Qué podría sugerir el hecho de que la protagonista nunca logra escribir su mensaje?
6. Comente los efectos de una sociedad patriarcal que se ven en este cuento.

 ## EN GRUPOS

Completen las siguientes actividades en grupos.

A. **El machismo.** Traten de definir el machismo y luego comenten algunos de los elementos que contribuyen a este fenómeno. ¿Qué pueden hacer las mujeres para defenderse del machismo?
B. **Para defender a la mujer.** Comenten el papel que juegan algunas instituciones sociales en la defensa de las mujeres contra los abusos sexuales y la violencia masculinos.

BIBLIOGRAFÍA

Printed Materials
Flori, Mónica. "Visions of Women: Symbolic Physical Portrayal as Social Commentary in the Short Fiction of Elena Poniatowska." *Third Woman* 2 (1984):77-83.

El mar abraza la costa latinoamericana

El ahogado más hermoso
del mundo

Gabriel García Márquez (1928–) was born in Aracata, a small village near the
Atlantic coast of Colombia. He was raised by his maternal grandparents, who
would satisfy his inquisitive nature by telling him stories and making him
aware of his surroundings. His recollections of those childhood experiences
have served as the source for many of his tales. García Márquez studied law in
Bogotá and in 1948 began a career in journalism. During the 1950s he traveled
extensively in eastern Europe and, after a stay in Paris, continued his travels
within Latin America.

The appearance of *La Hojarasca* (1955), *El coronel no tiene quien le escriba*
(1958), *La mala hora* (1962), and the collection of short stories *Los funerales de
la Mamá Grande* (1962) brought him recognition in the literary world. In those
works he created the mythical setting of Macondo and began developing characters and situations that would appear in his literary masterpiece, *Cien años de
soledad* (1967), a novel considered to be one of the best of the twentieth century. Its financial success allowed García Márquez to dedicate himself exclusively
to his writing. A later collection of short stories, *La increíble y triste historia de
la cándida Eréndira y de su abuela desalmada* (1972), shows García Márquez's
continuing interest in the literature of the fantastic.

More recent novels include *El otoño del patriarca* (1975), *Crónica de
una muerte anunciada* (1981), *El amor en los tiempos del cólera* (1985),
and *El general en su laberinto* (1989), where he chronicles the wars of

157

independence and the exploits of Simón Bolívar. In 1982, García Márquez was awarded the Nobel Prize for Literature.

Together with Mario Vargas Llosa, Julio Cortázar, Juan Rulfo, Alejo Carpentier, and Carlos Fuentes, García Márquez has been acclaimed as contributing to the modern "boom" in the Latin American narrative. After almost 150 years of servile adherence to European models, the Latin American novel has come of age. Although typically Colombian, Argentinean, Peruvian, Mexican, or Cuban, the works of "boom" novelists transcend regional or national preoccupations and are read and appreciated the world over. García Márquez's novels as well as those of his contemporaries have been translated into the major languages of the world.

Through the perspective of "**lo real maravilloso,**" the ambiguities, subtleties, and contradictions of Latin American reality are brought into focus with considerable impact. Latin America is finding a new language, and with it each Latin country is trying to answer vital questions from its own perspective. In his works, García Márquez implies that the old values imposed on Latin American society are no longer valid. Armed with an ironic vision, he destroys myths, underscores our desire to find solace in this world, and lures his readers into sharing a new reality. In his novels and stories, the "real" and the "marvelous" exist side by side, and a multifaceted reality is thus presented. Although readers may delight in some of the characters that inhabit his world or enjoy the ironic humor of many situations, they will always find beneath the surface the suggestion that social and cultural stagnation lie at the root of Latin America's ills.

"El ahogado más hermoso del mundo," included in the first edition of *La increíble y triste historia de la cándida Eréndira y de su abuela desalmada* (1972), underscores one of García Márquez's main preoccupations: the subtle interplay between magic and real elements, or the so-called **realismo mágico** made famous by the writers of the "boom." The casual appearance of this monumental and mysterious figure in the story punctuated by hyperbole can lead the reader to question his or her own view of what constitutes reality. It is never clear whether Esteban is a real person or perhaps a configuration of the desires and dreams of the village people. The fact that even in death he has made a lasting impact on the village and on those who followed him adds a mythic dimension to this character.

ANTES DE LEER

PALABRAS IMPORTANTES Y MODISMOS

a la deriva	adrift	**darse**	to realize
alentarse	to become inspired or encouraged	**cuenta de**	
		descalabrarse	to hurt one's head
arboladura	mast		

| estar avergonzado/a | to be embarrassed | quedar varado/a | to run aground |
| estar completos/as | to be all accounted for | soltar | to let loose |

ESTRATEGIAS PARA LEER

Themes (*temas*)

The principal theme of "El ahogado más hermoso del mundo" is typical of a number of other García Márquez stories. Just as in "Un señor muy viejo con unas alas enormes," the mysterious appearance of a character has an effect on the residents of the village. The **"ahogado"** represents different things to different people. We know that he is an unusual presence and an imposing figure, one who is interpreted differently by men and women. Women appear to see him as the object of their frustrated sexual desires, as they tend to him in different situations. Men seem to be wary of his presence. We never really know who he is, but the way he is interpreted alters as the story describes his contrasting characteristics. Is he the most beautiful human being they have ever seen, or is he a **bobo,** a fool? As you read the story, try to see how these contradictory aspects create tension in the story. What are we to believe? Focus on the ending, where the tension seems to be resolved as he is accepted by the entire village, which takes pride in having him as one of its own. Also try to discover if his mythical proportions have any symbolic meaning.

CONTEXTO CULTURAL

Existen distintas maneras de interpretar la realidad. Nuestros sentidos nos ponen en contacto con los aspectos más obvios y básicos del mundo que nos rodea. Para entender conceptos más abstractos se suele recurrir a la razón o la intelecto mientras establecemos relaciones entre causas y efectos. Este énfasis en la razón ha sido una de las bases del pensamiento occidental desde el siglo XVIII hasta nuestros días. Desde luego la razón tiene sus límites; existen cosas que no podemos explicar racionalmente. En un ambiente como el que se describe en este cuento, se presentan algunos hechos que causan inquietud en la vida de un pequeño pueblo de la costa de Colombia. Cómo sus habitantes se enfrentan a estos hechos, y cómo tratan de interpetar lo que está ocurriendo nos hace entrar en un mundo mágico y real a la vez. Las supersticiones, los sueños y la fantasía a veces nos ayudan a crear una realidad quizás más completa. El impacto de este «ahogado» en la vida del pueblo es distinto. Las mujeres lo ven como la personificación de todos sus deseos de placeres sensuales, mientras que los hombres lo consideran un estorbo.

▨ *El ahogado más hermoso del mundo* ▨

LOS PRIMEROS NIÑOS que vieron el promontorio oscuro y sigiloso que se acercaba por el mar, se hicieron la ilusión de que era un barco enemigo. Después vieron que no llevaba banderas ni **arboladura,** y pensaron que fuera una ballena. Pero cuando **quedó varado** en la playa le quitaron
5 los matorrales de sargazos, los filamentos de medusas y los restos de cardúmenes y naufragios que llevaba encima, y sólo entonces descubrieron que era un ahogado.

  Habían jugado con él toda la tarde, enterrándolo y desenterrándolo en la arena, cuando alguien los vio por casualidad y dio la voz de alarma en el pueblo.
10 Los hombres que lo cargaron hasta la casa más próxima notaron que pesaba más que todos los muertos conocidos, casi tanto como un caballo, y se dijeron que tal vez había estado demasiado tiempo **a la deriva** y el agua se le había metido dentro de los huesos. Cuando lo tendieron en el suelo vieron que había sido mucho más grande que todos los hombres, pues apenas si cabía en la casa, pero
15 pensaron que tal vez la facultad de seguir creciendo después de la muerte estaba en la naturaleza de ciertos ahogados. Tenía el olor del mar, y sólo la forma permitía suponer que era el cadáver de un ser humano, porque su piel estaba revestida de una coraza de rémora y de lodo.[1]

  No tuvieron que limpiarle la cara para saber que era un muerto ajeno. El
20 pueblo tenía apenas unas veinte casas de tablas, con patios de piedras sin flores, desperdigadas en el extremo de un cabo desértico. La tierra era tan escasa, que las madres andaban siempre con el temor de que el viento se llevara a los niños, y a los pocos muertos que les iban causando los años tenían que tirarlos en los acantilados.[2] Pero el mar era manso y pródigo, y todos los hombres cabían en
25 siete botes. Así que cuando encontraron el ahogado les bastó con mirarse los unos a los otros para **darse cuenta de** que **estaban completos.**

  Aquella noche no salieron a trabajar en el mar. Mientras los hombres averiguaban si no faltaba alguien en los pueblos vecinos, las mujeres se quedaron cuidando al ahogado. Le quitaron el lodo con tapones de esparto,[3] le de-
30 senredaron[4] del cabello los abrojos submarinos y le rasparon la rémora con fierros de desescamar pescados. A medida que lo hacían, notaron que su vegetación era de océanos remotos y de aguas profundas, y que sus ropas estaban en piltrafas,[5] como si hubiera navegado por entre laberintos de corales. Notaron también que sobrellevaba la muerte con altivez,[6] pues no tenía el semblante solitario
35 de los otros ahogados del mar, ni tampoco la catadura sórdida y menesterosa de los ahogados fluviales. Pero solamente cuando acabaron de limpiarlo tuvieron conciencia de la clase de hombre que era, y entonces se quedaron sin aliento. No sólo era el más alto, el más fuerte, el más viril y el mejor armado que habían

---

[1]revestida... *covered by a layer of fish and mud*   [2]*cliffs*   [3]tapones... *grass plugs*   [4]*untangled*   [5]en... *rags*
[6]sobrellevaba... *he endured death with a sense of pride*

visto jamás, sino que todavía cuando lo estaban viendo no les cabía en la
imaginación.

No encontraron en el pueblo una cama bastante grande para tenderlo ni una
mesa bastante sólida para velarlo. No le vinieron[7] los pantalones de fiesta de los
hombres más altos, ni las camisas dominicales de los más corpulentos, ni los zapatos del mejor plantado.[8] Fascinadas por su desproporción y su hermosura, las
mujeres decidieron entonces hacerle unos pantalones con un buen pedazo de
vela cangreja,[9] y una camisa de bramante[10] de novia, para que pudiera continuar su muerte con dignidad. Mientras cosían sentadas en círculo, contemplando
el cadáver entre puntada y puntada, les parecía que el viento no había sido
nunca tan tenaz ni el Caribe había estado nunca tan ansioso como aquella noche,
y suponían que esos cambios tenían algo que ver con el muerto. Pensaban que
si aquel hombre magnífico hubiera vivido en el pueblo, su casa habría tenido las
puertas más anchas, el techo más alto y el piso más firme, y el bastidor[11] de su
cama habría sido de cuadernas maestras con pernos de hierro,[12] y su mujer
habría sido la más feliz. Pensaban que habría tenido tanta autoridad que hubiera
sacado los peces del mar con sólo llamarlos por sus nombres, y habría puesto
tanto empeño en el trabajo que hubiera hecho brotar manantiales de entre las
piedras más áridas y hubiera podido sembrar flores en los acantilados. Lo com-
pararon en secreto con sus propios hombres, pensando que no serían capaces
de hacer en toda una vida lo que aquél era capaz de hacer en una noche, y terminaron por repudiarlos en el fondo de sus corazones como los seres más
escuálidos y mezquinos de la tierra. Andaban extraviadas por esos dédalos de
fantasía,[13] cuando la más vieja de las mujeres, que por ser la más vieja había con-
templado al ahogado con menos pasión que compasión, suspiró:

—Tiene cara de llamarse Esteban.

Era verdad. A la mayoría le bastó con mirarlo otra vez para comprender que
no podía tener otro nombre. Las más porfiadas, que eran las más jóvenes, se
mantuvieron con la ilusión de que al ponerle la ropa, tendido entre flores y con
unos zapatos de charol, pudiera llamarse Lautaro.* Pero fue una ilusión vana. El
lienzo resultó escaso, los pantalones mal cortados y peor cosidos le quedaron es-
trechos, y las fuerzas ocultas de su corazón hacían saltar los botones de la
camisa. Después de la medianoche se adelgazaron los silbidos del viento y el mar
cayó en el sopor del miércoles. El silencio acabó con las últimas dudas: era
Esteban. Las mujeres que lo habían vestido, las que lo habían peinado, las que le
habían cortado las uñas y raspado la barba no pudieron reprimir un estremecimiento de compasión cuando tuvieron que resignarse a dejarlo tirado por los
suelos. Fue entonces cuando comprendieron cuánto debió haber sido de infeliz

[7]le... *fit him*   [8]del... *of the man with the biggest feet*   [9]vela... *trapezoid-shaped sail*   [10]*linen*   [11]*frame*
[12]pernos... *iron hinges*   [13]dédalos... *entanglements of fantasy*

*Lautaro was an Auracanian chief (1533–1557) who defeated the Spaniards. He was immor-
talized in Alonso de Ercilla y Zúñiga's epic poem, "La Araucana," and later became a symbol
of Chilean independence.*

con aquel cuerpo descomunal, si hasta después de muerto le estorbaba. Lo vieron condenado en vida a pasar de medio lado por las puertas, a **desca-labrarse** con los travesaños, a permanecer de pie en las visitas sin saber qué hacer con sus tiernas y rosadas manos de buey de mar,[14] mientras la dueña de casa buscaba la silla más resistente y le suplicaba muerta de miedo siéntese aquí Esteban, hágame el favor, y él recostado contra las paredes, sonriendo, no se preocupe señora, así estoy bien, con los talones en carne viva y las espaldas escaldadas de tanto repetir lo mismo en todas las visitas, no se preocupe señora, así estoy bien, sólo para no pasar por la vergüenza de desbaratar la silla, y acaso sin haber sabido nunca que quienes le decían no te vayas Esteban, espérate siquiera hasta que hierva el café, eran los mismos que después susurraban ya se fue el bobo grande, qué bueno, ya se fue el tonto hermoso. Esto pensaban las mujeres frente al cadáver un poco antes del amanecer. Más tarde, cuando le taparon la cara con un pañuelo para que no le molestara la luz, lo vieron tan muerto para siempre, tan indefenso, tan parecido a sus hombres, que se les abrieron las primeras grietas de lágrimas en el corazón. Fue una de las más jóvenes la que empezó a sollozar. Las otras, **alentándose** entre sí, pasaron de los suspiros a los lamentos, y mientras más sollozaban más deseos sentían de llorar, porque el ahogado se les iba volviendo cada vez más Esteban, hasta que lo lloraron tanto que fue el hombre más desvalido de la tierra, el más manso y el más servicial, el pobre Esteban. Así que cuando los hombres volvieron con la noticia de que el ahogado no era tampoco de los pueblos vecinos, ellas sintieron un vacío de júbilo entre las lágrimas.

—¡Bendito sea Dios —suspiraron—: es nuestro!

Los hombres creyeron que aquellos aspavientos no eran más que frivolidades de mujer. Cansados de las tortuosas averiguaciones de la noche, lo único que querían era quitarse de una vez el estorbo del intruso antes de que prendiera el sol bravo de aquel día árido y sin viento. Improvisaron unas angarillas con restos de trinquetes y botavaras,[15] y las amarraron con carlingas[16] de altura, para que resistieran el peso del cuerpo hasta los acantilados. Quisieron encadenarle a los tobillos un ancla de buque mercante para que fondeara sin tropiezos en los mares más profundos donde los peces son ciegos y los buzos se mueren de nostalgia, de manera que las malas corrientes no fueran a devolverlo a la orilla, como había sucedido con otros cuerpos. Pero mientras más se apresuraban, más cosas se les ocurrían a las mujeres para perder el tiempo. Andaban como gallinas asustadas picoteando amuletos de mar en los arcones, unas estorbando aquí porque querían ponerle al ahogado los escapularios del buen viento, otras estorbando allá para abrocharle una pulsera de orientación, y al cabo de tanto quítate de ahí mujer, ponte donde no estorbes, mira que casi me haces caer sobre el difunto, a los hombres se les subieron al hígado las suspicacias[17] y empezaron a rezongar que con qué objeto tanta ferretería de altar mayor para un forastero, si por

---

[14]buey... *sea calf*   [15]angarillas... *stretcher with leftover foresails and gaffs*   [16]amarraron... *they tied them with mast steps*   [17]se... *their mistrusts grew*

muchos estoperoles y calderetas que llevara encima se lo iban a masticar los
tiburones, pero ellas seguían tripotando sus reliquias de pacotilla, llevando y
120 trayendo, tropezando, mientras se les iba en suspiros lo que no se les iba en lágrimas, así que los hombres terminaron por despotricar que de cuándo acá semejante alboroto por un muerto al garete,[19] un ahogado de nadie, un fiambre de
mierda. Una de las mujeres, mortificada por tanta indolencia, le quitó entonces
al cadáver el pañuelo de la cara, y también los hombres se quedaron sin aliento.
125   Era Esteban. No hubo que repetirlo para que lo reconocieran. Si les hubieran
dicho Sir Walter Raleigh, quizás, hasta ellos se habrían impresionado con su
acento de gringo, con su guacamaya en el hombro, con su arcabuz de matar
caníbales, pero Esteban solamente podía ser uno en el mundo, y allí estaba
tirado como un sábalo,[20] sin botines, con unos pantalones de sietemesino y esas
130 uñas rocallosas que sólo podían cortarse a cuchillo. Bastó con que le quitaran el
pañuelo de la cara para darse cuenta de que **estaba avergonzado,** de que no
tenía la culpa de ser tan grande, ni tan pesado ni tan hermoso, y si hubiera sabido
que aquello iba a suceder habría buscado un lugar más discreto para ahogarse,
en serio, me hubiera amarrado yo mismo un áncora de galeón en el cuello y hu-
135 biera trastabillado como quien no quiere la cosa en los acantilados, para no andar ahora estorbando con este muerto de miércoles,[21] como ustedes dicen, para
no molestar a nadie con esta porquería de fiambre que no tiene nada que ver
conmigo. Había tanta verdad en su modo de estar, que hasta los hombres más
suspicaces, los que sentían amargas las minuciosas noches del mar temiendo
140 que sus mujeres se cansaran de soñar con ellos para soñar con los ahogados,
hasta ésos, y otros más duros, se estremecieron en los tuétanos con la sinceridad
de Esteban.
    Fue así como le hicieron los funerales más espléndidos que podían conce-
birse para un ahogado expósito. Algunas mujeres que habían ido a buscar flores
145 en los pueblos vecinos regresaron con otras que no creían lo que les contaban,
y éstas se fueron por más flores cuando vieron al muerto, y llevaron más y más,
hasta que hubo tantas flores y tanta gente que apenas si se podía caminar. A última hora les dolió devolverlo huérfano a las aguas, y le eligieron un padre y una
madre entre los mejores, y otros se le hicieron hermanos, tíos y primos, así que
150 a través de él todos los habitantes del pueblo terminaron por ser parientes entre
sí. Algunos marineros que oyeron el llanto a la distancia perdieron la certeza del
rumbo, y se supo de uno que se hizo amarrar al palo mayor, recordando antiguas
fábulas de sirenas. Mientras se disputaban el privilegio de llevarlo en hombros
por la pendiente escarpada de los acantilados, hombres y mujeres tuvieron con-
155 ciencia por primera vez de la desolación de sus calles, la aridez de sus patios, la
estrechez de sus sueños, frente al esplendor y la hermosura de su ahogado. Lo
soltaron sin ancla, para que volviera si quería, y cuando lo quisiera, y todos re-
tuvieron el aliento durante la fracción de siglos que demoró la caída del cuerpo
hasta el abismo. No tuvieron necesidad de mirarse los unos a los otros para
160 darse cuenta de que ya no estaban completos, ni volverían a estarlo jamás. Pero

[19] muerto... *dead man adrift*   [20] *shad*   [21] muerto... *worthless dead man*

también sabían que todo sería diferente desde entonces, que sus casas iban a tener las puertas más anchas, los techos más altos, los pisos más firmes, para que el recuerdo de Esteban pudiera andar por todas partes sin tropezar con los trave-saños, y que nadie se atreviera a susurrar en el futuro ya murió el bobo grande,
165 qué lástima, ya murió el tonto hermoso, porque ellos iban a pintar las fachadas de colores alegres para eternizar la memoria de Esteban, y se iban a romper el espinazo excavando manantiales en las piedras y sembrando flores en los acan-tilados, para que en los amaneceres de los años venturos los pasajeros de los grandes barcos despertaran sofocados por un olor de jardines en altamar, y el
170 capitán tuviera que bajar de su alcázar con su uniforme de gala, con su astro-labio, su estrella polar y su ristra de medallas de guerra,[22] y señalando el promon-torio de rosas en el horizonte del Caribe dijera en catorce idiomas, miren allá, donde el viento es ahora tan manso que se queda a dormir debajo de las camas, allá, donde el sol brilla tanto que no saben hacia dónde girar los girasoles, sí, allá,
175 es el pueblo de Esteban.

[22] su... *his string of war medals*

Después de leer

Cuestionario

1. Cuando los niños vieron que el promontorio no llevaba bandera, ¿qué pensaron?
2. ¿Cuándo se enteraron de que era un ahogado?
3. ¿Qué notaron los hombres que cargaron al ahogado hasta la casa?
4. ¿Qué hacían las mujeres mientras los hombres averiguaban si no faltaba alguien en el pueblo?
5. Describa cómo era el ahogado según las mujeres.
6. ¿En qué sentido no se parecía a los otros ahogados fluviales?
7. ¿Qué pensaban las más porfiadas de las mujeres?
8. ¿Cómo vieron las mujeres al muerto después de taparle la cara?
9. Cuando le quitaron al muerto el pañuelo de la cara, ¿de qué se dieron cuenta las mujeres?
10. ¿Qué hicieron las mujeres cuando no querían devolver al muerto huér-fano a las aguas?
11. ¿Por qué lo soltaron sin ancla?

Estudio de palabras

Complete las oraciones con palabras o expresiones de **Palabras importantes y modismos.**

1. Los niños vieron que el barco no llevaba ni _____ ni banderas.
2. Cuando el barco _____ en la playa, los niños lo limpiaron y descubrieron que era un ahogado.
3. Se miraron los unos a los otros y _____ de que _____.
4. Los hombres que cargaron al ahogado hasta la casa se dijeron que _____ y por esto pesaba más que todos los otros muertos.
5. Las otras mujeres, _____, pasaron de los lamentos a los suspiros.
6. El ahogado _____ y que no tenía la culpa de ser tan grande ni tan hermoso.
7. Lo _____ sin ancla para que volviera cuando lo quisiera.

CONSIDERACIONES

1. Describa detalladamente lo que hicieron los niños después de haber encontrado al ahogado.
2. Haga una descripción física del ahogado.
3. ¿Cómo era el pueblo?
4. Describa el primer encuentro de las mujeres con el ahogado. ¿Cómo se comportaron? ¿Qué hicieron?
5. Haga una lista de todas las características fantásticas que las mujeres le atribuyen al ahogado.
6. ¿Cómo comprendieron las mujeres que tenía que llamarse Esteban?
7. ¿Cuáles son algunos de los inconvenientes que tuvo que aguantar Esteban por su cuerpo tan descomunal?
8. ¿Cómo reaccionaron los hombres ante las frivolidades de las mujeres?
9. Haga una lista de las cosas que hacían las mujeres para perder el tiempo.
10. Describa con detalles los funerales del muerto.

ANÁLISIS DEL TEXTO

1. Haga una lista de los detalles que contribuyen al ambiente mágico-real del cuento.
2. Comente hasta qué punto influye el ahogado en la vida del pueblo.
3. ¿Cómo interpreta Ud. la frase. «No tuvieron que mirarse los unos a los otros para darse cuenta de que ya no estaban completos, ni volverían a estarlo jamás» dentro del contexto del cuento?

 ## EN GRUPOS

Completen las siguientes actividades en grupos.

A. **Lo ilógico.** Hagan una lista de algunas de las cosas que han pasado en su vida que no tienen explicación lógica. ¿Uds. pueden contar algunos sueños o pesadillas que hayan tenido un impacto extraordinario en Uds.? Traten de averiguar el efecto que han producido en su vida.

B. Reacciones. ¿Qué reacción han tenido los hombres de la clase al leer este cuento? ¿Cómo han reaccionado las mujeres? Comparen y analicen las reacciones de Uds., y luego comparen éstas con las reacciones de los personajes en el cuento.

C. Interpretaciones. ¿Cómo interpretan a Esteban? ¿Qué puede éste representar especialmente para un grupo de habitantes pobres de la costa? ¿Cómo interpretan el final del cuento?

BIBLIOGRAFÍA

Printed Materials

Davis, Mary E. "The Voyage Beyond the Map: 'El ahogado más hermoso del mundo.'" *Kentucky Romance Quarterly* 26 (1979):25–33.

Speratti-Pinero, Emma Susana. "De las fuentes y su utilización en 'El ahogado más hermoso del mundo.'" Madrid, Castalia 1984:549–555.

Audiovisual

Gabriel García Márquez. (Spanish with English subtitles, 44 minutes, color). Films for the Humanities and Sciences. #8289. (www.films.com)

Gabriel García Márquez: A Witch Writing. (English, 52 minutes, color). Films for the Humanities and Sciences. #10014. (www.films.com)

Appendixes

A. REGULAR VERBS: SIMPLE TENSES

INFINITIVE PRESENT PARTICIPLE PAST PARTICIPLE	INDICATIVE					SUBJUNCTIVE		IMPERATIVE
	PRESENT	IMPERFECT	PRETERITE	FUTURE	CONDITIONAL	PRESENT	IMPERFECT	
hablar hablando hablado	hablo hablas habla hablamos habláis hablan	hablaba hablabas hablaba hablábamos hablabais hablaban	hablé hablaste habló hablamos hablasteis hablaron	hablaré hablarás hablará hablaremos hablaréis hablarán	hablaría hablarías hablaría hablaríamos hablaríais hablarían	hable hables hable hablemos habléis hablen	hablara hablaras hablara habláramos hablarais hablaran	habla tú, no hables hable Ud. hablemos hablad, no habléis hablen
comer comiendo comido	como comes come comemos coméis comen	comía comías comía comíamos comíais comían	comí comiste comió comimos comisteis comieron	comeré comerás comerá comeremos comeréis comerán	comería comerías comería comeríamos comeríais comerían	coma comas coma comamos comáis coman	comiera comieras comiera comiéramos comierais comieran	come tú, no comas coma Ud. comamos comed, no comáis coman
vivir viviendo vivido	vivo vives vive vivimos vivís viven	vivía vivías vivía vivíamos vivíais vivían	viví viviste vivió vivimos vivisteis vivieron	viviré vivirás vivirá viviremos viviréis vivirán	viviría vivirías viviría viviríamos viviríais vivirían	viva vivas viva vivamos viváis vivan	viviera vivieras viviera viviéramos vivierais vivieran	vive tú, no vivas viva Ud. vivamos vivid, no viváis vivan

B. REGULAR VERBS: PERFECT TENSES

	INDICATIVE					SUBJUNCTIVE	
PRESENT PERFECT	PAST PERFECT	PRETERITE PERFECT	FUTURE PERFECT	CONDITIONAL PERFECT		PRESENT PERFECT	PAST PERFECT
he	había	hube	habré	habría		haya	hubiera
has	habías	hubiste	habrás	habrías		hayas	hubieras
ha hablado	había hablado	hubo hablado	habrá hablado	habría hablado		haya hablado	hubiera hablado
hemos comido	habíamos comido	hubimos comido	habremos comido	habríamos comido		hayamos comido	hubiéramos comido
habéis vivido	habíais vivido	hubisteis vivido	habréis vivido	habríais vivido		hayáis vivido	hubierais vivido
han	habían	hubieron	habrán	habrían		hayan	hubieran

C. IRREGULAR VERBS

INFINITIVE PRESENT PARTICIPLE PAST PARTICIPLE	INDICATIVE					SUBJUNCTIVE		IMPERATIVE
	PRESENT	IMPERFECT	PRETERITE	FUTURE	CONDITIONAL	PRESENT	IMPERFECT	
andar andando andado	ando	andaba	anduve	andaré	andaría	ande	anduviera	
	andas	andabas	anduviste	andarás	andarías	andes	anduvieras	anda tú, no andes
	anda	andaba	anduvo	andará	andaría	ande	anduviera	ande Ud.
	andamos	andábamos	anduvimos	andaremos	andaríamos	andemos	anduviéramos	andemos
	andáis	andabais	anduvisteis	andaréis	andaríais	andéis	anduvierais	andad, no andéis
	andan	andaban	anduvieron	andarán	andarían	anden	anduvieran	anden
caer cayendo caído	caigo	caía	caí	caeré	caería	caiga	cayera	
	caes	caías	caíste	caerás	caerías	caigas	cayeras	cae tú, no caigas
	cae	caía	cayó	caerá	caería	caiga	cayera	caiga Ud.
	caemos	caíamos	caímos	caeremos	caeríamos	caigamos	cayéramos	caigamos
	caéis	caíais	caísteis	caeréis	caeríais	caigáis	cayerais	caed, no caigáis
	caen	caían	cayeron	caerán	caerían	caigan	cayeran	caigan

INFINITIVE / PRESENT PARTICIPLE / PAST PARTICIPLE	INDICATIVE					SUBJUNCTIVE		IMPERATIVE
	PRESENT	IMPERFECT	PRETERITE	FUTURE	CONDITIONAL	PRESENT	IMPERFECT	
dar dando dado	doy das da damos dais dan	daba dabas daba dábamos dabais daban	di diste dio dimos disteis dieron	daré darás dará daremos daréis darán	daría darías daría daríamos daríais darían	dé des dé demos deis den	diera dieras diera diéramos dierais dieran	da tú, no des dé Ud. demos dad, no deis den
decir diciendo dicho	digo dices dice decimos decís dicen	decía decías decía decíamos decíais decían	dije dijiste dijo dijimos dijisteis dijeron	diré dirás dirá diremos diréis dirán	diría dirías diría diríamos diríais dirían	diga digas diga digamos digáis digan	dijera dijeras dijera dijéramos dijerais dijeran	di tú, no digas diga Ud. digamos decid, no digáis digan
estar estando estado	estoy estás está estamos estáis están	estaba estabas estaba estábamos estabais estaban	estuve estuviste estuvo estuvimos estuvisteis estuvieron	estaré estarás estará estaremos estaréis estarán	estaría estarías estaría estaríamos estaríais estarían	esté estés esté estemos estéis estén	estuviera estuvieras estuviera estuviéramos estuvierais estuvieran	está tú, no estés esté Ud. estemos estad, no estéis estén
haber habiendo habido	he has ha hemos habéis han	había habías había habíamos habíais habían	hube hubiste hubo hubimos hubisteis hubieron	habré habrás habrá habremos habréis habrán	habría habrías habría habríamos habríais habrían	haya hayas haya hayamos hayáis hayan	hubiera hubieras hubiera hubiéramos hubierais hubieran	
hacer haciendo hecho	hago haces hace hacemos hacéis hacen	hacía hacías hacía hacíamos hacíais hacían	hice hiciste hizo hicimos hicisteis hicieron	haré harás hará haremos haréis harán	haría harías haría haríamos haríais harían	haga hagas haga hagamos hagáis hagan	hiciera hicieras hiciera hiciéramos hicierais hicieran	haz tú, no hagas haga Ud. hagamos haced, no hagáis hagan

C. IRREGULAR VERBS (*Continued*)

INFINITIVE / PRESENT PARTICIPLE / PAST PARTICIPLE	INDICATIVE PRESENT	IMPERFECT	PRETERITE	FUTURE	CONDITIONAL	SUBJUNCTIVE PRESENT	IMPERFECT	IMPERATIVE
ir yendo ido	voy vas va vamos vais van	iba ibas iba íbamos ibais iban	fui fuiste fue fuimos fuisteis fueron	iré irás irá iremos iréis irán	iría irías iría iríamos iríais irían	vaya vayas vaya vayamos vayáis vayan	fuera fueras fuera fuéramos fuerais fueran	ve tú, no vayas vaya Ud. vayamos id, no vayáis vayan
oír oyendo oído	oigo oyes oye oímos oís oyen	oía oías oía oíamos oíais oían	oí oíste oyó oímos oísteis oyeron	oiré oirás oirá oiremos oiréis oirán	oiría oirías oiría oiríamos oiríais oirían	oiga oigas oiga oigamos oigáis oigan	oyera oyeras oyera oyéramos oyerais oyeran	oye tú, no oigas oiga Ud. oigamos oíd, no oigáis oigan
poder pudiendo podido	puedo puedes puede podemos podéis pueden	podía podías podía podíamos podíais podían	pude pudiste pudo pudimos pudisteis pudieron	podré podrás podrá podremos podréis podrán	podría podrías podría podríamos podríais podrían	pueda puedas pueda podamos podáis puedan	pudiera pudieras pudiera pudiéramos pudierais pudieran	
poner poniendo puesto	pongo pones pone ponemos ponéis ponen	ponía ponías ponía poníamos poníais ponían	puse pusiste puso pusimos pusisteis pusieron	pondré pondrás pondrá pondremos pondréis pondrán	pondría pondrías pondría pondríamos pondríais pondrían	ponga pongas ponga pongamos pongáis pongan	pusiera pusieras pusiera pusiéramos pusierais pusieran	pon tú, no pongas ponga Ud. pongamos poned, no pongáis pongan
querer queriendo querido	quiero quieres quiere queremos queréis quieren	quería querías quería queríamos queríais querían	quise quisiste quiso quisimos quisisteis quisieron	querré querrás querrá querremos querréis querrán	querría querrías querría querríamos querríais querrían	quiera quieras quiera queramos queráis quieran	quisiera quisieras quisiera quisiéramos quisierais quisieran	quiere tú, no quieras quiera Ud. queramos quered, no queráis quieran

D. STEM-CHANGING AND SPELLING CHANGE VERBS

INFINITIVE / PRESENT PARTICIPLE / PAST PARTICIPLE	INDICATIVE					SUBJUNCTIVE		IMPERATIVE
	PRESENT	IMPERFECT	PRETERITE	FUTURE	CONDITIONAL	PRESENT	IMPERFECT	
pensar (ie) pensando pensado	pienso piensas piensa pensamos pensáis piensan	pensaba pensabas pensaba pensábamos pensabais pensaban	pensé pensaste pensó pensamos pensasteis pensaron	pensaré pensarás pensará pensaremos pensaréis pensarán	pensaría pensarías pensaría pensaríamos pensaríais pensarían	piense pienses piense pensemos penséis piensen	pensara pensaras pensara pensáramos pensarais pensaran	piensa tú, no pienses piense Ud. pensemos pensad, no penséis piensen
volver (ue) volviendo vuelto	vuelvo vuelves vuelve volvemos volvéis vuelven	volvía volvías volvía volvíamos volvíais volvían	volví volviste volvió volvimos volvisteis volvieron	volveré volverás volverá volveremos volveréis volverán	volvería volverías volvería volveríamos volveríais volverían	vuelva vuelvas vuelva volvamos volváis vuelvan	volviera volvieras volviera volviéramos volvierais volvieran	vuelve tú, no vuelvas vuelva Ud. volvamos volved, no volváis vuelvan
dormir (ue, u) durmiendo dormido	duermo duermes duerme dormimos dormís duermen	dormía dormías dormía dormíamos dormíais dormían	dormí dormiste durmió dormimos dormisteis durmieron	dormiré dormirás dormirá dormiremos dormiréis dormirán	dormiría dormirías dormiría dormiríamos dormiríais dormirían	duerma duermas duerma durmamos durmáis duerman	durmiera durmieras durmiera durmiéramos durmierais durmieran	duerme tú, no duermas duerma Ud. durmamos dormid, no durmáis duerman
sentir (ie, i) sintiendo sentido	siento sientes siente sentimos sentís sienten	sentía sentías sentía sentíamos sentíais sentían	sentí sentiste sintió sentimos sentisteis sintieron	sentiré sentirás sentirá sentiremos sentiréis sentirán	sentiría sentirías sentiría sentiríamos sentiríais sentirían	sienta sientas sienta sintamos sintáis sientan	sintiera sintieras sintiera sintiéramos sintierais sintieran	siente tú, no sientas sienta Ud. sintamos sentid, no sintáis sientan
pedir (i, i) pidiendo pedido	pido pides pide pedimos pedís piden	pedía pedías pedía pedíamos pedíais pedían	pedí pediste pidió pedimos pedisteis pidieron	pediré pedirás pedirá pediremos pediréis pedirán	pediría pedirías pediría pediríamos pediríais pedirían	pida pidas pida pidamos pidáis pidan	pidiera pidieras pidiera pidiéramos pidierais pidieran	pide tú, no pidas pida Ud. pidamos pedid, no pidáis pidan

D. STEM-CHANGING AND SPELLING CHANGE VERBS (*Continued*)

INFINITIVE / PRESENT PARTICIPLE / PAST PARTICIPLE	INDICATIVE					SUBJUNCTIVE		IMPERATIVE
	PRESENT	IMPERFECT	PRETERITE	FUTURE	CONDITIONAL	PRESENT	IMPERFECT	
reír (i, i) riendo reído	río ríes ríe reímos reís ríen	reía reías reía reíamos reíais reían	reí reíste rió reímos reísteis rieron	reiré reirás reirá reiremos reiréis reirán	reiría reirías reiría reiríamos reiríais reirían	ría rías ría riamos riáis rían	riera rieras riera riéramos rierais rieran	ríe tú, no rías ría Ud. riamos reíd, no riáis rían
seguir (i, i) (g) siguiendo seguido	sigo sigues sigue seguimos seguís siguen	seguía seguías seguía seguíamos seguíais seguían	seguí seguiste siguió seguimos seguisteis siguieron	seguiré seguirás seguirá seguiremos seguiréis seguirán	seguiría seguirías seguiría seguiríamos seguiríais seguirían	siga sigas siga sigamos sigáis sigan	siguiera siguieras siguiera siguiéramos siguierais siguieran	sigue tú, no sigas siga Ud. sigamos seguid, no sigáis sigan
construir (y) construyendo construido	construyo construyes construye construimos construís construyen	construía construías construía construíamos construíais construían	construí construiste construyó construimos construisteis construyeron	construiré construirás construirá construiremos construiréis construirán	construiría construirías construiría construiríamos construiríais construirían	construya construyas construya construyamos construyáis construyan	construyera construyeras construyera construyéramos construyerais construyeran	construye tú, no construyas construya Ud. construyamos construid, no construyáis construyan
producir (zc) produciendo producido	produzco produces produce producimos producís producen	producía producías producía producíamos producíais producían	produje produjiste produjo produjimos produjisteis produjeron	produciré producirás producirá produciremos produciréis producirán	produciría producirías produciría produciríamos produciríais producirían	produzca produzcas produzca produzcamos produzcáis produzcan	produjera produjeras produjera produjéramos produjerais produjeran	produce tú, no produzcas produzca Ud. produzcamos producid, no produzcáis produzcan

Vocabulary

This vocabulary contains all words that appear in the text with the exception of (1) articles, numerals, possessives, demonstratives, personal pronouns, and other words that an average student of intermediate Spanish would be expected to know; (2) close or exact cognates; (3) most conjugated verb forms; (4) most diminutives and superlatives; and (5) adverbs created by adding **-mente** to listed adjectives.

Gender has not been indicated for masculine nouns ending in **-o** nor for feminine nouns ending in -a, **-dad, -ión, -tad,** or **-tud.** Adjectives are given in masculine form only. Stem changes and spelling changes for verbs are indicated in parentheses.

Abbreviations

adj.	adjective	*inf.*	infinitive	*p.p.*	past participle
adv.	adverb	*int.*	interjection	*prep.*	preposition
Arg.	Argentina	*irreg.*	irregular	*pron*	pronoun
coll.	colloquial	*m.*	masculine	*rel.*	relative
conj.	conjunction	*n.*	noun	*sing.*	singular
f.	feminine	*pl.*	plural	*v.*	verb
ger.	gerund				

A

abajo below, down; **aguas abajo** downstream; **allá abajo** down there; **cabeza abajo** upside down; **hacia abajo** downward; **río abajo** downriver

abarcar (qu) to comprise

abatirse to dishearten, discourage

abierto (*p.p. of* **abrir**) open; **a cielo abierto** in the open air

abismo abyss

abogado/a lawyer

abordar to approach; to board

abrazar (c) to hug, embrace

abrir (*p.p.* **abierto**) to open; **abrirse paso** to make headway

abrochar to fasten, buckle

abrojos *pl.* sorrow, grief; sharp rocks (*mar.*)

abrumar to overwhelm

absoluto: en absoluto not at all

absorto (*p.p. of* **absorber**) engrossed, absorbed

abstraído absent-minded, distracted

abuelo/a grandfather, grandmother; *pl.* grandparents

abultamiento swelling

abundar to abound with

aburrido bored; boring

aburrirse to become bored

abusar de to abuse

acá here; over here

acabar to finish, end; **acabar con** to put an end to; **acabar de** + *inf.* to have just (*done something*); **acabarse** to come to an end; **no acabar de entender** to not fully understand (*something*)

acaecido: lo acaecido the incident, what happened

acantilado cliff

acariciar to caress
acaso perhaps
acceder to assent
aceitoso oily
acentuar (acentúo) to stress; **acentuarse** to intensify
aceptación acceptance
acequia irrigation ditch
acera sidewalk
acerca de about
acercar (qu) to take or place near; **acercarse a** to approach, draw near
acero steel
acertado correct, accurate
acertar (ie) a + *inf.* to happen to (*do something*)
achinado native, indigenous (*Arg.*)
acoger (j) to welcome
acólito temple attendant
acometer to attack, rush upon
acomodado comfortably off
acomodar to accommodate; to place; to cradle; **acomodarse** to take a seat; to settle into a comfortable position
acompañar to accompany
aconsejar to advise
acontecer (zc) to happen, occur
acontecimiento event, incident
acordar(se) (ue) de to remember
acorralado corralled, cornered
acoso harassment; pursuit
acostarse (ue) to go to bed
acostumbrarse a to be accustomed to
acto continuo immediately afterward; **en el acto** immediately
actriz *f.* (*pl.* **actrices**) actress
actualidad present time
acudir a to go or come to; to attend
acurrucarse (qu) to hunker, squat on one's haunches
adelante forward; ahead; **hacia adelante** forward
adelgazar (c) to grow thin
ademán *m.* gesture
además in addition, furthermore
adentro inside; **para adentro** turned inward
adinerado rich, wealthy
adivinar to guess
adquirir *irreg.* to acquire
aduana *sing.* customs
advertir (ie, i) to advise, warn; to remark
aéreo *adj.* air
afecto affection

aferrar (ie) to grip, hold; to seize
afiebrado feverish
afilado slender
afirmación statement
afirmar to state
afligir (j) to distress
afluente *m. sing.* headwaters
afuera *adv.* outside; **hacia afuera** outward; **afueras** *m. pl.* outskirts
agachar to lower, bend; **agacharse** to crouch
agarrar to grab
agarrotado stiff, rigid
agazapado hidden
agitarse to shake
agónico agonizing
agotar to exhaust; to use up
agradable pleasant
agradar to please
agradecer (zc) to thank
agradecido appreciated
agradecimiento thanks; expression of appreciation
agravar to make worse
agregar (gu) to add
agrícola *m., f. adj.* agricultural
agrio bitter
agua *f.* (*but* **el agua**) water; **agua corriente** running water; **aguas abajo** downstream; **aguas arriba** upstream
aguantar to bear, endure; to tolerate
aguardar to wait for; await
agudo sharp; acute
águila *f.* (*but* **el águila**) eagle
aguja needle; **aguja de tejer** knitting needle
ahí there
ahogar (gu) to smother; to drown; to drown out
ahora now; **ahora mismo** right now; **por ahora** for the time being
ahumado smoke-colored
aire *m.* air; look, appearance; **al aire libre** outdoors
aislar (aíslo) to isolate
ajedrez *m.* chess
ajeno foreign, alien; strange; distant, far
ajustar to fit; to adjust; to tighten
al (*contraction of* **a** + **el**); **al** + *inf.* on, upon (*doing something*); **al aire libre** outdoors; **al alcance de** within reach of; **al cabo de** at the end of; after; **al contrario** on the contrary; **al día siguiente** on the following day; **al fin** finally; **al fin y al cabo** after all; **al lado de** next to; **al otro día** the next

day; **al otro lado** on the other side; **al parecer** apparently; **al puento de partida** at the outset; **al principio** at first; in the beginning; **al pronto** at first; **al rato** in/after a while; **al respecto** about the matter; in regard to the matter; **al tanto** up to date

ala *f.* (*but* **el ala**) wing

alabar to applaud, praise

alambre *m.* wire; **alambre tejido** wire mesh

alameda tree-lined walk

alargado long

alargarse (gu) to lengthen, extend

alarido scream

alba *f.* (*but* **el alba**) dawn

albergar (gu) to shelter

alboroto tumult, uproar

álbum *m.* **filatélico** stamp collection

alcance: al alcance de within reach of

alcanfor *m.* camphor

alcantarilla sewer

alcanzar (c) to reach; to achieve; to attain; **alcanzar a** + *inf.* to manage to, be able to (*do something*)

alcázar *m.* fortress

aldea village

alegrar to make happy; **alegrarse** to be happy

alegre happy; **medio alegre** half drunk

alegría happiness

alejarse to go far away; to withdraw

alentador encouraging

alentar (ie) to encourage; **alentarse** to become inspired or encouraged

alfombra carpet

alfombrado carpeted

algo *pron.* something; *adv.* somewhat

alguien someone

algún, alguno one; some; a certain; any; *pl.* some; **algún día** eventually; **alguna vez** once; ever; sometime; **de algún modo** somehow; **de alguna manera** somehow

alianza alliance

aliento breath, breathing

alimentar to nourish, feed

alisar to smooth

aliviar to lessen, alleviate

alivio relief

allá (over) there; **allá abajo** down there; **allá arriba** up there; **más allá** further; **más allá de** beyond

allí there; **allí mismo** right there

alma *f.* (*but* **el alma**) soul; **estado del alma** state of being; condition

almacén *m.* general store

almendra almond

almendro almond tree

almohada pillow

almohadón *m.* cushion, pillow

almorzar (ue) (c) to have lunch

almuerzo lunch

alojar to lodge

alrededor (de) around

alterar to alter; **alterarse** to become angry

altivez *f.* haughtiness, pride

alto high; tall; **en alta mar** on the high seas; **en alta voz** loudly; **en lo alto (de)** at / on the top (of); **en voz alta** aloud; **la Muy Alta** the Most High (*goddess*)

altura height

alubia string bean

alumbrar to illuminate, light

alumno/a student

alzar (c) to raise, lift (up); **alzarse** to rise up

amable kind

amanecer (zc) *v.* to dawn; to wake up (*in the morning*); *n. m.* dawn

amante *m., f.* lover

amar to love

amargar (gu) to embitter

amargo bitter

amargura bitterness

amarillo yellow

amarrar to tie (up)

amasar to mold

ambiente *m.* environment; atmosphere; **medio ambiente** environment

ámbito ambit, scope

ambos/as *adj., pron.* both

amenaza threat

amenazar (c) to threaten

amigo/a friend

amistoso friendly

amonedar to mint, coin

amonestar to reprove; to warn

amor *m.* love; sweetheart

amparo shelter; protection

amplio extensive; large, roomy

analfabetismo illiteracy

ancho broad, wide

ancla *f.* (*but* **el ancla**) anchor

áncora (*but* **el áncora**) anchor

andar *irreg.* to walk; to walk around; to be; to go, function; **andar** + *inf.* to be / have been (*doing something*) to go around (*doing something*); **andar a caza de** to go hunting for

andén *m.* railway platform

anfiteatro amphitheater

angarillas *f. pl.* wheelbarrow

anguila eel

angustia anguish

angustioso distressed, afflicted; distressing, afflicting

anhelante anxious, eager; yearning

anillo ring

animar to encourage; **animarse** to cheer up

ánimo encouragement; **estado de ánimo** mood, state of mind

anoche last night

anochecer (zc) *v.* to get dark; *n. m.* nightfall, dusk

anotación comment, entry (*in a diary*)

anotar to write down

ansia anxiety; longing

ansiedad anxiety

ante before; in front of; with regard to; **ante todo** above all

anteayer *adv.* day before yesterday

anteanoche *adv.* night before last

antepasado/a ancestor

anterior previous, former, preceding

antes *adv.* before; previously; **antes de** *prep.* before; **antes (de) que** *conj.* before; **cuanto antes** as soon as possible

anticipación: con anticipación ahead of time

antigüedad *n.* antique

antiguo ancient, old

antipático unpleasant

antojadizo whimsical

antorcha torch

antropoide *m.* anthropoid (*resembling an ape*)

añadir to add

añadidura: por añadidura to make matters worse

año year; **cumplir... años** to turn . . . years; **entrado en años** advanced in years; **entrar en** + *number* + **años** to approach + *number* + years (*of age*); **tener** (*irreg.*) **... años** to be . . . years old

apaciguador soothing, calming

apagado muffled (*sounds*)

apagar (gu) to turn off, extinguish (*light, appliance*)

apaleado beaten, abused

apañárselas to manage by oneself

aparato appliance; device; gadget

aparcería sharecropping

aparcero/a sharecropper

aparecer (zc) to appear

apartado remote, distant; separate

apartar to separate; to put or brush to one side; **apartarse** to leave; to stray from

aparte de besides

apearse to alight, get out

apellido last name

apelotonar to form balls; to curl up

apenas barely, scarcely, hardly

apilado piled

apio celery

aplacar (qu) to placate

aplicado studious

aplomo poise

apoderado attorney; power of attorney

aportar to contribute, bring

apoyar to support; **apoyarse** to lean

apoyo support

aprender to learn

aprendizaje *m.* learning

apresar to capture, take prisoner

apresurarse to hurry

apretado narrow

apretar (ie) to push (*a button*); to tighten; to squeeze

aprovechar to take advantage of

aproximación approach (*lit.*)

apurarse to hurry

apuro haste

aquí here

árbol *m.* tree

arboladura mast

arbusto shrub

arcabuz *m.* (*pl.* **arcabuces**) harquebus (*type of gun*)

arcano *n.* secret

arco arch

arcón *m.* large chest

arder to burn

arduo arduous, hard

arena sand

aridez *f.* barrenness

arista edge

arma *f.* (*but* **el arma**) weapon

armar to arm, furnish with arms; to set up

armario wardrobe; cabinet

arrabal *m.* slum

arrancada jolt

arrancar (qu) to uproot, pull out; to tear off; to start up (*car*)

arrastrar to drag; **arrastrarse** to drag on; to crawl, creep; to slide, slither

arrastre *m.* dragging
arreglar to arrange; **arreglárselas** to
  work out
arrellanado comfortable
arremolinado swirling
arrepentimiento regret
arrepentirse (ie, i) to regret; to repent
arriba up; up above; **aguas arriba** upstream;
  allá arriba up there; **boca arriba** face up;
  cuesta arriba uphill; **hacia arriba** upward;
  río arriba upriver
arriesgar (gu) to risk
arrojarse to throw oneself
arrollado coiled, wound up
arroyo stream
arroz *m.* rice
arzadu *m. flowering plant*
arzobispado archbishopric
arzobispo archbishop
asado roasted
asar to roast, bake
ascendencia ancestry
ascensor *m.* elevator
asco nausea; disgust
asear to clean
asedio siege, blockade
asegurar to assure
asentado registered; written down
asentamiento site; settlement
asentimiento agreement
asentir (ie, i) to agree
asesino/a murderer, assassin
así so, thus; in this way; like that; **así de** +
  adj. this + *adj.*
asiento seat
asistir a to attend
asomar to appear; **asomarse a** to lean out of;
  to show oneself
asombro surprise
asombroso surprising
aspaviento fuss
aspecto appearance; aspect
áspero rough; harsh
aspirar to inhale, breathe in
asunto matter
asustarse to become frightened or scared
atabal *m.* drum
atar to tie (up)
atardecer *m.* dusk
atarearse to move rapidly
atención: llamar la atención to draw attention to
atender (ie) to pay attention (to)

atentamente carefully
aterrado terrified
atestiguar (gü) to testify
atormentar to torment; to torture
atracar (qu) to come ashore
atractivo: tener (*irreg.*) **su atractivo** to have
  its own appeal
atraer (*like* **traer**) to attract; appeal to; *n. m.*
  drawing
atrás *adv.* behind; back; **hacia atrás** back, in
  back, behind
atravesar (ie) to cross, go / come through; to
  bewitch
atreverse to dare
atribuir (y) to attribute; to account for
atroz (*pl.* **atroces**) atrocious, awful; cruel
aturdir to bewilder, confuse
audaz (*pl.* **audaces**) daring, bold
auge *m.* height, boom
aumentar to increase
aun even
aún yet, still
aunque although
auricular *m.* headset
aurora dawn
auscultar to listen with a stethoscope
ausencia absence
ausente *n. m., f.* absent person; *adj.* absent
auto judicial decree or ruling
autóctono *adj.* native, aboriginal
auxiliado aided, comforted
avaro/a miser
ave *f.* (*but* **el ave**)
avenida avenue
avenido: mal avenido incompatible
avergonzado ashamed, embarrassed
avergonzarse (c) to be ashamed; to feel embarrassed
averiguar (gü) to find out, inquire into
avisar to inform; to advise; to warn
ayer yesterday
ayuda help
ayudar to help
azahar *m.* citrus blossom
azar *m.* twist of fate
azotar to lash; to dash (*against something*)
azul *m.* blue; **azul marino** navy blue
azulado *adj.* bluish, blue

B

baba drool; slime
bajar to go, come down; to lower; **bajarse** to
  get down

bajo *adj.* low; short; lower; *adv., prep.* under; beneath; **en voz baja** in a low voice

balanceo swinging, swaying

balazo shot

ballena whale

balsámico aromatic

bandeja tray

bandera flag

bandido bandit, outlaw

bando headband

banqueta curb; sidewalk

banquete *m.* banquet; feast

bañarse to bathe

baño bathroom

barajar to catch

barba beard

barbado bearded

barbarie *f.* barbarism; savagery

barco boat; **barco a vela** sailboat; sailing ship

barra bar; counter

barranco ravine; gully

barrio neighborhood

barro mud; clay

barrote *m.* (*steel, wooden*) bar

bastante rather; quite

bastar to be sufficient, enough; **bastarse** to be self-sufficient

bastidor *m.* frame

batiente *m.* (door / window) jamb

bayeta thick flannel

beber to drink

belleza beauty

bendito blessed

beneficiarse (de) to profit, benefit (from)

berrinche *m.* tantrum

besar to kiss

beso kiss

bestia beast

biblioteca library

bien well; **bien** + *adj.* quite; **bien de la cabeza** sane; **llevarse bien** to get along (well); **más bien** (but) rather; **obrar bien** to do good works; **salir** (*irreg.*) **bien** to turn out well; **verse** (*irreg.*) (*p.p.* **visto**) **bien** to look good

bienes *m. pl.* goods; wealth

bienestar *m.* well-being

bienhechor(a) benefactor, benefactress

bifurcarse (qu) to fork, branch off

billete *m.* ticket

bisabuelo/a great-grandfather, great-grandmother; *pl.* great-grandparents

bizquear to squint

blanco white; **en blanco** blank

blancura whiteness

blando soft; gentle

blanduzco softish

blanquear to whiten

bloc *m.* (**de notas**) writing pad

bobo/a fool

boca mouth; **boca arriba** face up

bocacalle *f.* intersection

bocanada mouthful; whiff

bochorno embarrassment

bocina bullhorn

boda wedding

bol *m.* bowl

bola ball

boleto ticket

bolígrafo pen

bolita de miga wad of bread

bolsa bag; purse

bolsillo pocket

bombardeo bombing; bombardment, shelling

bombilla light bulb

bondad goodness; kindness

bondadosamente kindly

bonito pretty

borbollón *m.* bubbling

borda gunwale; mainsail

borde *m.* edge, border, side

bordeado bordered, edged

bordo: a bordo on board

borrachera drunkenness

borrar to erase; **borrarse** to disappear

borravino dark purple

borronear to scribble, scrawl

bosque *m.* forest, woods

bota boot

botavara gaff, boom (*mar.*)

bote *m.* boat

botella bottle

botín *m.* ankle boot

botón *m.* button

bramante *m.* linen

bravo fierce

brazo arm; **de brazos cruzados** doing nothing, idle; **echarse de brazos** to lean on

brecha gap

breve brief, short

brillante shining, bright, brilliant

brillar to shine

brillo brillance, shine

brincar (qu) to hop, jump

brinco hop, jump

brisa breeze
brizna blade of grass or straw
broma joke
bromear to joke
bronce *m.* bronze
brotar to sprout, bud
brujo/a sorcerer, sorceress; warlock, witch
brújula compass
bruma mist
buche: hacer (*irreg.*) **un buche** to wet one's mouth
buen, bueno good, kind; well; *int.* well; **un buen rato** a good while
buey *m.* **de mar** sea calf
bullicioso raucous
bullir to bubble
buque *m.* ship
burbuja bubble
Burdeos Bordeaux (*region in western France*)
burla joke, jest; insult
busca *n.* search
buscar (qu) to look for
búsqueda *n.* search
buzo/a diver

C

caballo horse
cabaña cabin; cottage
cabecera: de cabecera in charge; **médico de cabecera** attending physician
cabello hair
caber *irreg.* to fit
cabeza head; **bien de la cabeza** sane; **cabeza abajo** upside down; **darle** (*irreg.*) **en la cabeza** to annoy
cabina booth
cabo end; bit, piece; **al cabo de** at the end of; after; **al fin y al cabo** after all
cacharros *m. pl.* pots and pans
cada each; every; **a cada instante** constantly; **cada vez más** more and more, increasingly; **cada vez mejor** better and better; **cada vez que** whenever, every time that
cadena chain
caer *irreg.* to fall; to set (*sun*); **caer de lomo** to fall / come down on one's back; **caer en cama** to fall ill; **caerse** to fall down; **dejar caer** to let fall; to drop
café *m.* coffee; café
caída fall; falling
caído fallen
cajero/a cashier

cajón *m.* large box; drawer
cal *m.* whitewash; lime
calabozo cell
caldear to heat (up)
caldereta small pot
caldo broth
calentar (ie) to heat
calidad quality
cálido hot
caliente hot, warm
callado quiet
calle *f.* street
calor *m.* heat
caluroso warm, enthusiastic
calvo bald
calzada street; sidewalk
cama bed; **caer** (*irreg.*) **en cama** to fall ill
camarero/a waiter, waitress
camarote *m.* cabin, stateroom, berth; **vecino/a de camarote** cabin mate
cambiar to change
cambio change; **a cambio** in exchange; **en cambio** on the other hand
camilla stretcher; **camilla de ruedas** gurney
caminar to walk
caminata hike; outing
camino road
camión *m.* truck; bus (*Mex.*)
camisa shirt
camiseta t-shirt
campaña campaign
campesino/a peasant
campiña country, countryside
campo field; country, countryside
canastilla small wicker basket
cancel *m.* inner door; wooden partition, screen; **puerta cancel** inner door; partition
canción song; **canción de cuna** lullaby
cangrejo: vela cangreja boom sail
cansado tired
cansarse to tire
cansino lethargic
cantar to sing
cántaro pitcher
cantidad quantity
caña cane, reed; rum
capataz *m.* (*pl.* **capataces**) foreman
capaz (*pl.* **capaces**) able, capable
capellán *m.* chaplain; priest
capítulo chapter
caprichosamente capriciously
captar to earn, win; to capture
cara face; expression; **de cara a** facing; **poner** (*irreg.*) **cara de** to adopt an attitude of

carácter *m.* character; personality
caramelo candy
cárcel *f.* jail
cardumen *m.* school, shoal (*of fish*)
carga load; burden
cargamento load; cargo
cargar (gu) to load; to carry, take
cargo task, duty; post; position
caricia caress
cariño affection
carlinga mast step
carne *f.* flesh; meat
caro expensive
carrera route
carretera highway
carrito gurney, wheeled cot
carro car
carta letter
cartelera billboard
cartera wallet
casa house
casado married; **recién casado/a** newlywed
casarse (con) to get married (to)
casco area, limits (*of an estate*)
casero/a landlord
casi almost
caso case; **hacerle** (*irreg.*) **caso a alguien** to pay attention to someone
castigar (gu) to punish
castigo punishment
casual accidental
casualidad: por casualidad by chance
casucha shack
cataclismo catastrophe
catorceno group of fourteen units; fourteenth
causa: a causa de because of
causante *m., f.* one that causes
cautivar to capture, take prisoner
cautivo/a captive
cavilación pondering, deep thinking
caza hunt; hunting; **andar** (*irreg.*) **a caza de** to go hunting for
cazador(a) hunter
cazar (c) to hunt
cebar to brew (*tea*)
ceder to give up, in; to yield; to relinquish
cegador blinding, dazzling
cegar (ie) (gu) to blind
ceguera blindness
ceja eyebrow
cejar to withdraw; to move backwards
celda cell

celo zeal
cementerio cemetery
cena dinner
cenar to have dinner
ceniza ash
cenizoso ashen
censura censorship
centinela *m.* sentry, guard
central main, central
centrarse to focus
centro downtown; center
ceñidor belt, waistband
ceñir to engirdle; to fit tightly
ceño frown, scowl
cerca *adv.* near (by); **cerca de** *prep.* near, close
cerca *n.* fence
cercanía proximity, nearness
cerebro brain
cernirse to shift from side to side
cerrar (ie) to close; **cerrar de golpe** to slam
cerro hill
cerrojo bolt, latch
certeza certainty; **tener** (*irreg.*) **la certeza** to be quite sure
certidumbre *f.* certainty
cesar to stop, cease
césped *m.* grass, lawn
cetrino sallow
chacra farm
chaleco vest
chalupa sloop
chambergo broad-brimmed soft hat
chaparral *m.* thicket
chapotear to splash
chaqueta jacket
charco puddle
charlar to talk, chat
charol *m.* patent leather
chico/a *n.* boy, girl; *adj.* small
chicotazo lash, lashing
chicotear to whip
chiripá gaucho's trousers
chirriar to squeak, creak; to sizzle
chocante shocking
choque *m.* crash, collision; shock
chorrear to gush
chupar to suck
cicatrizar (c) to scar
cicuta hemlock
ciego/a *n.* blind person; *adj.* blind
cielo heaven; sky; **a cielo abierto** in the open air; **cielo raso** ceiling (*in a house*)

ciénaga swamp, marsh
cierto certain, sure; true
ciervo/a deer
cifra figure; code
cigarrillo cigarette
cine *m.* cinema; movie theater
cinematógrafo movie theater
cintura waist
circundado surrounded
cirujano/a surgeon
ciudad city
clamar to clamor, cry out
claridad clarity
claro clear
clausura closing
clavar to pierce, stick
clave *n. f.* key; clue; *adj. inv.* key
clérigo clergyman
clero clergy
clima *m.* climate
cloroformado anesthetized
coartada alibi
cobertizo roof, overhang
cobertor bedspread
cobrar to charge (*money*); to take on; to acquire
coche *m.* car; coach; **coche de plaza** taxi
cocina kitchen
cocinar to cook
códice *m.* manuscript, codex
codiciado coveted
codo elbo
coger (j) to pick up; to grasp; to take
cola train (*of people*); **hacer** (*irreg.*) **cola** to stand in line
colcha bedspread
colchón *m.* mattress
colegio school
cólera anger, rage
colérico angry
colgado hanging; **llevar colgado/a del cuello** to carry around one's neck
colgar (ue) (gu) to hang
colmado: estar (*irreg.*) **colmado** to be fulfilled
colmar to fill up
colmo: llegar (gu) a su colmo to reach a peak
colonia city district
colono/a colonist; settler
colorearse to turn red
comadreja weasel
comedor *m.* dining room

comentario comment
comenzar (ie) (c) to begin
comer to eat; **comerse** to eat up; **dar** (*irreg.*) **de comer** to feed
comercio business; trade
cometer to commit
cómico funny
comida food; meal
comienzo beginning
como as; like; **tal como** just as; **tan... como** as . . . as; **tan pronto como** as soon as; **tanto... como...** both . . . and . . .; **tanto como** as much as
cómoda chest of drawers
cómodo comfortable
compadre *m.* close friend; buddy; godfather
compadrito bully, troublemaker (*Arg.*)
compaginar to collate
compañero/a friend; **compañero/a de pensión** roommate
compartir to share
compensar (ie) to compensate; to make amends (for)
complacerse (zc) to be pleased with
completo: estar (*irreg.*) **completos** to be all accounted for; **por completo** completely
componer (*like* **poner**) (*p.p.* **compuesto**) to compose, make up
comportamiento behavior
comportarse to behave
comprar to buy
comprender to understand
comprensión understanding
comprobar (ue) to verify, check; to confirm
comprometer to obligate; **comprometerse** to make a commitment; to pledge
compromiso commitment
compuesto (*p.p. of* **componer**) complex; composed
computar to count
concebir (i, i) to conceive
conceder to grant
concertarse (ie) to harmonize
conciencia: tener (*irreg.*) **conciencia de** to be aware of
concurrencia competition, rivalry; gathering, audience
conde *m.* count (*nobleman*)
condena sentence (*punishment*)
condenar to condemn
condiscípulo/a schoolmate, peer
condolido de saddened, pained by
conducir *irreg.* to guide, lead; to transport, convey; to herd; **conducir a** to lead to

conferir (ie, i) to award, bestow
confiado confident
confianza confidence; trust; **tener** (*irreg.*) **confianza en** to have confidence in
confiar (confío) en to trust
configurar to shape, develop
conforme to the degree that; **conforme a** in accordance with
confrontación comparison, consideration
confundir to confuse
confuso confused
congoja sorrow, anguish
conmover (ue) to trouble; to move, touch
conocer (zc) to know, be acquainted with; to meet; **dar** (*irreg.*) **a conocer** to reveal
conocimiento knowledge; consciousness
conquista conquest
conquistador(a) conqueror
consagrar to consecrate
conseguir (*like* **seguir**) to obtain
consejero/a counselor, advisor
consejo consultation; piece of advice
consentir (*like* **sentir**) to consent; to spoil, pamper
conserva: de conserva in a convoy
conservador(a) *n. adj.* conservative
conservar to preserve, maintain
consolar (ue) to console
consolidarse to grow firm
constar to be clear, obvious
constituir (y) to compose, make up
consulta doctor's visit; consultation
consumición drink (*in a bar*)
contacto contact; **ponerse** (*irreg.*) **en contacto** to put (oneself) in touch
contar (ue) to count; to tell; to matter; **contar con** to count on
contemporáneo contemporary
contener (*like* **tener**) to contain
contenido *n.* content
contentarse con to be satisfied with
contento happy
contestar to answer
continuar (continúo) to continue
continuo continuous; **acto continuo** immediately afterward
contra against; opposed to; **declararse en contra** to come out against
contrapunto counterpoint
contrario opposite; **al contrario** on the contrary
contribuir (y) to contribute
contusión bruise, contusion

convalecer (zc) to convalesce
convaleciente *m., f.* convalescent
convencido convinced
convención rule
convenir (*like* **venir**) to suit; to be convenient; to correspond
conversador talkative
conversar to talk, converse
convertir (ie, i) to convert; **convertirse** to turn into
convulso frantic
copa goblet, cup; drink; treetop; **tomar una copa** to have a drink
copia copy
coraje *m.* courage; spirit
coraza breastplate, armor
corazón *m.* heart
corbeta corvette
cordura prudence, wisdom
corona crown
coronar to crown
corpulento fat
corralillo small poultry yard
corredor *m.* corridor, passage
corregir (j) to correct
correr to run; to go; **salir** (*irreg.*) **corriendo** to run away
corriente *n. m.* the current month; *n., f.* current; *adj.* current, present; **agua** (*f. but* **el agua**) **corriente** running water
cortadera bulrush
cortadura cut
cortar to cut
corte *f.* **romana** papal court
cortés courteous
corto short (*length*)
cosa thing; something; matter; **otra cosa** anything else; **todas las cosas** everything else
coser to sew; **máquina de coser** sewing machine
costa cost, expense; coast; **a costa de** at the expense of; **a toda costa** at all costs
costado side
costar (ue) to cost; to be difficult; **costar trabajo** to be difficult; **costarle a alguien +** *inf.* to be difficult for someone to (*do something*)
costumbre *f.* custom; habit; **tener** (*irreg.*) **por costumbre** to be in the habit of
costura sewing
coyuntura occasion
crear to create
crecer (zc) to grow; to increase

creciente growing, increasing
crecimiento growth
creencia belief
creer (y) to believe; to think
crepuscular *adj.* twilight
crepúsculo *n.* twilight, dusk; dawn
criado/a servant
criar (crío) to raise, bring up
criatura creature
crimen *m.* crime
criollismo *adoption of expressions and customs typical of Argentina*
crisol *m.* melting pot
crispación element of tension
crispado twitching, convulsing
cristal *m.* glass; pane of glass; mirror; lens
cristianismo Christianity
crítica *n.* criticism
crítico *adj.* critical
crónica chronicle, history
crucecilla small cross
crudeza harshness, crudeness
crudo cruel, harsh; raw
crueldad cruelty
crujido crackle, creak
cruz *f.* cross
cruzado: de brazos cruzados doing nothing, idle
cruzar (c) to cross; **cruzarse con** to happen upon
cuaderna maestra midship frame (*naut.*)
cuaderno notebook
cuadra (city) block
cuadro square; painting
cualquier *adj.* any
cualquiera *pron.* anyone
cuando when; **de vez en cuando** once in a while
cuanto *adv.* as, as much as; **cuanto antes** as soon as possible; **cuanto más** even more so; **en cuanto** as soon as; while; **en cuanto a** as to, in regard to
cuánto/a *adj.* how much; how many; **cuántas veces** how often
cuanto/a *rel. pron.* as much as, everything, all
cuarto room
cubrir (*p.p.* **cubierto**) to cover; **cubrir la gama** to run the gamut
cuchillo knife
cuello neck; **llevar colgado del cuello** to carry around one's neck
cuenta: darse (*irreg.*) **cuenta** to realize; **más de la cuenta** more than one should; **por su**

cuenta on one's own account; **tomar en cuenta** to take into account
cuentista *m., f.* storyteller
cuento story, short story
cuerda rope; string (*of an instrument*)
cuerdo sane; sensible; **estar** (*irreg.*) **cuerdo** to be sane; **ropa de cuerdo** street clothes
cuero leather
cuerpo body
cuervo crow
cuesta: a cuestas on one's back; **cuesta arriba** uphill
cuestión matter
cuidado care; **¡cuidado!** *int.* be careful!
cuidar(se) (de) to look after, take care of
culebra snake
culpa guilt; fault; **tener** (*irreg.*) **la culpa** to be guilty
culpable: sentirse (ie, i) culpable to feel guilty
culpar to blame; to accuse
culto worship; cult
cumbre *f.* hill
cumplir to fulfill; to keep (a promise); **cumplir... años** to turn . . . years
cuna: canción de cuna lullaby
curación cure, treatment
cuyo whose

D

daga dagger
damajuana demijohn (*large bottle*)
dar *irreg.* to give; to beat (*sun*); **dar** + *time* to be + *time*; **dar a / hacia** to face; to open onto; **dar a conocer** to reveal; **dar a entender** to explain; to hint at; **dar con** to come upon; **dar de comer** to feed; **dar la espalda** to turn one's back; **dar la vuelta** to turn around; **dar paso a** to give way to; **dar rabia** to make angry; **dar trabajo** to take a lot of time; **dar un paseo** to go for a walk, ride; **dar un paso** to take a step; **dar un puntapié** to kick; **dar una vuelta** to take a walk; **darle en la cabeza** to annoy; **darle la gana a alguien** + *inf.* to feel like (*doing something*); **darse cuenta** to realize
datar de to date from
dato fact; *pl.* information, data
deán *m.* dean (*ecclesiastical*), cleric
debajo *adv.* underneath, below; **debajo de** *prep.* under, underneath, below
deber *v.* must, should, ought; to owe; *n. m.* duty, chore; obligation; **deberse a** to be due to

debido a due to
débil weak
debilidad weakness
debilitarse to weaken
década decade
decaer (*like* **caer**) to fade
decálogo Decalogue, The Ten Command-
ments
decanato deanship (*in church*)
decanazgo deanship (*in church*) [None of
my dictionaries spell this with "zg" but "t":
decanato. this is in chapter 1]
decano/a dean (*of a university*)
decepción disappointment
decepcionarse to be disappointed
decir *irreg.* (*p.p.* **dicho**) to say; to tell; **a decir verdad** to tell the truth; **el qué dirán**
what people will say; **es decir** that is to say;
oír (*irreg.*) **decir** to hear (*something*) said;
querer (*irreg.*) **decir** to mean
decisión: tomar la decisión to make a
decision
declararse en contra to come out against
decorar to decorate
decoro decorum
decreciente declining, decreasing
dédalo entanglement, confusion
dedo finger; toe
defender(se) (ie) to defend (oneself)
deformarse to become deformed
deforme deformed; ugly, misshapen
dejar to let, allow; to leave; **dejar caer** to
drop, let fall; **dejar de** + *inf.* to stop (*doing
something*); **dejar salir** to release; **dejarse**
+ *inf.* to let, allow oneself to be + *p.p.*: **dejarse llevar** to let oneself be carried away
delante de *prep.* in front of, before; **por delante** in front, ahead
delantero *adj.* front
delator(a) *n.* informer, accuser, denouncer;
adj. obvious; accusing, denouncing
deletrear to spell
delgado thin
deliberado intentional, on purpose
delicadeza sensitivity; refinement; tact
delirar to be delirious; to rave, talk nonsense
delirio delirium
demarcado delimited
demás: los demás the others; the rest
demasiado *adj.* too much; *adv.* too, too
much
demorar to delay
demostrar (*like* **mostrar**) to demonstrate

denominarse to be called
denso dense; thick
dentro *adv.* inside, within; **dentro de** *prep.*
inside, within
deparar to supply, provide
departamento apartment
depurado purged
derecha *n.* right (*direction*); right-hand side
derecho *n.* right (*legal*); *adj.* right (*direction*); right-hand side; **estar** (*irreg.*) **en su
derecho** to have the right-of-way
deriva: a la deriva adrift
derretido: plomo derretido molten lead
derrota defeat
derrumbar to tear down, demolish
desabrochar to unfasten
desacostumbrado unusual
desafío challenge
desaforado wild; huge
desalentado discouraged
desalmado heartless, cruel
desangrar to bleed to death
desanimado disheartened, discouraged
desánimo discouragement, dejection
desapacible unpleasant
desaparecer (zc) to disappear
desaparecido/a *n.* disappeared person
desaparición disappearance
desaprobación disapproval
desarmado disarmed
desarrollar to develop
desarrollo development
desasosegarse (gu) to be restless
desavenido incompatible
desayuno breakfast
desbaratar to wreck, ruin
desbocar (qu) to empty into
desbordar to overflow
descabalarse to hurt one's head
descalzo barefoot
descansar to rest
descanso rest
descarapelado *adj.* peeling
descargar (gu) to unload, unburden; to
discharge
descender (ie) to go down, descend
descomunal extraordinary, uncommon;
monstrous
desconcertar (ie) to disconcert; to surprise
desconcierto confusion, perplexity;
embarrassment
desconectar to disconnect
desconfiar (*like* **confiar**) to distrust

desconocido unknown
describir (*p.p.* **descrito**) to describe
descrito (*p.p. of* **describir**) described
descubrimiento discovery
descubrir (*p.p.* **descubierto**) to discover
desde from; since; **desde entonces** from that time on; **desde hace** + *period of time* for (*period of time*); **desde luego** of course, naturally; immediately; **desde niño/a** from childhood; **desde que** *conj.* since; as soon as
desdén *m.* disdain
desdeñoso disdainful, scornful
desdicha misfortune; poverty
desear to desire
desembarcar (**qu**) to go ashore, disembark
desempeñar to fulfill, carry out; to play (*a role*)
desenlace *m.* denouement, conclusion
desenredar to untangle
desenterrar (**ie**) to dig up, unearth
deseo desire
desértico desert-like; deserted, unpopulated
desescamar to remove scales from
desesperado desperate
desesperanza despair, desperation
desfalco embezzlement
desfallecido faint, weak
desgajarse to break off / away
desganado reluctant
desgano reluctance
desgarrarse to break up
desgraciado/a *n.* mean or disagreeable person; *adj.* disagreeable; unfortunate
desgranar to shell (*peas*)
deshacer (*like* **hacer**) (*p.p* **deshecho**); to unmake; to undo; **deshacerse de** to get rid of
dishonra dishonor; disgrace
desierto *n.* desert; *adj.* deserted
desinteresado disinterested
desmantelado dilapidated
desmayo fainting spell
desmesuradamente excessively
desmigajar to crumble, break into pieces
desmontar to dismantle
desnudar to undress; to strip
desnudo nude
desorden *n.* disorder
desordenar to make untidy
desorientar to confuse
despacho office
despacio *adj.* slow; *adv.* slowly

despedazado broken into pieces
despedida *n.* farewell, leave-taking
despedirse (de) (*like* **pedir**) to say good-bye (to)
despegarse (**gu**) to come apart; to become indifferent
desperdigado scattered
desperezarse (**c**) to stretch out; to stretch oneself
despertar(se) (**ie**) (*p.p.* **despierto**) to wake up
despiadado pitiless, merciless
desplegado unfurled
desplomado weighted down
desplomarse to collapse; to fall down
despoblado deserted
despojo plundering
desposarse to get married; to get engaged
despotricar (**qu**) to rant, rave
desprecio scorn
desprender to untie; to release; to launch
desprestigio loss of reputation or prestige
desproporción lack of proportion
desprovisto (*p.p. of* **desproveer**) lacking
después *adv.* afterward; later; **después de** *prep.* after; **después (de) que** *conj.* after; **poco después** shortly thereafter
destacar (**qu**) to emphasize; to highlight
destejer to unravel
destemplado strident, loud
desterrado *n.* outcast, exile
desterrar to banish
destino fate, destiny
destreza skill
destronar to depose, dethrone
destruir (**y**) to destroy
desvaído faded, dull
desvalido destitute; helpless
desvanecer (**zc**) to vanish, disappear
desvanecido feeling faint
desvelarse to stay awake
desvestir (*like* **vestir**) to undress
desviar (**desvío**) to divert; **desviarse** to turn off
detallado detailed
detalle *m.* detail
detener (*like* **tener**) to detain; **detenerse** to come to a stop
detrás de behind
devolver (*like* **volver**) (*p.p.* **devuelto**) to return (*something*); to send back; to take back
devorar to devour

devoto/a devotee

día *m.* day; **a los pocos días** in a few days; **al día siguiente** on the following day; **al otro día** next day; **algún día** eventually; **de día** by day; **día a día** day by day; **hoy en día** nowadays; **las doce del día** midday; **todos los días** every day

diablo devil

diario *n.* newspaper; *adj.* daily

dibujar to draw

dibujo drawing

diccionario dictionary

dicha happiness

dicho (*p.p. of* **decir**) said; aforementioned; **mejor dicho** rather

dictador(a) dictator

dictadura dictatorship

dictar to lecture; to dictate

diente *m.* tooth

difícil difficult

dificultad difficulty

difunto deceased, dead person

dignidad dignity

digno worthy

dilacerar to tear asunder; to harm, hurt

dilatar to extend; to postpone

diminuto small, little

dinámica *f. sing.* dynamics

dinero money

dios, Dios *m.* god, God; **por la misericordia de Dios** by the grace of God; **siga con Diós** *int.* go with God

dirección address; direction

dirigir (j) to direct; to aim; **dirigirse** to go toward; to speak to; to be directed at

disco disk; record

díscolo disobedient

discordia discord

discreto discrete

disculparse to apologize

discutir to discuss; to argue

disfrutar (de) to enjoy

disgustarse to be displeased or annoyed

dislocar (qu) to dislocate, put out of joint

disminución deduction; decline, weakening

disminuir (y) to decrease, reduce, lessen; **disminuir la marcha** to slow down

disparatado absurd, foolish

disparate *m.* foolish remark

dispensador(a) dispenser, distributor

disponer (*like* **poner**) (*p.p.* **dispuesto**) to get ready, resolve; **disponerse a** + *inf.* to get ready to (*do something*)

disponible available

disputar to discuss; to argue

distanciado left behind; estranged

distinto different, distinct

distraer (*like* **traer**) to distract

distraído absent-minded

disuadir to dissuade

disyuntiva dilemma

diván *m.* couch

divertirse (ie, i) to have fun

doblarse to bend over

doble sentido double meaning

doblegarse (gu) to yield, give in

doce: las doce del día midday

doler (ue) to hurt, ache

dolor *m.* pain, ache

doloroso painful

dominical *pertaining to Sunday*

dominio mastery

don *m.* gift, talent; *title of respect used with a man's first name*

doncel *m.* bachelor; *young nobleman attending a knight*

dormido asleep

dormir (ue, u) to sleep; **dormirse** to fall asleep; **sala de dormir** bedroom

dormitar to doze

dormitorio bedroom

dosis *f.* dose

duda doubt; **sin duda** without a doubt, doubtless

dudar to doubt

duelo duel, fight

dueño/a owner

dulce *adj.* sweet

dulzón sweetish

duodeno duodenum

duplicarse (qu) to be doubled

duradero lasting

durante during

durar to last

duro hard, harsh; rough

E

e and (*before words beginning with* **i** *or* **hi,** except **ie** *or* **hie**)

echar to throw, cast; to apply (*brakes*); **echar mano de** get hold of; **echar una ojeada a** to glance at; **echarse** to throw oneself; to lie down; **echarse a** + *inf.* to begin, start to (*do something*); **echarse de brazos** to lean on

edad age; **de edad** mature, older; **Edad Media** Middle Ages

edificación construction, building
edificar (qu) to build
edificio building
efectivamente in effect, indeed
eficaz (*pl.* **eficaces**) efficient
efigie *f.* effigy, image
efluvio exhalation; emanation
efusión stream, surge
egoísta *adj. m., f.* selfish
ejecutar to execute; to perform, carry out
ejemplar *m.* copy (*of a book*)
ejemplificar (qu) exemplify, illustrate
ejemplo example
ejercitar to exercise, practice
ejército army
elegir (i, i) (j) to elect, choose; to select
elemental fundamental; elementary
ello it; **por ello mismo** for that very reason
embanderar to raise a flag
embarcación ship, boat, vessel
embargo: sin embargo nevertheless
embarrado muddy
embaucar (qu) to deceive, cheat
embeleco attempt to deceive
embotado dull
embotellar to bottle
embustero/a liar
emerger (j) to emerge
emigrar to emigrate
emotivo emotional
empañado sullied, soiled
empaquetar to package
emparejar to match, pair
empeño commitment; tenacity
emperador(a) emperor
empezar (ie) (c) to begin, start; **empezar a** + *inf.* to begin (*doing something*)
emplear to use, employ
empleo employment; **solicitud de empleo** job application
emplumar to feather, tar and feather
emprender to undertake, begin; **emprender la marcha** to drive off
empresa enterprise, undertaking; business
empujar to push
empuñar to grip, grasp, clutch
emular to emulate
enajenación alienation
enamorado: estar (*irreg.*) enamorado de to be in love with
encabezado por led by
encadenar to put in chains
encajonar to box in, enclose

encalado whitewashed
encantado enchanted
encantamiento enchantment, spell
encarcelar to put in jail
encarecidamente insistently
encargar (gu) to entrust; to put in charge (of); **encargarse de** to take charge of
encarnado flesh-colored
encender (ie) to light; to turn on (*a light*)
encerrar (ie) to confine; to enclose; to shut up in
encía gum (*of the mouth*)
encierro locking up
encima (de) on top (of); **ligarse (gu) (algo) encima** to fall underneath (*something*); **llevar encima** to carry (*something*) with one; **mirar por encima del hombro** to look down one's nose at; **por encima de** above, over
encogerse (j) de hombros to shrug one's shoulders
encomendar (ie) to entrust
encontrar (ue) to find; **encontrarse** to be located; to find oneself; to meet (up)
encrespado curly
encrucijada crossroads
encuentro *n.* encounter; meeting
enderezar (c) to straighten; to raise; **enderezarse** to stand up, straighten up
endulzar (c) to sweeten
enebro juniper
enemigo/a *n., adj.* enemy
enfatizar (c) to emphasize
enfermarse to become ill
enfermedad illness
enfermo/a *n.* sick person; *adj.* sick, ill
enfilar to go down (*a street*)
enfocarse (qu) to focus on
enfrentamiento confrontation
enfrentar to face, confront; **enfrentarse** to meet, come face to face; to face
enfrente *adv.* in front; **de enfrente** *prep.* in front; **enfrente de** in front of; opposite
engañar to deceive; to fool
engendrar to beget
engrosar to thicken; to increase
enlutado dressed in mourning
enmascarado masked
enojar to anger; **enojarse** to become angry
enorme enormous
enredar to entangle, wind around
enrevesado intricate
enriquecerse (zc) to become rich or wealthy

enrojecido reddened
ensalzar (c) to praise
ensangrentado stained with blood
ensayar to test, try
enseguida immediately
enseñar to teach; to show
entender (ie) to understand; **dar** (*irreg.*) **a entender** to hint at; to explain; **entenderse** to get along; to be understood, to understand oneself; **no acabar de entender** to not fully understand (*something*)
entendimiento understanding
entenebrecido darkened
enterarse de to find out about
entero entire
enterrar (ie) to bury
entibiarse to become lukewarm
entonces then, at that time; next; in that case; **desde entonces** from that time on; since then; **hasta entonces** (up) until then
entornado half-closed; ajar (*door*)
entrado en años advanced in years
entrar to enter; **entrar en** + *number* + **años** to approach + *number* + years (*of age*)
entre between; among
entrecruzado interwoven; intercrossed
entrega delivery
entrenar to train
entrerriano/a *inhabitant of the province of Entre Ríos*
entretanto meanwhile
entretener (*like* **tener**) to entertain; **entretenerse** to entertain oneself; to pass the time
entrevista interview
entrevistado/a person being interviewed
entrevistador(a) interviewer
entusiasmo enthusiasm
enviar (envío) to send
envidiar to envy
envoltura pillowcase
envolver (*like* **volver**) (*pp.* **envuelto**) to surround, wrap; to cover
envuelto (*p.p. of* **envolver**) wrapped in; enveloped
enyesado *adj.* in a plaster cast
enzarzado folded together
época era, age; time
erizar(se) (c) to stand on end; to bristle
erizo hedgehog
errante wandering, rambling
errar to wander, roam; to stray
error *m.* mistake

esbelto svelte, slim
esbozar (c) un gesto to gesture vaguely
escala social social ladder
escaldado scalded, burned
escalera stair; staircase; **subir escaleras** to climb stairs
escalinata outside / front steps
escalofriante chilling
escalofrío shiver, chill
escalón *m.* step
escándalo shock (*emotion*)
escapulario scapular (*cloth squares hung under clothing against the breast and the back as objects that increase devotion*)
escarpado steep
escaso scarce; meager
escénico setting
escoba broom
escoger (j) to choose
esconderse to hide
escondido hidden
escribir (*p.p.* **escrito**) to write
escrito (*p.p.* **escribir**) written
escritor(a) writer
escritorio desk
escritura writing
escuálido squalid; emaciated
escuchar to listen
escudero squire; page
escuela school
escurrirse to slip, slide; to move quickly
esfuerzo effort; strength; **sin esfuerzo** effortlessly
esfumarse to vanish
esgrima fencing ability
eso: por eso for that reason
espacio space
espacioso spacious
espada sword
espalda back; **de espaldas** on one's back; backward; **de espaldas a** with one's back to; **dar** (*irreg.*)/**volver (ue)** (*p.p.* **vuelto**) **la espalda** to turn one's back
espaldarazo slap on the back
espantado frightened
espanto fright
esparto esparto grass
especie *f.* species
espectro spectrum; ghost
especular to speculate
espejo mirror
espera: a la espera de awaiting
esperanza hope

esperar to wait (for), await; to hope; to expect

espiar (espío) to spy (upon)

espinazo keystone

esposo/a husband, wife; spouse

esqueleto skeleton

esquina corner

esquinado angular

esquivo unfriendly; aloof

establecer (zc) to establish

estaca club, cudgel

estadio stadium

estado state; **estado de ánimo** mood, state of mind; **estado de alma** state of being, condition

estadounidense *adj. m., f.* of/from the United States

estafar to deceive; to swindle

estallar to erupt

estampa engraving

estampido gunshot

estampilla stamp

estancia ranch

estanciero/a rancher

estaño: papel *m.* **de estaño** tinfoil

estaquear to stake, pin down

estar (*irreg.*) to be; **estar a punto de** + *inf.* to be about to (*do something*); **estar avergonzado** to be ashamed; **estar colmado** to be fulfilled; **estar completos** to be all accounted for; **estar cuerdo** to be sane; **estar en su derecho** to have the right-of-way; **estar enamorado de** to be in love with; **estar listo** to be ready, prepared; **estar loco** to be insane

estatua statue

estatura height

estentor *m.* very loud voice

estera straw mat

estéril sterile, barren

estima respect, esteem

estirar to stretch

estómago stomach

estoperol *m.* clout nail; tack; tow wick

estorbar to hinder, hamper; to annoy, bother

estorbo annoyance; hindrance

estrangular to strangle

estrechar la mano to shake hands

estrechez *f.* narrowness, tightness

estrecho *n.* strait; *adj.* narrow, tight; close (*relationship*)

estrella star

estremecer (z) to tremble, shiver

estremecimiento shiver

estrepitosamente noisily

estrofa verse, stanza

estropeado damaged

estuche *m.* case, box

estuco stucco

estudiante *m., f.* student

estudiar to study

estudio study

estudioso studious

estupefacción astonishment

estupor *m.* lethargy, stupor; astonishment

etapa stage

eternizar (c) to immortalize

étnico ethnic

evadir to avoid; to escape

evidente obvious

evitar to avoid

evocar (qu) to evoke, recall

evolucionar to evolve, develop

examen *m.* examination

examinar to examine

excavar to excavate

excusa: pedir (i, i) excusas to apologize

excusarse to beg (someone's) pardon

exhortar to admonish, urge

exiliado/a exile, refugee

exilio exile

eximir to exempt; to free

éxito success; **tener** (*irreg.*) **éxito** to be successful

experimentar to experience

explayarse to speak at length; to open up

explicación explanation, analysis

explicar (qu) to explain; **explicarse** to express, explain oneself; to understand

explotar to exploit; to use

exponer (*like* **poner**) (*p.p.* **expuesto**) to expose, show

exposición exhibit

expósito/a foundling, abandoned child

expuesto (*p.p. of* **exponer**) exposed; on display

éxtasis *m.* ecstasy, rapture

extender (ie) to extend; **extenderse** to spread

extenuarse (extenúo) to become weak or debilitated

extinguirse to fade; to become extinct

extranjero/a *n.* foreigner; *adj.* foreign

extrañado puzzled; surprised

extrañar to miss, long for; to surprise

extraño strange

extraviado lost; crazy
extravío: con extravío confusedly
extremo far end; end; extremity

F

fábrica factory
fabricar (qu) to make, manufacture; to create
fábula fable
faceta side, aspect
fachada façade
fácil easy
facultad school (*in a university*)
fallecer (zc) to die
fallecimiento death, demise
falta lack
faltar to be lacking, missing; to be absent; **faltar + time** to be (*time*) left; **faltarle a uno** to need; to remain (*to be done*)
fama reputation; fame, renown
fango mud
fangoso muddy
fantasma *m.* ghost
fantástico imaginary, unreal; fantastic
farsante *m., f.* fraud, fake; charlatan
fatigarse (gu) to tire, get tired
favor: por favor please
favorecer (zc) to favor
fe *f.* faith
fecha date
fechado dated
felicidad happiness
feliz (*pl.* **felices**) happy
fenómeno phenomenon
feo ugly; **ponerse** (*irreg.*) **feo** to get serious, nasty
ferocidad fierceness, ferociousness
férreo: vía férrea railroad
ferretería hardware
festejar to celebrate; to laugh at (*jokes*)
fiambre *m.* cold cuts; *f.* corpse; *adj.* served cold
ficha form; index card
fichero filing cabinet
ficticio fictitious
fiebre *f.* fever
fierros tools
fiesta holiday; party, celebration
figura figure, shape; face; character
figurilla small, insignificant person
fijamente attentively, fixedly
fijar to establish; to fix; to agree upon; **fijarse en** to pay attention to; to notice; to focus on; **fíjate** *inj.* imagine

fijo staring, fixed; **fijo en** fixed on
filatélico: álbum *m.* **filatélico** stamp collection
filo cutting edge
filología philology (*literary study or classical scholarship*)
fin *m.* end; **a fines de** at the end of; **al fin** finally; **al fin y al cabo** after all; **por fin** finally; **sin fin** endlessly
final *n. m.* end; *adj.* final; **hacia finales de** toward the end of
finca farm
firmar to sign
firmeza firmness
físico physical
flamear to blaze; to wave
flamenco *adj.* Flemish
flanco side, flank
flaqueza leanness
flauta flute
flor *f.* flower; **flor de lis** iris; fleur-de-lis
florecer (zc) to bloom; to flourish
florido: guerra florida *ritualistic Aztec war in which captives were sacrificed as offerings to dieties*
flotante floating
flotar to float
fluir (y) to flow
fluvial *adj.* river
foco focus
fomentar to encourage
fondear to cast anchor
fondo bottom; background; back; base; depth; **a fondo** in depth, thoroughly; **telón** (*m.*) **de fondo** backdrop
forastero/a stranger
forjado shaped, forged
forma form, shape; appearance; manner, way; **de forma que** so that; **de tal forma** in such a way
formar(se) to form, shape; to make up; **formar parte de** to be a member of; to make up
formular to pose (*a question*)
Foro Trajano Trajan's Forum (*vast Roman market and meeting place created by the emperor Trajan*)
forzar (c) to force
fotografía photograph; photography
fracasar to fail, be unsuccessful
fracaso failure
fragancia fragrance; bouquet
franquear to bolt the door

frasco flask

frase *f.* phrase; sentence; statement, expression; **frase nominal** noun phrase

fray *m.* Brother (*used before the name of clergy of certain religious orders*)

frecuencia: con frecuencia frequently

frecuentar to frequent, visit often

frenar to brake

freno brake

frente *m.* front; *f.* forehead; **frente a** facing, opposite; **frente a frente** face to face

fresco cool; fresh

frescura coolness; freshness

frío *n., adj.* cold; **hacer** (*irreg.*) **frío** to be cold (*weather*); **tener** (*irreg.*) **frío** to be cold (*person*)

friso frieze

frontera border, edge

frotar to rub

fruncido frowning

fuego fire; **hacer** (*irreg.*) **fuego** to shoot

fuente *f.* source

fuera outside; out

fuerte strong; loud; hard

fuerza force; strength

fuga flight

fugazmente fleetingly

fulguración flash

fulgurante flashing

fulminante sudden

fumar to smoke

funda pillowcase

fundación founding, establishment

fundamento foundation, basis

fúnebremente gloomily

fútbol *m.* soccer

G

gafas eyeglasses

gajo segment

gala: de gala full dress (*uniform*)

galería balcony; gallery

gallina hen

galopar to pound; to rush

gana desire; longing; **darle** (*irreg.*) **la gana a alguien** + *inf.* to feel like (*doing something*); **de mala gana** unwillingly; **tener** (*irreg.*) **ganas de** + *inf.* to feel like (*doing something*)

ganadero *adj.* cattle

ganar to win; to earn; to overtake; to beat, defeat; **ganarse la vida** to earn a living; **ir** (*irreg.*) **ganando** to overcome

garganta throat

gastar to spend; to exhaust

gasto expense

gatillo trigger

gato cat

gemelos de teatro opera glasses

gemir (i, i) to groan, moan; to wail

género genre

genio genie; genius

gente *f.* people

gerente *m., f.* manager

gesto gesture; (facial) expression; **esbozar (c) un gesto** to gesture vaguely

gimnasia gymnastics; physical fitness

gimnasio gymnasium

girar to spin, rotate

girasol *m.* sunflower

girón *m.* gyration

glacial icy, freezing

gloria glory, fame

glorificar (qu) to glorify

gobelino Gobelin tapestry

gobernar to govern

gobierno government

gollete *m.* neck (*of a bottle*)

golondrina swallow (*bird*)

golosamente greedily

golpe *m.* blow; collision; stroke; knock; **cerrar (ie) de golpe** to slam; **de golpe** suddenly

golpear to tap

goma rubber

gordo fat

gota drop

gotear to drip

gozar (c) de to enjoy

grabación recording; **sala de grabación** recording studio

grabado *n.* engraving; *adj.* engraved, etched; recorded

gracia grace; favor; *pl.* thanks

gracioso funny, amusing

gradas stairs; bleachers

graduado calibrated

gran, grande great; large

granada pomegranate

granate garnet

grandor *m.* size; bigness

grano seed; grain

grasiento grimy

grato pleasant

grave serious

graznar to chatter, squawk (about)

grieta crack
gris gray
grisáceo grayish
gritar to shout; to cry out
grito shout; cry; scream; **a gritos** at the top of one's voice
grosero coarse, unpolished
grueso thick
guacamayo/a Macaw (*tropical bird*)
guapo good-looking
guardapolvo *m.* dustcoat
guardar to keep; to store; to save
guardia *m.* guard (*person*); *f.* guard (*body of soldiers*)
guerra war; **guerra florida** *ritualistic Aztec war in which captives were sacrificed as offerings to dieties*
guerrero warrior; soldier
guiar (guío) to guide
gustar to please; **gustarle a uno** to like; **llegar (gu) a gustarle a alguien** to "grow on" someone
gusto taste; pleasure; **a gusto** comfortably; **a su gusto** to suit one's fancy

H

haber *irreg.* (*inf. of* **hay**) to have (*auxiliary*); **haber de** + *inf.* to have to, must (*do something*); **hay** there is, there are; **hay que** + *inf.* to be necessary to (*do something*)
habitación room; bedroom
habitante *m., f.* inhabitant
habituarse (habitúo) a to become accustomed to
hablar to speak; to talk
hacer *irreg.* (*p.p.* **hecho**) to do; to make; **desde hace** + *period of time* for (*period of time*); **hace** + *period of time* (*period of time*) ago; **hacer a un lado a alguien** to push someone aside; **hacer calor/frío** to be hot/cold (*weather*); **hacer cola** to stand in line; **hacer fuego** to shoot; **hacer saber** to make (*something*) known; **hacer seña** to signal, gesture; **hacer un buche** to wet one's mouth; **hacerle caso a alguien** to pay attention to someone; **hacerlo todo** to do everything; **hacerse** to become
hacia toward; **dar** (*irreg.*) **hacia** to face; to open onto; **hacia abajo** downward; **hacia adelante** forward; **hacia afuera** outward; **hacia arriba** upward; **hacia atrás** back, in back, behind; **hacia finales de** toward the end of

hacienda farm; ranch
hallar to find; to discover
hallazgo discovery, finding
hambre *f.* hunger; **tener** (*irreg.*) **hambre** to be hungry
hambriento hungry
harto full; fed up
hasta *adv.* even; also; *prep.* until; up to; as far as; **hasta entonces** (up) until then; **hasta que** *conj.* until
hastío tedium; boredom
hay (*conj. of* **haber**) there is; there are
he aquí it was at this point
hebra thread, filament
hecho *n.* fact; deed; event; (*p.p. of* **hacer**) *adj.* done; made; **de hecho** in fact
helado freezing cold
hereje *m., f.* heretic
herida wound
hermano/a brother, sister; *pl.* siblings
hermoso beautiful
hermosura beauty
herramienta tool
herrumbrar to give the color of iron
hervir (ie, i) to boil
hesperidina hesperidin (*chemical compound*)
hielo ice
hierro iron
hígado liver
higo fig
hijo/a son, daughter; child; *pl.* children
hilo: tener (*irreg.*) **en un hilo** to have on pins and needles
hinchado swollen
hincharse to swell
hinchazón *m.* swelling
hiriente wounding; cutting
historia history; story
hogar *m.* home
hoguera bonfire
hoja sheet (of paper); leaf; blade; **hoja rayada** lined paper
hojarasca fallen leaves, dead leaves
hollar to tread on/upon
hombre *m.* man
hombro shoulder; **encogerse (j) de hombros** to shrug one's shoulders; **mirar por encima del hombro** to look down one's nose at
homenaje *m.* homage
homólogo/a counterpart
hondo deep

hora hour; time; **a la hora** one time, punctually; **a última hora** at the last minute; **hora a hora** hour by hour; **irse** (*irreg.*) **las horas** to pass time; **primeras horas** wee hours of the morning

horizonte *m.* horizon

horrorizar (c) to horrify

hoy today; **hoy en día** nowadays

hoya ravine

hucha piggy bank

hueco hole

huelga strike

huérfano/a orphan

huerto/a garden; orchard

hueso bone

huésped(a) guest; lodger

huidizo evasive

huir (y) to flee, run away

humano: ser humano human being

humareda cloud of smoke

humedad humidity

húmedo humid

humilde humble, lowly

humillación humiliation

humillado humiliated

humo smoke

humor: de mal humor in a bad mood

hundimiento sinking

hundirse to sink; to set (*sun*)

hurgar (gu) to poke, rummage

I

iberoamericano Latin American

idílico idyllic

idioma *m.* language

iglesia church

ignorar to not know; to ignore

igual equal; the same; alike; identical; **igual que** the same as

igualar to match; to equate

igualdad equality; sameness

iluminar to light

ilusorio illusory

imagen *f.* image

imán: piedra imán lodestone, magnetic stone

impasible expressionless, impassive

impedir (*like* **pedir**) to prevent; to hinder, impede

imperio empire

imperioso arrogant

ímpetu *m.* momentum, impetus

impiedad irreverent act

implacable relentless

implicar (qu) to imply

imponente imposing, majestic

imponer (*like* **poner**) (*p.p.* **impuesto**) to impose

importar to matter, be important

impreciso vague, undefined

impresionante impressive

impresionar to impress

imprevisible unforeseeable, unpredictable

improcedente inadequate; irrelevant

improductivo unproductive

impulso: a impulso de prompted by

inadvertido unnoticed

incansable tireless

incapacidad inability

incauto heedless, incautious

incendiado on fire

incendiarse to catch fire

incendio fire

incesante incessant, continual

incienso incense

inclinado leaning; bent over

inclinarse to lean; to bend over

incluir (y) to include

incluso even; including

incomodar to inconvenience; to make uncomfortable

incómodo uncomfortable

inconexo unconnected, disconnected

inconveniente *m.* inconvenience; **no tener** (*irreg.*) **inconveniente** not to mind

incorporar to incorporate; **incorporarse** to sit up

incrédulo incredulous, skeptical

incremento increase

indefenso defenseless

independizarse (c) to become independent

indeseable undesirable

índice *m.* index

indicio indication, sign; clue; foreshadowing

indígena *n., adj. m., f.* native

indio/a *n.* Indian

individuo *n.* individual

indolencia laziness; apathy

inerte inert, motionless

inesperado unexpected

inevitable unavoidable

inexplicable unexplainable

infame infamous; disgusting

infantería de línea line infantry

infantil *adj.* child

infeliz (*pl.* **infelices**) unhappy

infierno hell
ínfimo smallest; humblest
influir (y) en to influence
informe *m.* report
infundir to infuse, to instill
ingenuo naïve
ingerir (ie, i) to ingest; to insert
ingle *f.* groin
ingrato unpleasant; thankless
inhábil incapable; inept; unfit
inhabitado uninhabited
iniciar to initiate, begin
inicio beginning
ininterrumpido uninterrupted
injuriar to insult
inmediación *pl.* outskirts; environs
inmutarse to lose one's composure
innovador(a) innovative
inquietante disturbing
inquietar to worry, disturb
inquietud uneasiness; restlessness
inquirir *irreg.* to investigate, inquire into
insatisfecho dissatisfied
inscribirse (*p.p.* **inscrito**) to register, enroll
insensible insensitive, indifferent
inservible useless
insomnio insomnia
insoportable intolerable, unbearable
insoslayable inescapable
inspiración inhalation; breathing
instante *m.* instant; moment; **a cada instante** constantly
instruir (y) to instruct
integro honest, upstanding
intentar to try, attempt
intercalación insertion; interspersing
intercambio exchange
interés *m.* interest
interlocutor(a) speaker
interminable endless
interno/a *n.* intimate; *adj.* internal
interpolar to interrupt
interrumpir to interrupt
intimidad intimacy
íntimo/a *n.* close friend; *adj.* intimate; private; innermost
intricado intricate, complicated
introducir *irreg.* to introduce, present; **introducirse** to enter
intruso/a intruder
intuir (y) to sense, intuit
inundar to flood

inútil useless, futile
invento invention, discovery
invierno winter
invocar (qu) to appeal to, call upon
inyección: poner (*irreg.*) **inyección** to give an injection
ir *irreg.* to go; **ir** + *ger.* to be (*doing something*); **ir ganando** to overcome; **irse** to leave, go away; **irse las horas** to pass time
ira anger
irradiar to irradiate, radiate
irreal unreal
irrealidad unreality
irrumpir to burst in
izquierda *n.* left (*direction*); **a la izquierda** on/to the left
izquierdo *adj.* left, left-hand

J

jadeante panting
jadear to pant
jamás never, (not) ever
jardín *m.* garden
jardinero/a gardener
jardinera small, open carriage
jaula cage
jefe/a boss; leader
jinete *m.* horseman, rider
jornalero/a day laborer
joven *n. m., f.* youth, young person; *adj.* young
joyería jewelry store
juanete *m.* bunion
júbilo joy
judaicocristiano Judeo-Christian
judío/a *n.* Jew; *adj.* Jewish
juego game
juez(a) judge
jugar (ue) (gu) to play
juicio sense of judgment; sanity; opinion; **a su juicio** in one's opinion
juntar to gather, collect; to join; **juntarse** to meet; get together
junto *adj. pl.* together; *adv.* together; at the same time; **junto a** near, next to; **junto con** along with; together with
juramento oath; curse
jurar to swear
justamente exactly, precisely
justicieramente justly, fairly
justo *adj.* just, fair; precise; *adv.* precisely, just
juventud youth

K

kerosén *m.* kerosene
kilo kilogram
kilómetro kilometer

L

laberíntico labyrinthine
laberinto labyrinth, maze
labio lip
laboral *pertaining to work or labor*
laborioso arduous, laborious
labrado carved; detailed
labrador(a) farm worker
lacroze *m. type of bus named for its route or destination*
lado side; **a uno y otro lado** on either side; **al lado de** next to; **al otro lado** on the other side; **de al lado** next-door, adjacent; **hacer** (*irreg.*) **a un lado a alguien** to push someone aside; **por otro lado** on the other hand
ladrido bark, barking
ladrillo brick
ladrón, ladrona thief
lagarto lizard
lago lake
lágrima tear
laja stone slab, flagstone
lamentarse to mourn
lamento moan, wail
lamer to lick
lámpara lamp
lana wool
lanzar (c) to throw; to let loose; **lanzarse** to throw, thrust oneself
lápida gravestone
largo long; lengthy; **a la larga** in the end; **a lo largo de** along; throughout; **pasar de largo** to go right past
lástima shame; pity
lastimado hurt, injured
latifundio large landed estate
latifundista *m., f.* rich landowner
látigo whip
latir to beat, pulse
lavar to wash
lección lesson
leche *f.* milk
lechero *adj.* milk
lecho bed
lector(a) reader
leer (y) to read
legua league (*distance*)

legumbre *m.* vegetable
lejano *adj.* far-off, distant
lejos (de) far, far away (from); **a lo lejos** in the distance
lengua language; tongue
lento slow
lepra leprosy
letra letter (*alphabet*); handwriting
levantar to raise, lift; **levantarse** to get up; to rise; **levantarse de un salto** to jump up
leve light; gentle
léxico vocabulary
leyenda legend
libertad freedom, liberty; **poner** (*irreg.*) **en libertad** to free, release
librarse de to get rid of; to avoid
libre free; **al aire libre** outdoors
librería bookstore
libro book
licenciado/a lawyer; university graduate
licenciar to discharge; to confer a degree
lícito lawful; right, just
lienzo canvas; linen
ligadura tourniquet
ligarse (gu) to bind, tie off; **ligarse (algo) encima** to fall underneath (*something*)
ligero light; slight
limitar to limit; to border
limpiar to clean
limpieza cleaning; cleanliness
limpio clean
linaje *m.* lineage, ancestry
línea line; **infantería de línea** line infantry
lis: flor (*f.*) **dc lis** iris; fleur-de-lis
listo: estar (*irreg.*) **listo** to be ready; prepared
liviano light
lívido pale
llama flame
llamador *m.* door knocker; doorbell
llamar to call; to name; **llamar la atención** to draw attention to; **llamarse** to be named
llano plain, prairie
llanto cry, sob; crying, sobbing
llanura plain, prairie
llave *f.* key
llegada arrival
llegado: recién llegado/a newcomer
llegar (gu) to arrive; to reach; to get; **llegar a** + *inf.* to manage / get to (*do something*); **llegar a gustarle a alguien** to "grow on" someone; **llegar a ser** to become; **llegar a su colmo** to reach a peak

llenar to fill

lleno full, filled

llevar to carry; to wear; to take; to lead (to / away); **dejarse llevar** to let oneself be carried away; **llevar** + *period of time* to take, spend (*time*); **llevar colgado/a del cuello** to carry around one's neck; **llevar encima** to carry (*something*) with one; **llevarse a** to take, carry away; **llevarse bien** to get along (well)

llorar to cry; **echarse a llorar** to begin to cry; to burst into tears; **llorar de risa** to laugh so hard one cries

llover (ue) to rain

lluvia rain

local *m.* premises

localizar (c) to locate

loco/a *n.* crazy person; *adj.* crazy; **estar** (*irreg.*) **loco** to be insane

locura madness, insanity

locutor(a) announcer; speaker

lodo mud

lograr to achieve; to attain; **lograr** + *inf.* to manage to, succeed in (*doing something*)

logro achievement

lomo: caer (*irreg.*) **de lomo** to fall on one's back

losange *m.* diamond-shaped pane

loto lotus

loza crockery

lucha struggle, fight

luchar to struggle, fight

lucidez *f.* clarity

lucir (zc) to show; to shine

lúdico playful

luego then; next; later; soon; at once; **desde luego** of course, naturally; immediately; **luego de** after

lugar *m.* place; **en lugar de** instead of; **tener** (*irreg.*) **lugar** to take place

lúgubre dismal, gloomy

lujo luxury

lujoso luxurious

luminoso bright

luna moon; **luna menguante** waning moon

lustre *m.* shine

lustro five year period

lustroso shiny; slippery

luz *f.* (*pl.* **luces**) light; **media luz** half light; **mesa de luz** nightstand; **prender la luz** to turn on the light; **primera luz** dawn, first light of day

M

machista *adj. m., f.* macho

macizo solid, strong

madeja skein, hank

madera wood

madre *f.* mother

madreselva honeysuckle

madrileño from, pertaining to Madrid

madrugada dawn

maestro/a teacher

magia *n.* magic

magnificar (qu) to magnify

magnífico magnificent

mago/a magician; wise man, woman

maíz *m.* corn

majestad majesty

mal *n.* bad; evil; illness; *adv.* badly; poorly

mal; malo *adj.* bad; ill; **de mal humor** in a bad mood; **de mala gana** unwillingly; **de malas pulgas** ill-tempered; **de malos modos** rudely; **mal avenido** incompatible

maldito accursed; awful

malestar *m.* uneasiness; malaise

maleta suitcase

malgastar to squander, waste

malignidad intense ill will; great malice

malvo mauve-colored

mamá mom; mother; **mamá grande** grandmother

manantial *m.* spring (*of water*)

mancebo youth; bachelor

mancha stain, spot; **La Mancha** region of Spain

manchar to stain

mandadero/a messenger

mandar to send; to order; **mandar a paseo** to send packing

mandíbula jaw

manejar to handle; to manage, control; to drive

manejo routine; trick

manera way, manner; **de alguna manera** somehow; **de manera que** *conj.* so that, in such a way that

mango handle

manicomio (insane) asylum

mano *f.* hand; **dar** (*irreg.*) **la mano** to shake hands; **echar mano de** to get hold of

manso gentle; tame

mantel *m.* tablecloth

mantener (*like* **tener**) to maintain, keep

manzana (city) block (*Sp.*)

mañana morning; tomorrow; **pasado mañana** day after tomorrow
mañanita bed jacket
máquina machine; vehicle; **máquina de costado / de coser** sewing machine
mar *m.* sea; **en alta mar** on the high seas
maravillar to amaze, astound
marcado marked
marcha march; speed; progress; **disminuir (y) la marcha** to slow down; **emprender la marcha** to drive off; **poner** (*irreg.*) **en marchar** to start (*engine*)
marchar to march; to walk; **marcharse** to leave, go away
mareado nauseated; dizzy
marido husband
marinero sailor
marino *adj.* sea; **azul marino** navy blue; **relato marino** sea story
marisma salt marsh
marítimo: puerto marítimo seaport
mármol *m.* marble
marqués, marquesa marquis, marquise
más more; most; longer; **cada vez más** more and more, increasingly; **cuanto más** even more so; **más allá** further; **más allá de** beyond; **más bien** (but) rather; **más de la cuenta** more than one should; **nada más** nothing else; just, only; **no dener** (*irreg.*) **más remedio** to have no other choice; **una vez más** once again
mascullar to mumble, mutter
masticar (qu) to chew
matar to kill; **matarse** to commit suicide
mate *m. type of tea*
materia matter; material; subject
matinal for or pertaining to morning
matiz *f.* (*pl.* **matices**) nuance
matorral *m.* underbrush
matrimonio marriage, married couple
mayólica *a type of statue from Mallorca*
mayor *n. m., f.* adult; *adj.* older, oldest; greater, greatest; larger, largest; **en su mayor parte** for the most part; **palo mayor** mainmast
mayordomo steward; foreman
mayoría majority
mayoritario pertaining to the majority
mazmorra underground dungeon
medalla medal
mediano average
medianoche *f.* midnight
mediante through, by means of

medias *pl.* stockings
médico/a doctor; **médico de cabecera** attending physician
medida measure, measurement; **a medida que** as, at the same time as
medio *n.* method, way; middle; environment; **medio ambiente** environment; *adj.* half; middle; mid; **a media luz** in the half light; **a media voz** in a low voice; **a medias palabras** by inference; **de medio lado** sideways; **Edad Media** Middle Ages; **en medio de** in the middle of; **medio alegre** half drunk; **por medio de** by means of; **y medio/a** and a half; half past (*time of day*)
mediodía *m.* noon, midday
medusa jellyfish
mejilla cheek
mejor better; best; **a lo mejor** perhaps; **cada vez mejor** better and better; **mejor dicho** rather
mejoría improvement
memoria: venir (*irreg.*) **a la memoria** to come to mind
menguante: luna menguante waning moon
menor *n. m., f.* minor; *adj.* younger, youngest; lesser; least
menos *adv.* less; least; fewer; fewest; **al / por lo menos** at least; *prep.* except; minus
mensaje *m.* message
mensajero/a messenger
mente *f.* mind
mentira lie
mentón *m.* chin
menudo small; **a menudo** often
mercader(a) merchant, shopkeeper
mercado market
mercante *adj.* merchant
mercantil commercial, mercantile
merced *f.* favor
mercería dry-goods store
merecer (zc) to deserve
mes *m.* month
mesa table; **mesa de luz / de noche** nightstand; **poner** (*irreg.*) **la mesa** to set the table
metáfora metaphor
meter to put; to put in; to insert
metódico methodical
metro meter
mezclar to mix
mezquino poor, needy
miedo fear; **tener** (*irreg.*) **miedo** to be afraid
miel *f.* honey; **luna de miel** honeymoon

miembro member

mientras while; **mientras que** *conj.* while; **mientras tanto** meanwhile

miércoles: de miércoles worthless

mierda shit

miga crumb, soft part of bread; **bolita de miga** wad of bread

milagro miracle

militar *adj.* military

milla mile

mina *n.* mine; **obrero de las minas** miner

ministerio government office building

minoritario *adj.* minority

minucioso meticulous, thorough, detailed

miope near-sighted

miopía near-sightedness

mirada gaze; look; expression

mirar to look (at); to watch; to observe; *int.* look here; **mirar de soslayo** to look at out of the corner of one's eye; **mirar por encima del hombro** to look down one's nose at

mirlo blackbird

miseria poverty

misericordia mercy, compassion; **por la misericordia de Dios** by the grace of God

mísero: villa mísera shantytown

misionero/a missionary

mismo *adj.* same; myself; yourself; him/herself; itself; ourselves; yourselves; themselves; **ahora mismo** *adj.* right now; **allí mismo** right there; **del mismo modo que** *conj.* just as; **por ello mismo** for that very reason

misterio mystery

misterioso mysterious

mitad *n.* half; middle; center

modelar to shape, form

modismo idiom

modo way, manner; **de algún modo** somehow; **de malos modos** rudely; **de modo que** *conj.* so that; **del mismo modo que** *conj.* just as;

modorra drowsiness

mohoso rusty

mojado wet

mojarse to get wet

moler *coll.* to beat up

molestar to bother, annoy

molestia: tomarse la molestia to bother, go to the trouble

molesto annoyed, bothered; annoying, bothersome

molido *coll.* beaten to a pulp

momento moment; time; point (in time); **en más de un momento** more than once; **en todo momento** at all times; **por momentos** continuously

moneda coin

monja nun

monocorde monotonous

monótono monotonous

monstruo monster

monstruoso monstrous

montaña mountain

montar to get in / on; to ride

monte *m.* mountain

montón *n. m.* a lot

morboso unhealthy, sick; morbid

morcilla sausage

mordedura bite

morder (ue) to bite

morir(se) (ue) (*p.p.* **muerto**) to die

mortificado mortified

mosca fly

mostrador *m.* counter, display case (*in a store*)

mostrar (ue) to show; **mostrarse** to prove to be

moteca *m., f.* Moteca (*adversary of the Aztecs*)

motivo purpose; motive

moto(cicleta) motorcycle

mover(se) (ue) to move

móvil mobile

movimiento movement; motion

mozo/a young person; ranch hand

muchacho/a boy, girl

muchachón, muchachona large, coarse young person

mucho *adj.* much; a lot of; *pl.* many; *adv.* a lot, much; very much; *pl.* many

mudanza move (*change of residence*)

mudarse to move (*from one residence to another*)

mudo silent, mute

muebles *m. pl.* furniture

muerte *f.* death

muerto *n.* dead person; (*p.p. of* **morir**) *adj.* dead

mujer *f.* woman; wife

mundial *adj.* world

mundo world; **por nada del mundo** for nothing in the world

municipio municipality

muñeca wrist

murciélago bat (*animal*)
murmurar to murmur, whisper
muro wall
museo museum
musitar to mumble; to whisper
muslo thigh
mutuo mutual
muy very; **la Muy Alta** the Most High (*goddess*)

N

nacer (zc) to be born
nada *n.* nothing; nothingness; **nada más** nothing else; only, just; **por nada del mundo** for nothing in the world; *adv.* not at all
nadie no one; not anyone
nariz *f.* (*pl.* **narices**) nose; nostril; **sonarse la nariz** to blow one's nose
narrar to narrate
natural natural; normal
naturaleza nature
naufragio shipwreck
navegar (gu) to navigate
necesario necessary
necesidad need; necessity
necesitar to need
negar (ie) (gu) to deny; to refuse; **negarse a** + *inf.* to refuse to (*do something*)
negocio business
negro black; **pozo negro** cesspool, cesspit
ni neither; nor, or; not even; **ni . . . ni** neither . . . nor; **ni siquiera** not even
nicho niche
nido next
nieto/a grandson, granddaughter; *pl.* grandchildren
nieve *f.* snow
ningún, ninguno/a *pron.* not any; no one; *adj.* no; not any; none, not one, neither
niñería: soñada niñería childhood fantasy
niñez *f.* childhood
niño/a child; **de niño** as a child; **desde niño** from childhood
nivel *m.* level
no obstante nevertheless; **no poco** more than a little; **ya no** no longer
noche *f.* night; **de noche** at night; **de / por la noche** in the evening; at night; **en plena noche** in the dead of night; **mesa de noche** nightstand; **noche a noche** night after night
nombrar to name

nombre *m.* name; first name; **nombre propio** proper noun; **sin nombre** nameless
nominal: frase (*f.*) **nominal** noun phrase
norma norm, standard; rule
noroeste *m.* northwest
norte *m.* north
nota note; **bloc** (*m.*) **de notas** writing pad
notar to note, notice; to point out
noticia piece of news; information; *pl.* news
novedad change; innovation, new thing
novelería stuff of novels
novelesco fictional
novelista *m., f.* novelist
novio/a boyfriend, girlfriend; groom, bride; fiancé; *pl.* newlyweds; sweethearts
nube *f.* cloud
nuevamente again
nuevo new; **de nuevo** again
número number
numeroso numerous
nunca never; not ever; **ya nunca** never again
nutrir to nourish, feed

O

o or
obispado bishopric
obispo bishop
obligar (gu) to force; **obligarse** to bind oneself (*to do something*)
obra work; labor; work of art
obraje *m.* workshop
obrar to work; **obrar bien** to do good works
obrero/a worker, laborer; **obrero de las minas** miner
obsequiar to give
obstante: no obstante nevertheless
obstinación stubbornness
obstinadamente stubbornly
obtener (*like* **tener**) to obtain
obvio obvious
occidental western
ocioso idle, lazy
ocultar to hide
oculto hidden
ocupar to occupy
ocurrir to occur; to happen
odiar to hate
odio hate, hatred
oeste *m.* west
oferta offer
oficina office
ofrecer (zc) to offer
oído ear; **prestar oído** to listen

oír *irreg.* to hear; **oír decir** to hear (*something*) said

ojeada glance; **echar una ojeada a** to glance at

ojo eye

oleada wave

oleaje *m.* surf, breaking waves

oler (hue) to smell; **oler a** to smell like

oligarquía oligarchy

olla pot; kettle

olmo elm

olor *m.* smell

olvidar(se) to forget

olvido forgetfulness; oblivion

onda wave

opaco gloomy; dull

opalino iridescent

operación operation; **sala de operaciones** operating room

operarse to be operated on

opinar to think; to express an opinion

oponerse (*like* **poner**) (*p.p.* **opuesto**) **a** to oppose; to resist

oprobio shame, disgrace

optar to choose; **optar por** + *inf.* to decide in favor of (*something*)

opuesto (*p.p. of* **oponer**) opposed; opposite

oración sentence; prayer

orbe *m.* globe

orden *m.* order

ordenado tidy, orderly

ordenar to arrange, put in order; to command, order

oreja (outer) ear

orgullo pride

orgulloso proud

oriental eastern

orilla (river) bank

oro gold

ortográfico *adj.* spelling

oscurecer (zc) to get dark; **oscurecerse** to turn dark

oscuridad darkness; **en plena oscuridad** in total darkness

oscuro dark

ostentoso ostentatious

otoñal *adj.* autumn, autumnal

otoño autumn

otredad otherness

otro/a *pron.* other (one); another (one); *adj.* other; another; **a uno y otro lado** on either side; **al otro día** the next day; **al otro lado** on the other side; **otra vez** again; **por otro lado** on the other hand; **una y otra vez** over and over

ovillo ball (of wool, silk, etc.)

oyente *m., f.* listener

P

pabellón *m.* pavilion

pábulo food; *fig.* support

pacotilla *goods carried by sailors and officers free of freight charges*

padecer (zc) to suffer

padre *m.* father; priest; *pl.* parents; priests

pagar (gu) to pay (for)

página page

país *m.* country

paisaje *m.* landscape

pájaro bird; **a vista de pájaro** bird's eye view

pajizo: tejado pajizo thatched roof

pala oar

palabra word; promise; **a medias palabras** by inference; **palabra a palabra** word by word

palacio palace

paladear to savor, taste

palear to shovel; to paddle (*a boat*)

palenque *m.* hitching post

palidez *f.* pallor, paleness

pálido pale

palmear to pat

palo stick; pole; mast; **palo major** mainmast

palpar to feel, touch, grope

palpitar to beat, throb

palúdico malarial; swampy

pampa *n.* plain

pan *m.* bread

pánico *n.* panic; *adj.* panicky

pantalla screen

pantalón *m. s., pl.* pants

pantano swamp, marsh

pantanoso *adj.* swamp; swampy

pantorrilla calf (*of the leg*)

pantufla slipper

pañoleta neckerchief

pañuelo handkerchief

papá *m.* father; dad; **papá grande** grandfather

Papa *n.* Pope

papa potato

papagayo parrot

papel *m.* paper; role; **papel de estaño/plata** tinfoil

papeleta difficult matter, issue

paquete *m.* package; packet boat
par *m.* pair; **a la par** at the same time
para *prep.* for; in order to; towards; to; **como para** so as to; **para adentro** turned inward; **para cuando** when; **para que** *conj.* so that; **para siempre** forever
parado standing (up)
paradoja paradox
paraguas *m. sing., pl.* umbrella
parapetarse to cover oneself, hide
pararse to stop; to stand up
parecer (zc) to seem; to appear; to look like; **al parecer** apparently; **parecerse** to resemble, look like
parecido *n.* likeness, resemblance; *adj.* similar, alike
pared *f.* wall
pareja couple; pair
paria *m., f.* outcast, pariah
pariente *m., f.* relative
párpado eyelid
parque *m.* park
párrafo paragraph
parroquiano/a customer
parte *f.* part; **de todas partes** from everywhere; **en su mayor parte** for the most part; **formar parte** to make up; **por parte de** + *person* on the *person's* side; **por su parte** as far as he/she is/ was concerned; **por todas partes** everywhere
particular particular; special; private
partida: al punto de partida at the outset
partido *n.* (political) party; *adj.* split; cut
partir: a partir de as of (*this moment, that date*)
pasadizo passage, corridor
pasado *n., adj.* past; **pasado mañana** day after tomorrow
pasaje *m.* passage
pasajero/a passenger
pasar to happen; to spend (*time*); to pass; to go by; to cross, go through; to elapse; to move, take; **pasa** *int.* come in; **pasar de** to go beyond; **pasar de largo** to go right past; **pasar por** to go past; to stop by
pasear to go for a walk, ride; **pasearse** to take it easy, laze around
paseo walk; ride; avenue; mall; **dar** (*irreg.*) **un paseo** to go for a walk, ride; **mandar a paseo** to send packing
pasillo passage; corridor, hall
pasividad passiveness

paso step; **abrirse** (*p.p.* **abierto**) **paso** to make headway; **dar** (*irreg.*) **paso a** to give way to; **dar** (*irreg.*) **un paso** to take a step
pasta: sopa de pasta noodle soup
pasto grass
pastor(a) shepherd, shepherdess
pata foot; leg (*of an animal*)
patear to kick
patria country, native land
patriarca *m.* patriarch
patrón, patrona employer, boss; owner
paulatinamente gradually, little by little
paulina decree of excommunication; *coll.* reproof, reprimand
pavimento pavement
pavita del mate tea kettle
paz *f.* (*pl.* **paces**) peace
pecado sin
pecar (qu) to sin
pecho chest; **de pecho** face down
pedazo piece
pedir (i, i) to ask for; to request; to order (*food*)
pedregoso stony, rocky
pegado stuck
pegajoso sticky
peinar to comb; to fix (*hair*)
pelaje *m.* fur
peldaño front step
pelea fight
pelear to fight
película movie
peligro danger
peligroso dangerous
pelo hair
pena sorrow, grief; remorse; **a penas** hardly, barely
pender to hang
pendiente *f.* slope
penoso laborious; distressing
pensamiento thought
pensar (ie) to think; to consider; to believe; **pensar** + *inf.* to plan to (*do something*); **pensar en** to think about
pensativo pensive
pensión: compañero/a de pensión roommate
penúltimo next-to-last
penumbra semidarkness; shade
peón *m.* laborer, worker; **péon de chacra** farmhand
peor worse; worst

pequeño small, little
percibir to perceive
perder (ie) to lose; to waste (*time*) **perderse** to get lost
perdido lost; **sentirse (ie, i) perdido** to feel lost
perdiz *f.* (*pl.* **perdices**) partridge
peregrino/a pilgrim
perejil *m.* parsley
perfil *m.* profile
periódico newspaper
periodista *m., f.* journalist
perlar to become covered with drops (of water, sweat)
permanecer (zc) to remain
permitir to allow, permit
perno hinge
pero but
perpetuar (perpetúo) to perpetuate
perplejidad perplexity, confusion
perplejo perplexed, confused
perro/a dog
perseguidor(a) persecutor
perseguir (i, i) (g) to pursue
persistir to continue; to persist
personaje *m.* character (*in a story*)
personal *n. m.* staff; *adj.* personal
pertenecer (zc) to belong
pesa weight
pesadilla nightmare
pesado heavy
pesar to weigh; **a pesar de** in spite of
pescado fish
pésimo dreadful
peso weight; peso (*unit of currency*)
pez *m.* (*pl.* **peces**) fish
picada path; trail
picadura (insect, snake) bite
pícaro roguish
picotear to peck
pie *m.* foot; **a pie** on foot; **al pie de** at the foot of; **de pie** standing; **ponerse (*irreg.*) de pie** to stand up
piedad piety
piedra stone; **piedra imán** lodestone, magnetic stone
piel *f.* skin
pierna leg
pieza room
pileta swimming pool
piltrafa rag
pintar to paint
pintura painting; paint

pipa pipe; cask, keg
pisada step
pisar to step (on)
piso floor; apartment
placa (photographic) plate
placer *m.* pleasure
planeamiento planning
planeta *m.* planet
plantado sole (*of a shoe*)
plantear to raise, pose (*a question*)
plata silver; **papel** (*m.*) **de plata** tinfoil
plateado silver-plated
plato plate, dish
playa beach
plaza: coche (*m.*) **de plaza** taxi
plazo period (*of time*)
plegaria prayer
pleno full, complete; **en plena noche** in the dead of night; **en plena oscuridad** in total darkness; **en plano** + *n.* in the middle of; **en pleno silencio** in utter silence
pletórico excessive
plomo derretido molten lead
pluma feather
plumero feather duster
población population
poblar to populate
pobre *n. m., f.* poor person; *adj.* poor
pobreza poverty
poco *n.* a little bit; a short while; *adj.* little; not much; few; not many; *adv.* little; **a los pocos días** in a few days; **dentro de poco** soon; **no poco** more than a little; **poco a poco** little by little; **poco después** shortly thereafter
poder *irreg.* to be able; can; may; *n. m.* power
poderoso powerful
poesía poetry
polea pulley
policía *m.* policeman
policial *adj.* police
político political
polvo dust; **sacar (qu) el polvo** to dust
poner *irreg.* (*p.p.* **puesto**) to put, place; **poner cara de** to adopt an attitude of; **poner en libertad** to set free, release; **poner en marcha** to start (*an engine*); **poner inyección** to give an injection; **poner la mesa** to set the table; **ponerse** to put on; to set (*sun*); **ponerse** + *adj.* to become + (*adj.*); **ponerse a** + *inf.* to start (*to do something*); **ponerse de pie** to stand up; **po-**

nerse en contacto to put (oneself) in touch; **ponerse feo** to get serious, nasty

poniente *m.* west

popa poop, stern

por for; by; through; by way of; by means of; because of; **por ahora** for the time being; **por añadidura** to make matters worse; **por casualidad** by chance; **por completo** completely; **por delante** in front, ahead; **por ejemplo** for example; **por ello mismo** for that very reason; **por encima de** above, over; **por error** by mistake; **por favor** please; **por fin** finally; **por eso** for that reason; **por la mañana** in the morning; **por la noche** at night; in the evening; **por lo menos** at least; **por lo tanto** therefore; **por medio de** by means of; **por momentos** continually; **por mucho tiempo** for a long time; **por nada del mundo** for nothing in the world; **por otro lado** on the other hand; **por parte de** + *person* on the *person's* side; **¿por qué?** why?; **por su cuenta** on one's own account; **por su parte** as far as he/she is / was concerned; **por suerte** luckily; **por supuesto** of course; **por todas partes** everywhere; **por ventura** by chance

porfiado persistent; stubborn

pormenor *m.* detail

porque *conj.* because

por qué *n. m.* why; whys and wherefores

porquería worthless thing; dirt, filth

portador(a) bearer, carrier

porteño/a *person from Buenos Aires, adj.* port; *pertaining to Buenos Aires*

portero/a porter

porvenir *m.* future

posar to rest

poseer (y) to possess, own; to hold

posfranquista *adj.* post-Franco

posguerra post-war

postergación postponement

postergar (gu) to postpone; to hold back (*a promotion*)

posterior later, subsequent

potro colt, foal

pozo well; pit; **pozo negro** cesspool, cesspit

precipitarse to rush headlong

preciso exact, precise

predecir (*like* **decir**) (*p.p.* **predicho**) to predict

preferir (ie, i) to prefer

prefiguración foreshadowing

prefigurar to foreshadow

pregonar to proclaim

pregunta question

preguntar to ask (*a question*); **preguntarse** to wonder

preludio prelude

premio award, prize

prender to grasp, seize; **prender la luz** to turn on the light

prendido lit, turned on

prensa press

preocupación concern, worry

preocupado worried

preocuparse to worry

presagio foreboding

presión pressure

prestar to lend; **prestar oído** to listen

pretender to attempt, try; to aspire to

pretendiente *m., f.* candidate; pretender

prevenir (*like* **venir**) to prevent

prever (*like* **ver**) (*p.p.* **previsto**) to foresee

previsión foresight

primavera spring (*season*)

primer, primero first; **a primera vista** at first glance; **primera luz** first light; dawn; **primeras horas** wee hours of the morning

primo/a cousin

principal main

principio *n.* beginning; **a principios de** at the beginning of; **al principio** at first; in the beginning

prisa haste

prisionero/a prisoner

privilegiado privileged

privilegio privilege

proa prow; **en proa** on deck

probar (ue) to test; to taste

problema *m.* problem

proceder *v.* to proceed; *n. m.* behavior, conduct

procrear to procreate

procurar to try, endeavor

pródigo prodigal; extravagant

profanar to desecrate

profundo deep, profound

profuso profuse, plentiful

prohibido forbidden

promesa promise

prometer to promise

promontorio headland; promontory

pronto soon; **al pronto** at first; **de pronto** suddenly; **tan pronto como** as soon as

pronunciar to pronounce; to say

propio (one's) own; proper; suitable; **nombre** (*m.*) **propio** proper noun

proponer (*like* **poner**) (*p.p.* **propuesto**) to propose

proporcionar to provide, supply; **proporcionar relieve a** to bring out

propósito purpose; **a propósito** on purpose

proseguir (*like* **seguir**) to proceed, continue

prosternarse to prostrate oneself, throw oneself down on one's knees

proteger (**j**) to protect

provisto (*p.p. of* **proveer**) provided, supplied

próximo near; nearby; next

proyección projection

proyecto project

prueba proof; test

psíquico psychic

psiquis *f.* psyche

psiquismo psychological makeup

publicar (**qu**) to publish

pudor *m.* modesty; shyness

pueblo town; people

puente *m.* bridge

pueril childish

puerro leek

puerta door

puerto port; **puerto marítimo** seaport

pues *int.* well

puesto (*p.p. of* **poner**) put; placed; on

pulga: de malas pulgas ill-tempered

pulido polished

pulmón *m.* lung

pulmonar pulmonary

pulposo fleshy

pulsar to take the pulse of

pulsera bracelet; **reloj** (*m.*) **pulsera** wrist watch

puntada stabbing pain, stitch

puntapié (*m.*) kick; **dar** (*irreg.*) **un puntapié** to kick

puntito puncture wound

punto point; dot; **estar** (*irreg.*) **a punto de** + *inf.* to be about to (*do something*); **al punto de partida** at the outset; **punto de vista** point of view; **puntos suspensivos** ellipses

punzada stab, shooting pain

punzo bright red

puñal *m.* dagger; knife

puño fist

pureza purity

purificarse (**qu**) to become purified, cleansed

Q

quebrado broken

quedar(se) to stay; to remain; to be left; to be; to be situated; **quedar a bordo** to remain on board; **quedar varado** to run aground; **quedarse con** to keep; to take

quejarse to complain

quejido moan; lament

quejumbroso complaining, whining

quemante burning

quemar(se) to burn

querer *irreg.* to want; to love; to refuse (*negative preterite*); **querer decir** to mean

quevedos *pl.* pince-nez

quien who, whom

quieto still, calm

quietud quiet, stillness, tranquility

quinta farm house

quinto fifth

quitar to remove; to take away; to take off; **quitarse** to take off (*clothes*); to leave

quizá(s) perhaps, maybe

R

rabia: dar (*irreg.*) **rabia** to make angry

rabioso furious, angry

racha streak, run (*of luck*)

radio *f.* radio; broadcasting (*medium*); **sala de radio** x-ray room

radiografía x-ray

ráfaga gust of wind

raíz *f.* (*pl.* **raíces**) root

rama branch

rapar to shave

rapidez *f.* speed

rápido fast

raro rare; strange; **rara vez** seldom

ras: a ras de level with

rasgo trait, characteristic

rasguño scratch

raso: cielo raso ceiling

raspar to scrape

rastro trace, sign; track

rato while; short time; **a ratos** at times; **al rato** in / after a while; **un buen rato** a good while

raya stripe

rayado: hoja rayada lined paper

rayo thunderbolt

rayuela hopscotch
raza race
razón *f.* reason; **tener** (*irreg.*) **razón** to be right
razonable reasonable
razonar to reason
reaccionar to react
realizar (c) to carry out, do
reaundar to resume, take up again
rebaño flock
rebelarse to rebel
rebotar to bounce, rebound
recado message
recámara bedroom
recapitular to summarize
recargado en leaning against
receloso suspicious
recepción: sala de recepción waiting room
rechazar (c) to reject, refuse
recibidor(a) recipient
recibir to receive
reciedumbre *f.* strength
recién *adv.* recently, newly; **recién casado/a** newlywed; **recién llegado/a** newcomer
reciente recent
recinto enclosure; space
recíproco reciprocal
recitar to recite; to read (*a list*)
recoger (j) to pick up
recolección harvest; gathering
reconfortar to comfort, console
reconocer (*like* **conocer**) to recognize
reconstruir (*like* **construir**) to reconstruct
recordar (ue) to remember
recorrer to travel; to traverse, cross, go through
recorrido tour; stroll
recortar to cut out; **recortarse** to be outlined
recostarse (ue) to lean; to recline; to lie down
recova market
recreo recess
rectilíneo upright, strait
rector(a) director; principal
recuerdo memory
recurrir (a) to appeal (to); to resort (to)
recurso way, means; (literary) device
red *f.* net; network
redentor *n. m.* Redeemer (Jesus Christ); *adj.* redemptive

redimir to redeem
redoblar to repeat, do again
redondel *m.* ring; arena
reducir (zc) *irreg.* to reduce; to diminish; to wear down
reemplazar (c) to replace
referir (ie, i) to relate, tell; to refer (to)
reflejar to reflect
reflejo reflection
reflexionar to reflect or meditate on
refrán *m.* saying
refugiarse to take refuge
regalo gift
regar (ie) (gu) to water, irrigate
registrar to examine; to search; to register
regresar to return
regreso return
rehacer (*like* **hacer**) to do over; to repair
rehuir (*like* **huir**) to avoid; to flee from
reina queen
reinado reign (*tenure*)
reinar to rule, reign
reírse (i, i) (de) to laugh (at)
reja bar; (window) grille
relacionar to relate, connect, associate; **relacionarse** to be related
relajamiento relaxation
relámpago flash of lightning
relampaguear to gleam
relampagueo flashing; sparkling
relatar to tell
relato story; account; **relato marino** sea story
relectura rereading
releer (*like* **leer**) to reread
relieve *m.* relief (*art*); **proporcionar relieve a** to bring out
reliquia relic
rellenar to fill (up)
reloj *m.* clock; **reloj pulsera** wrist watch
reluciente shiny
rematar to auction off
remedio solution, remedy; **no tener** (*irreg.*) **más remedio** to have no other choice
rememorar to recollect, remember
remendar to patch; to darn
remero/a rower
remitir to slacken; to forgive, pardon
remoción fluffing (*pillows*)
remojar to soak
remolino vortex; whirlpool; *coll.* crowd
rémora *type of fish*

remordimiento remorse
renacentista pertaining to the Renaissance
renacer (*like* **nacer**) to be reborn
rencor *m.* bitterness; resentment
rendija split, crack
reojo: seguir (i, i) de reojo to follow out the corner of one's eye
reparar to repair; to pay attention to
repasar to go through; to review
repaso review
repecho short, steep incline
repente: de repente suddenly
repentinamente suddenly
repetir (i, i) to repeat
repintar to repaint, retouch
replicar (qu) to reply
reponerse (*like* **poner**) (*p.p.* **repuesto**) to recover, recuperate; **reponerse del todo** to fully recover from (*an illness*)
reposición replacement
reprimir to repress
reprobativo reproving
requemado burned, parched
requerir *irreg.* to require
resaltar to stand out; to highlight
rescatado rescued
reseco too dry
resignarse to resign oneself
resolver (ue) (*p.p.* **resuelto**) to resolve, decide
resoplar to snort; to breathe hard
respaldo back (*of a chair*); headboard (*of a bed*)
respecto: al respecto about the matter; in regard to the matter; **con respecto a** with regard to
respeto *n.* respect
respiración breathing
respirar to breathe
resplandecer (zc) to shine
resplandor *m.* brilliance, shine
responder to answer
respuesta *n.* answer
restañar to stanch
resto rest; *pl.* remains
restregar (gu) to rub hard
resultado result
resultar to turn out (to be); to prove to be; **resultar de** to result from
resumen: en resumen in short
resumir to sum up, summarize
retardarse to slow down
retener (*like* **tener**) to retain; to hold; to detain, arrest

retirado remote, distant
retirarse to withdraw
retomar to retake
retorcerse (ue) (z) to twist; to writhe
retrasar to delay
retrato portrait
retumbo patter; rumble
reunir (reúno) to gather, collect
revelar to reveal
reventar to burst
revestido dressed, adorned
revisación physical (medical) check-up
revisar to examine, check
revista magazine
revocar to whitewash
revolver (*like* **volver**) (*p.p.* **revuelto**) to return (*something*)
revuelta revolt
rey *m.* king
rezar (c) to pray
rezongar (gu) to grumble, gripe
rezumante seeping
ribera bank; shore
rico rich
riesgo risk
rincón *m.* corner
río river; **río abajo** downriver; **río arriba** upriver
ripio padding (*in writing*)
risa: llorar de risa to laugh so hard one cries
ristra string
ritmo rhythm
robar to steal, rob
roble *m.* oak
robo robbery
rocalloso rocky, stony
roce *m.* rubbing
rocío dew
rodar (ue) to roll
rodear to surround
rodeo encircling
rodilla knee
rogar (ue) to beg
rojizo reddish
rojo red
romano: corte (*f.*) **romana** papal court
rombo rhombus, diamond
romper (*p.p.* **roto**) to break; to tear; **romper a** + *inf.* to start to (*do something*)
ronco hoarse
ronquido snore
ronronear to purr
ropa *sing.* clothes; clothing; **ropa de cuerdo** street clothes

rosado pink
rostro face
roto (*p.p. of* **romper**) broken; torn
rozar (c) to graze, brush
rubio blond
rubricar (qu) la suerte to seal the fate
rudo coarse, rough
rueda wheel; **en rueda** in a ring; **camilla de ruedas** gurney
rugir (j) to roar, bellow
rugoso wrinkled
ruido noise
ruidosamente noisily
rumbo course, direction
rumor *m.* rustle; murmur
rutina routine, habit, custom; **con rutina** routinely

S

sábalo worthless dead man
sabana savanna
saber *irreg.* to know; to find out (about); **saber** + *inf.* to know how to (*do something*); **hacer** (*irreg.*) **saber** to make (*something*) known
sabiduría wisdom; knowledge
sabor *m.* taste; flavor
saborear to savor; to taste
sacar (qu) to take out; to remove; to pull out; **sacar el polvo** to dust
sacerdote *m.* priest
saco sack, bag; jacket, coat
sacrificado/a sacrificed person
sacrificador(a) sacrificer
sacrificio sacrifice
sacrosanto sacred, sacrosanct
sacudir to shake
sacudón *m.* jolt; shaking
sagrado sacred
sal *f.* salt
sala room; living room; **sala de dormir** bedroom; **sala de grabación** recording studio; **sala de operaciones** operating room; **sala de radio** x-ray room; **sala de recepción** waiting room
salida exit
salir *irreg.* to leave; to go out; to come out; to emerge; to arise; **dejar salir** to release; **salir bien** to turn out well; **salir volado** to leave quickly
salón *m.* room; drawing room
salpicado splattered; splashed
saltar to jump

salto: levantarse de un salto to jump up
salud *f.* health
saludar to greet
salvaje *m., f.* savage
salvar to save, rescue
salvo *adj.*: **a salvo de** safe from; *adv.* except
san, santo/a *n.* saint; *adj.* holy; **Semana Santa** Holy Week; **Viernes Santo** Good Friday
sanatorio sanitarium
sangrar to bleed
sangre *f.* blood
saguijuela leech
sano healthy; sound; sane
sargazo algae
Satanás Satan
satisfacer *irreg.* (*p.p.* **satisfecho**) to satisfy
satisfecho (*p.p. of* **satisfacer**) satisfied
secarse (qu) to get dry
seco dry
sed *f.* thirst; **sentir (ie, i) sed** to feel thirsty
seda silk
seguida: en seguida right away
seguir (i, i) to continue; to follow; to remain; **seguir** + *gerund* to continue, keep on (*doing something*); **seguir de reojo** to follow out the corner of one's eye; **siga con Diós** *int.* go with God
según according to
segundo *n.* second (*time*); *adj.* second (*in order*)
seguridad safety; security; certainty
seguro *n.* assurance; *adj.* sure; reliable
sello stamp
selva jungle
semáforo traffic light
semana week; **Semana Santa** Holy Week
semblante *n.* appearance, aspect
sembrado *n.* crop; sown land
sembrar (ie) to plant, sow
semejante similar; such a
semejanza similarity
semitendido half stretched-out
sencillo simple
senda path, road, way
sendero path
sensato sensible, prudent
sensibilizar (c) to sensitize
sensible sensitive
sensorial *adj.* sensory
sentarse (ie) to sit down
sentido sense; direction; **doble sentido** double meaning

sentimental emotional
sentimiento feeling
sentir (ie, i) to feel; to experience; to hear; to regret; **sentir sed** to feel thirsty; **sentirse** to feel, be; **sentirse culpable** to feel guilty; **sentirse perdido** to feel lost
seña sign; *pl.* address; **hacer** (*irreg.*) **seña** to signal, gesture
señal *f.* signal, sign
señalar to point out, indicate
señor *m.* gentleman; man; lord; Mr.; **Señor** Lord
señora lady; woman; Mrs.; ma'am
señorita young lady; Miss
septicemia blood poisoning
sepulcral pertaining to a tomb
sepultado buried
sequedad dryness
sequía drought
ser *irreg.* to be; **es decir** that is to say; **llegar (gu) a ser** to become
ser *m.* being; **ser humano** human being
serie *f.* series
seriedad seriousness, gravity
serio serious; **en serio** seriously
serpiente *f.* snake
servicial obliging, willing
servidumbre *f.* servitude; obligation
servir (i, i) to serve; to be useful
seto hedge
sí *adv.* yes; *pron.* oneself; itself; himself; herself; themselves; yourself; yourselves; **volver en sí** to come to, regain consciousness
si if; whether
siempre always; **para siempre** forever
sien *f.* temple (*head*)
siesta nap
sietemesino/a seven-month baby
sigiloso secretive; silent
siglo century
significado meaning
significar (qu) to mean
signo sign; signal
siguiente following, next; **al día siguiente** on the following day
sílaba syllable
silbar to whistle
silbato whistle
silbido whistle, whistling
silencio: en pleno silencio in utter silence
silencioso silent
silla chair
sillón *m.* armchair

silvestre wild
simpático nice, pleasant
simulacro pretense
sin without; **sin duda** without a doubt, doubtless; **sin embargo** nevertheless; **sin esfuerzo** effortlessly; **sin fin** endlessly; **sin nombre** nameless; **sin que** *conj.* without
síncope *m.* fainting spell
sindical *adj.* union
singular exceptional, unique
sino (que) but; but rather
síntoma symptom
siquiera: ni siquiera not even; **no... siquiera** didn't even . . .
sirviente/a servant
sitio place; location, site
situar (sitúo) to locate, set (*a scene*); **situarse** to be located
soberbia arrogance
sobrado left over
sobre *n. m.* envelope; *prep.* about; on; over; **sobre todo** especially
sobrellevar to endure, bear
sobrenatural supernatural
sobresalto sudden fright; start
sobrevenir (*like* **venir**) to happen or occur suddenly; to happen later
sobrevivir to survive
socorro help, aide
sofocar (qu) to choke; to suffocate
soga rope, cord
sol *m.* sun
solamente only
soldado soldier
soledad solitude; loneliness
soler (ue) to be accustomed to; to be in the habit of; to tend to
solicitar to ask for
solicitud de empleo job application
solidarizarse (c) con to support, back up; to join
solitario solitary, lone
sollozar (c) to sob
sollozo *n.* sob
solo *adj.* alone; only; single; **una sola vez** just once
sólo *adv.* only, solely
soltar (ue) (*p.p.* **suelto**) to let loose
sombra shadow
sombrío somber, dark; gloomy
someter to subject, cause to undergo
somnolencia drowsiness, sleepiness
sonambulismo sleepwalking

sonar (ue) to sound; to ring; **sonarse la nariz** to blow one's nose
sonido sound
sonreír(se) (*like* **reírse**) to smile
sonrisa smile
soñada niñería childhood fantasy
soñador(a) dreamer
soñar (con) to dream (about)
soñoliento sleepy, drowsy
sopa soup; **sopa de pasta** noodle soup
soplar to blow
soportar to stand, put up with
sorber to sip
sordo deaf; silent; muffled
sorprendente surprising
sorprender to surprise
sosegado quiet
soslayo: mirar de soslayo to look at out the corner of one's eye
sospecha suspicion
sospechar to suspect
sospechoso suspicious
sostener (*like* **tener**) to sustain; to support
sótano basement
suave soft
subdesarrollado underdeveloped
súbdito/a subject (*of a king*)
subir to go up, climb, ascend; to take up, bring up, carry up; to lift, raise; to rise; **subir escaleras** to climb stairs
súbito sudden, unexpected
submarino underwater
subrayar to underline
subterráneo underground
subvenir (*like* **venir**) to provide for
suceder to happen, occur
suceso event, happening
sucio dirty
sudado sweaty
sudor *m.* sweat
sudoroso sweating
sueco *adj.* Swedish
suelo floor; ground
suelto (*p.p. of* **soltar**) loose
sueño dream; **tener** (*irreg.*) **sueño** to be sleepy
suerte *f.* luck; fate; **de suerte que** so that; **por suerte** luckily; **rubricar (qu) la suerte** to seal one's fate
sufrir to suffer
sugerencia suggestion
sugerir (ie, i) to suggest; to imply
suicidante *adj.* suicide

suicidarse to commit suicide
sujetar to tie, fasten
sumirse to sink
sumo supreme, the greatest
superior top; upper; superior
súplica entreaty, plea
suplicar (qu) to plead, beg
suponer (*like* **poner**) (*p.p.* **supuesto**) to suppose
supuesto: por supuesto of course
sur *m.* south
surgir (j) to emerge; to arise
suspensivo: puntos suspensivos ellipse
suspicaz (*pl.* **suspicaces**) suspicious, distrustful
suspirar to sigh
suspiro sigh
sustancialmente basically, essentially
sustantivo *gram.* noun
sustituir (y) to substitute
susurrante whispering, murmuring
susurrar to murmur; to whisper
susurro whisper; murmur
sutil subtle

T

tabla board, plank
taburete *m.* stool
tajo cut
tal such; **de tal forma** in such a way; **tal como** just as; **tal vez** perhaps, maybe; **un tal** a certain
talón *m.* heel
tamaño size
tambalearse to stagger, totter
también also
tamborilear to drum (one's fingers)
tampoco neither, (not) either
tan as; so; such (a); **tan... como** as . . . as; **tan pronto como** as soon as
tanto *adj.* so much; so much; *pl.* as many; so many; *adv.* so much; **al tanto** up to date; **mientras tanto** meanwhile; **no tanto** not that much; **por lo tanto** therefore; **tanto... como...** both . . . and . . .; **tanto como** as much as; **tanto que** so much that
tapar to cover; to conceal; **taparse** to cover oneself
taparrabos *m. sing., pl.* loincloth
tapia mud or adobe wall
tapiz *m.* (*pl.* **tapices**) tapestry
tapón *m.* plug

tardar to be long; to take a long time; **tardar + *period of time* + en *inf.*** to take (*period of time*) to (*do something*)

tarde *n. f.* afternoon; *adv.* late; **de la tarde** in the afternoon; **ya es tarde** it is late

tarea task; work; homework

taza cup

té *m.* tea

teatral *adj.* theater

teatralería theatrics

teatro: gemelos (*pl.*) **de teatro** opera glasses

techo roof

técnica technique

técnico technical

tejado roof; **tejado pajizo** thatched roof

tejer to knit; **aguja de tejer** knitting needle

tejido cloth; **alambre** (*m.*) **tejido** wire mesh

telón *m.* **de fondo** backdrop

tema *m.* subject; theme

temblar to tremble

temblar *m.* tremor, trembling

temer to fear

temor *m.* fear

tempestad storm

temprano early

tenaz (*pl.* **tenaces**) tenacious

tender (ie) to cast; to spread out; to hang; to extend, offer; to make (*a bed*); **tenderse** to stretch out, to lie down

tener *irreg.* to have; **no tener inconveniente** not to mind; **no tener más remedio** to have no other choice; **tener... años** to be . . . years old; **tener conciencia de** to be aware of; **tener confianza en** to have confidence in; **tener en un hilo** to have on pins and needles; **tener frío** to be cold (*person*); **tener ganas de** + *inf.* to feel like (*doing something*); **tener hambre** to be hungry; **tener la certeza** to be quite sure; **tener la culpa** to be guilty; **tener lugar** to take place; **tener miedo** to be afraid; **tener que** + *inf.* to have to (*do something*); **tener que ver con** to have to do with; **tener razón** to be right; **tener su atractivo** to have its own appeal; **tener sueño** to be sleepy

tenso tight, taut

tentativa attempt

tercer, tercero third

terciopelo velvet

terminante conclusive, definite

terminar to finish; to end; **terminar por + *ing.*** to end up by (*doing something*)

término term, word; end

ternura tenderness

terreno land; plot of land

terroso dirty; made of dirt

terso smooth

tersura flossiness; brilliance

testigo *m., f.* witness

tibio lukewarm

tiburón *m.* shark

tiempo weather; time; (verb) tense; **en los últimos tiempos** recently, of late; **perder (ie) el tiempo** to waste time; **por mucho tiempo** for a long time

tienda store

tientas: a tientas gropingly, feeling one's way

tierno *n.* tender

tierra land; earth; ground

tinieblas *pl.* darkness

tinto: vino tinto red wine

tío/a uncle, aunt; *pl.* uncle(s) and aunt(s)

tipo type

tirar to pull; to throw; to throw away; **tirarse** to throw oneself (off, into)

tironear to haul; to pull, tug

tobillo ankle

tocar (qu) to touch; to play (*music*)

todavía yet; still

todo *n.* all, everything; *pl.* everybody; *adj.* all; whole; every; *adv.* wholly, entirely, completely; **ante todo** above all; **de todas maneras** whatever happens; by all means; **de todas partes** from everywhere; **en todo momento** at all times; **hacerlo todo** to do everything; **por todas partes** everywhere; **reponerse del todo** to fully recover from (*an illness*); **sobre todo** especially; **todas las cosas** everything; **todos los días** every day

tomar to take; to eat; to drink; **tomar en cuenta** to take into account; **tomar la decisión** to make the decision; **tomar una copa** to have a drink; **tomarse la molestia** to bother, go to the trouble

tomo volume (*book*)

tonto/a fool

tormenta storm

tormentoso stormy

tornar to return

toro bull

torpe clumsy

torre *f.* tower

tortuga turtle; tortoise

tortuoso winding; torturous

toscamente rudely, coarsely
toser to cough
trabajador(a) *n.* worker
trabajar to work
trabajo work; job; **costar (ue) trabajo** to be difficult; **dar** (*irreg.*) **trabajo** to take a lot of time
traer *irreg.* to bring
trago drink
trajano: Foro trajano Trajan's Forum (*vast Roman market and meeting place created by the emperor Trajan*)
trama plot
tramar to plot
tranquera gate
tranquilo calm
transcurrir to pass, elapse
transeúnte *m., f.* passerby
trapiche *m.* *wheel of a sugarcane press*
tras behind; after
trascendencia importance, consequence
trascender (ie) to become known; to transcend
trasfondo background
trasladarse to move, change residence
traslúcido translucent
traslucirse (zc) to be evident, clear
trasponer (*like* **poner**) to cross
trastabillar to stumble, trip
tratar de / sobre to deal with; to be about; **tratar de** + *inf.* to try to (*do something*); **tratarse de** to be a question of; be the matter discussed
través: a través de through; throughout; **mirar de través** to look at out of the corner of one's eye
travesaño crosspiece, crossbar
trayecto journey, way
trazar (c) to plot, trace; outline
trébol *m.* clover
trecho stretch, period
trémulo shaking
tren *m.* train
trepar to climb
trinquete *m.* foresail
tripotar ??????
tripulación crew
triste sad
tristeza sadness
trompa snout
tronchado split off
tronco trunk
trono throne

tropezar (c) to trip, stumble; **tropezar con** to trip over; to stumble against
tropiezo obstacle
trozo piece
trueque: a trueque de in exchange for
turbio cloudy, hazy (water, glass)
tubo pipe; tube
tuétano: en los tuétanos *coll.* through and through
turbio muddy, dirty

U

ubicación location
ubicar (qu) to locate, place
ulterior subsequent
últimamente recently, lately
último last; final; **a última hora** at the last minute; **en los últimos tiempos** recently, of late
ultraísta *m., f.* ultraist (*member of a literary movement created around 1919 by Spanish and Latin American poets*)
ultraje *m.* outrage, insult
umbral *m.* threshold
únicamente only
único/a *n.* only one; *adj.* only, single, unique; **lo único** the only thing
útil useful
utilizar (c) to use; to utilize

V

vaciar (vacío) to empty; to drain
vacilación hesitation
vacío *n.* emptiness; wasteland; *adj.* empty
vagón *m.* wagon
vaivén *m.* pacing back and forth
valer *irreg.* to be worth (something); to be of use; **valerse de** to make use of
valija valise; suitcase
valioso valuable
valor *m.* value
vano vain, futile; silly, frivolous
vapor *m.* steam; steamboat
varado: quedar varado to run aground
varios *pl.* several
varón *m.* male
vaso glass
vecino/a *n.* neighbor; *adj.* neighboring; **vecino/a de camarote** cabin mate
vedar to forbid, prohibit
vejez *f.* old age
vela sail; **barco a vela** sailboat; sailing ship; **vela cangreja** boom sail

velada watch, vigil
velador(a) guard; watchman; candlestick
velar to take care of; to keep watch; to stay awake
velludo hairy
velo veil
velocidad speed
veloz (*pl.* **veloces**) swift, rapid
vencejo martin (*bird*)
vencer (z) to defeat
vencido/a defeated person
vendado bandaged; blindfolded
veneno poison
venenoso poisonous
venganza revenge, vengeance
vengar (gu) to avenge; **vengarse** to take revenge
venir *irreg.* to come; **venir a memoria** to come to mind
ventaja advantage
ventajoso advantageous, profitable
ventana window
ventanal *m.* large window
ventanuco little window
ventear to sniff
ventura: por ventura by chance
ver *irreg.* (*p.p.* **visto**) to see; **tener** (*irreg.*) **que ver con** to have to do with; **verse bien** to look good
veraneo summer vacation
verano summer
veras: de veras really, truly
verdad truth; **a decir verdad** to tell the truth
verdadero *adj.* true, real
verde green
vergüenza shame
verificar (qu) to check, to verify
verja railing; fence
veronal *a barbiturate*
verosímil probable, likely
vertiente flowing; pouring
vertiginoso giddy, dizzy; rapid, sudden
vestíbulo hall, foyer; vestibule
vestir (i, i) to dress; **vestirse** to get dressed
veteado streaked
vez *f.* (*pl.* **veces**) time; **a la vez** at the same time; **a su vez** in turn; **a veces** sometimes; **alguna vez** once; ever; sometime; **cada vez más** more and more, increasingly; **cada vez mejor** better and better; **cada vez que** whenever, every time that; **cuántas veces** how often; **de vez en cuando** once in a while; **en vez de** instead of; **otra vez** again;

rara vez seldom; **tal vez** perhaps, maybe; **una sola vez** just once; **una vez más** once again; **una vez que** once; **una y otra vez** over and over
vía road, path; **vía férrea** railroad
viajar to travel
viaje *m.* trip
viajero/a traveler
víbora snake
vida life; **ganarse la vida** to earn a living
vidriera glass window
vidrio glass
viejo/a *n.* old person; *adj.* old
viento wind
viernes *m. sing., pl.* Friday; **Viernes Santo** Good Friday
vigilante *m.* watchman, guard
vigilia vigil, watch
villa villa, country house; **villa miseria** shantytown
vincha hair band; hair clip
vinculado linked
vínculo link
vino wine; **vino tinto** red wine
virar to turn
Virgen *f.* Virgin (Mary)
virreinato viceroyalty
virtud virtue
viscoso sticky
visitante *m., f.* visitor
vislumbrar to see vaguely, catch a glimpse of
víspera eve
vista view; **a primera vista** at first glance; **a vista de pájaro** bird's eye view; **punto de vista** point of view
vitrina display window; display case
vívido vivid, lively
viviente living
vivir to live
vivo alive, living; bright, intense
volado: salir (*irreg.*) **volado** to leave quickly
volante *m.* steering wheel
volar (ue) to fly
volcarse (qu) to overturn, turn over
voltear to turn over (*in the sense of a business*)
voluntad will
volver (ue) (*p.p.* **vuelto**) to return, go back; **volver a** + *inf.* to do (*something*) again; **volver en sí** to come to, regain consciousness; **volver la espalda** to turn one's back; **volverse** to turn; to turn around; **volverse** + *adj.* to become + *adj.*

voz *f.* (*pl.* **voces**) voice; **a media voz** in a low voice; **en alta voz** loudly; **en voz alta** aloud; **en voz baja** in a low voice

vuelta: de vuelta back; **dar** (*irreg.*) **la vuelta** to turn around; **dar** (*irreg.*) **una vuelta** to take a walk / ride

vulgar common; coarse, vulgar

Y

y and; **y medio/a** and a half; half past (*hour*)

ya still; already; **ya es tarde** it's late; **ya no** no longer; **ya nunca** never again; **ya que** *conj.* since

yacer (zc) to lie

yermo barren

yeso plaster cast

Z

zafarse de to get out of, escape from

zafio/a crude, coarse person

zaguán *m.* doorway

zanja ditch, gully

zapato shoe

zarpar to sail

zozobra uneasiness

zumbar to buzz